Noriyoshi HASEGAWA

Architecture d'intérieur 1

Maîtriser le croquis de présentation

Quatrième tirage 2012

EYROLLES

Introduction

Dans ce livre, je me focalise sur deux points clés. Le premier est la lisibilité. J'accorde davantage d'importance à la clarté des croquis qu'aux prouesses graphiques. Un dessin peut être sommaire à condition qu'il soit aisément compréhensible par le client. En d'autres termes, même s'il résulte d'un superbe travail artistique, un dessin s'avère absolument inutile s'il n'est pas intelligible, c'est-à-dire s'il ne communique rien à l'observateur. L'autre point clé est la rapidité. Par « rapidité », je n'entends ni le fait de s'en tenir à des ébauches vagues ni celui de chercher à accélérer sans cesse votre rythme. Il s'agit plutôt de l'aptitude à produire un dessin efficace dans un temps imparti. Pour y parvenir, j'explique comment éliminer les détails superflus, puis comment schématiser les formes essentielles à représenter.

Le premier chapitre montre différents styles de dessin appliqués à toute une série d'éléments : mobilier, installations de salles de bains, éléments de cuisine, escaliers, luminaires... Il vous familiarise ainsi avec les sujets abordés dans les chapitres suivants avant d'étudier réellement la façon de représenter un espace.

Le deuxième chapitre présente les outils de dessin indispensables, du crayon au liquide correcteur, à la gomme mie de pain. Il explique comment les manipuler et montre les différents effets possibles selon la façon dont on les emploie. Les exemples illustrés vous permettent de choisir l'outil le mieux adapté en fonction du sujet et de votre style. Ils suggèrent aussi des associations de techniques. L'objectif est de vous faire découvrir les spécificités de chaque outil et de vous aider à en tirer le meilleur parti.

Le troisième chapitre aborde les techniques de dessin rapide, essentielles lors des premières rencontres avec un client. Vous devez en effet commencer à donner corps à son projet en l'esquissant instantanément, tout en maintenant le dialogue. Ces techniques vous seront utiles au stade de l'avant-projet comme à celui du projet définitif. Pour commencer à les maîtriser, l'espace est à peine ébauché, l'accent est plutôt mis sur les meubles. Les démonstrations expliquent comment les schématiser de façon réaliste : c'est l'efficacité du tracé plus que sa vitesse qui permet de travailler rapidement.

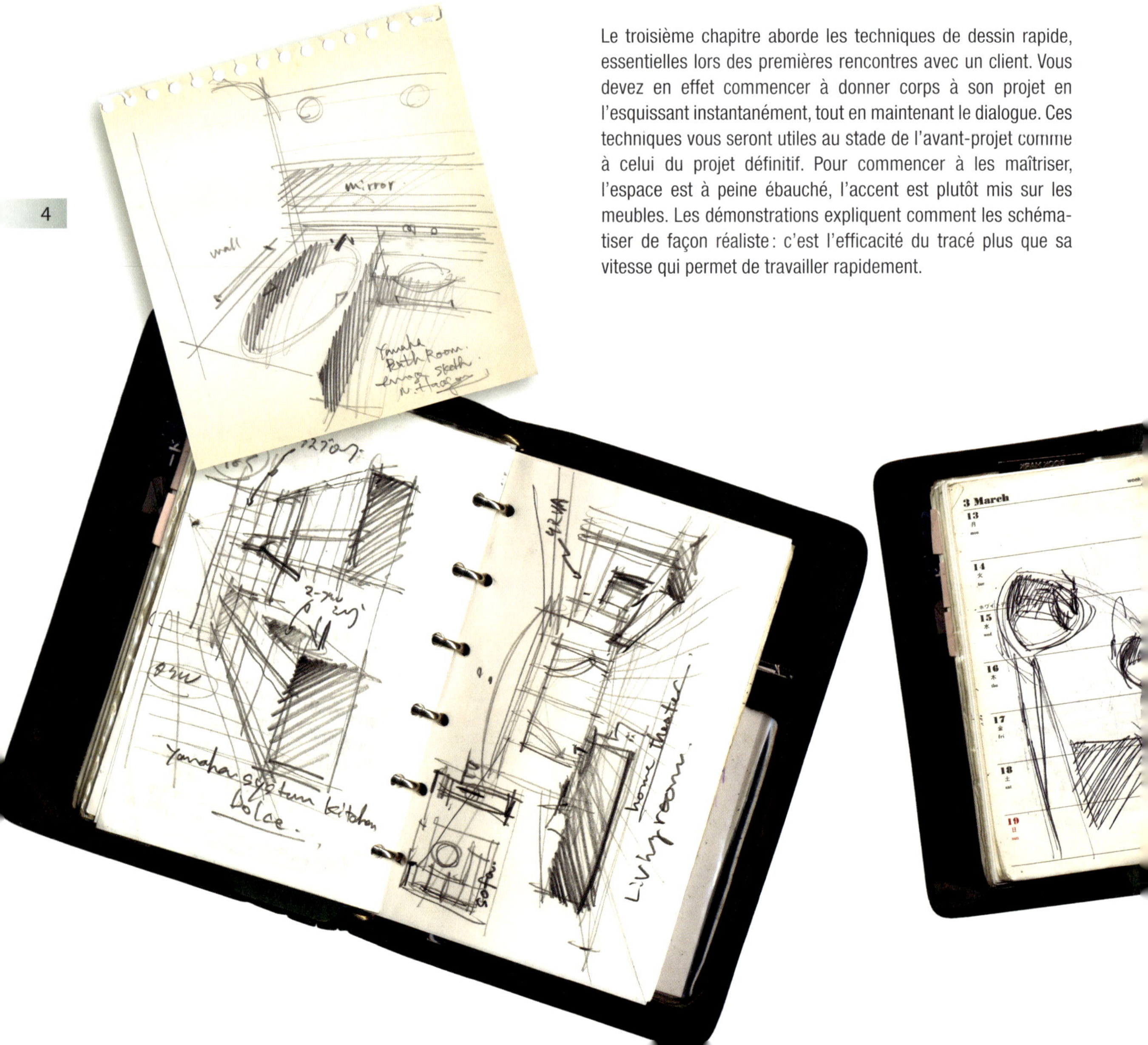

Le quatrième chapitre traite du dessin d'avant-projet, dont le but est d'asseoir la communication avec votre client. Il s'agit d'être à son écoute et de saisir l'atmosphère qu'il recherche tout en cadrant la conversation afin d'aboutir à un projet concret. Le fait d'être capable de dessiner devant lui sans interrompre la fluidité du dialogue vous permet de vérifier instantanément que vous avez bien compris ses attentes, à chaque étape. La réactivité de vos croquis concourt à établir un climat de confiance. À l'aide de plusieurs exemples détaillés pas à pas, ce chapitre explique comment représenter un espace en perspective afin de le rendre immédiatement lisible aux yeux de votre interlocuteur.

C'est toujours au travers de démonstrations que le cinquième chapitre montre comment réaliser un dessin définitif, c'est-à-dire destiné à présenter le projet abouti, que votre client doit accepter avant sa mise en œuvre. Ici, le sujet essentiel est le degré de détail jusqu'où il convient de pousser votre travail.

Le dernier chapitre explique comment passer du carnet à croquis et du crayon à un environnement numérique, tout en préservant l'authenticité de vos dessins. Les principes fondamentaux restent inchangés : lisibilité, rapidité. Tout comme les outils de dessin traditionnels, les logiciels offrent de nombreuses possibilités de rendus parmi lesquels il vous appartient de choisir, selon les mêmes critères que pour un dessin à la main. L'atout majeur du travail à l'ordinateur et des nouvelles techniques de communication réside dans leur capacité à offrir une vision instantanée du projet, autant au dessinateur qu'à son client. Nous accédons ainsi à un degré inédit de réalisme et de réactivité.

Au-delà des principes expliqués dans ce livre, l'essentiel est de dessiner encore et encore, à la moindre occasion, sans jamais se contenter de répéter des procédés habituels. J'entends souvent des gens se plaindre d'être de piètres dessinateurs malgré les efforts qu'ils déploient depuis l'enfance pour s'améliorer. D'autres ne dessinent pas du tout, prétextant leur absence de don. Je suis personnellement convaincu que l'habileté ne peut venir que par la pratique. Je parle d'une pratique régulière, pas de quelques essais occasionnels qui, évidemment, ne peuvent que décevoir. Même si vous n'avez votre carnet à croquis sous la main, prenez une feuille volante, une petite place vierge dans votre agenda... Mais dessinez !

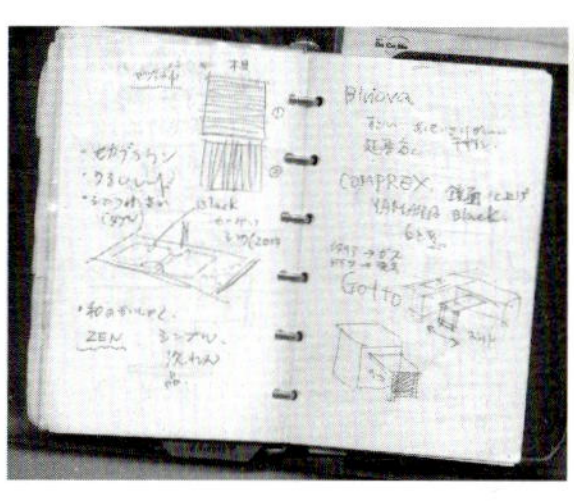

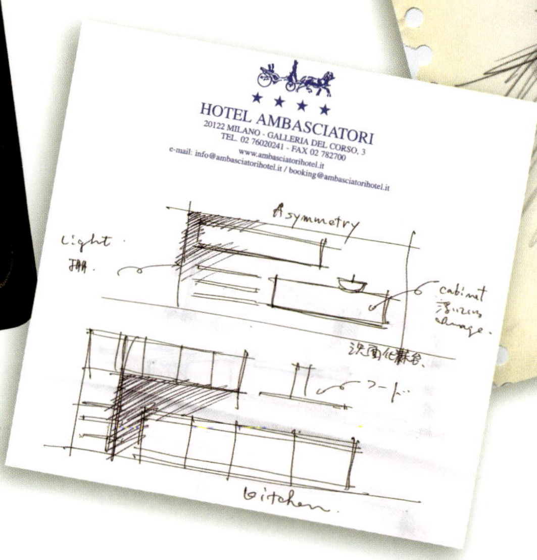

Sommaire

Tout espace comporte une foule d'éléments matériels, et c'est la façon dont ils sont disposés qui définit ledit espace. À travers un large éventail d'exemples, ce chapitre présente différents traitements possibles et les styles de dessin qui en résultent.

Chapitre 2 Les outils de dessin indispensables 37

Chaque outil possède ses caractéristiques particulières. Ce chapitre présente les techniques de dessin rapide en montrant comment tirer le meilleur parti des outils. Les crayons à la cire sont idéaux pour les représentations au trait et autres croquis sommaires. Les crayons de couleur donnent une impression de fraîcheur, de légèreté. Les pastels sont parfaits pour poser des couleurs et suggérer une atmosphère. Les marqueurs permettent un traitement vif et délié. La gomme mie de pain est absolument indispensable pour figurer la lumière filtrée par le feuillage, les reflets, les effets d'éclairage. Les stylos correcteurs servent, quant à eux, à poser des rehauts éclatants.

Chapitre 3 Les techniques de rapidité 49

Lorsque vous vous trouvez face à un client, il est essentiel de dessiner vite et de façon compréhensible. Cela ne signifie pas forcément couvrir rapidement la feuille de traits, mais plutôt produire un dessin correct dans un temps donné. Les exemples de ce chapitre montrent comment sélectionner les éléments à représenter et comment les schématiser. Une fois que vous maîtriserez cette approche, vous serez capable de l'appliquer à n'importe quel type de croquis.

Un croquis est efficace s'il enrichit la communication avec votre client. Vous maintenez le dialogue avec ce dernier tout en dessinant, et vous parvenez ainsi à donner corps au projet.

Ce chapitre traite de la réalisation de dessins qui s'apparentent davantage à de véritables illustrations qu'à de simples croquis. Ils servent à présenter le projet définitif au client de façon efficace. Ils sont le fruit abouti des dessins d'avant-projets. Si la rapidité d'exécution est un facteur non négligeable, le soin accordé au rendu et aux détails revêt bien plus d'importance à ce stade du travail. Un dessin définitif doit non seulement être assez explicite pour servir de référence durant toute la phase de mise en œuvre, mais il doit aussi valoriser le projet du client, autant que votre habileté à l'avoir écouté avec attention.

Chapitre 6 Le dessin numérique 151

Ce chapitre présente le principe général du dessin d'architecture intérieure assisté par ordinateur. L'écran de ce dernier se substitue au carnet à croquis, et une tablette graphique remplace les crayons ou autres outils traditionnels. Cette technique exige un peu de pratique pour être maîtrisée. Cependant, dès que vous vous serez familiarisé avec les outils numériques, vous serez capable d'exécuter des dessins aussi aisément qu'à la main, en appliquant les mêmes méthodes de construction. Cela enrichira alors le dialogue avec vos clients, car vous pourrez leur fournir des projets imprimés ou les leur présenter sur un grand écran.

Chapitre 1

Les styles de dessin

Tout espace comporte une foule d'éléments matériels, et c'est la façon dont ils sont disposés qui définit ledit espace. À travers un large éventail d'exemples, ce chapitre présente différents traitements possibles et les styles de dessin qui en résultent.

Chaises

Plus que tout autre meuble, les chaises présentent une grande diversité de styles. Elles peuvent donner une indication sur les goûts et la sensibilité du propriétaire des lieux. Dans les premières phases de l'échange avec votre client, évitez de représenter un style particulier de chaise. Une forme simple et abstraite suffit.

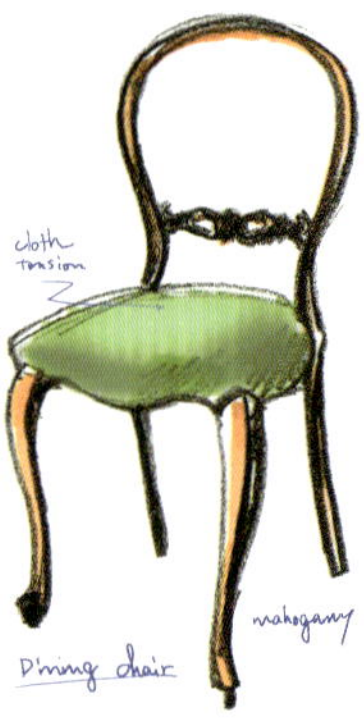

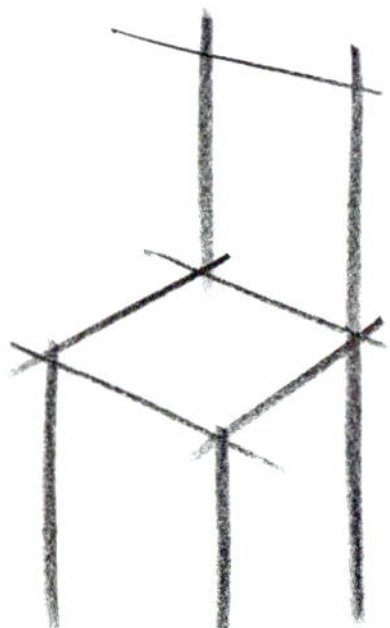

Chaise de base.

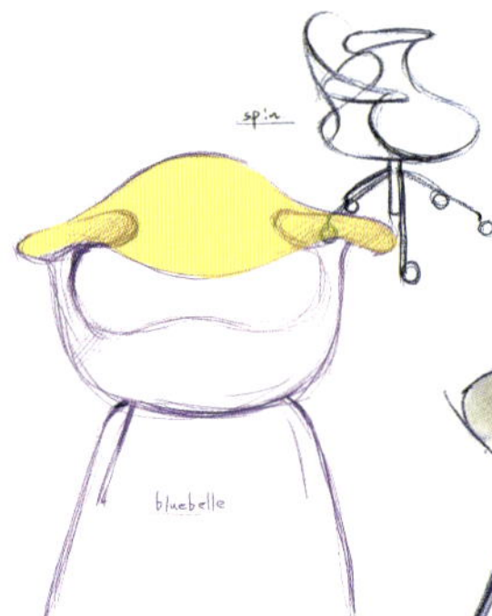

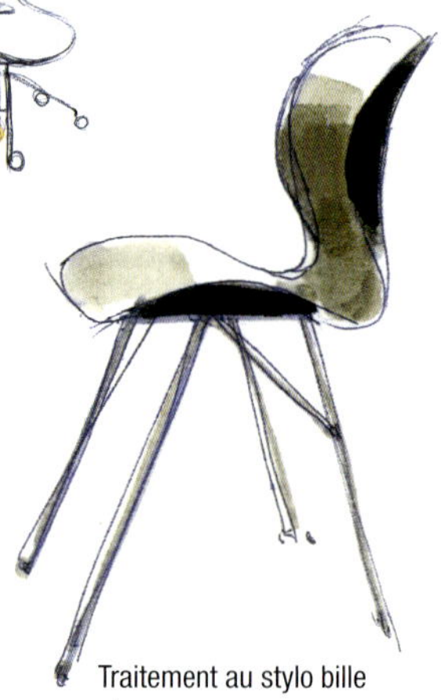

Traitement au stylo bille et aux marqueurs.

Croquis au stylo bille.

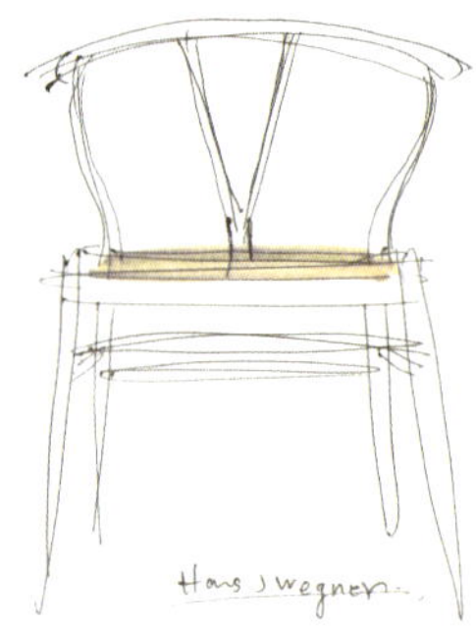

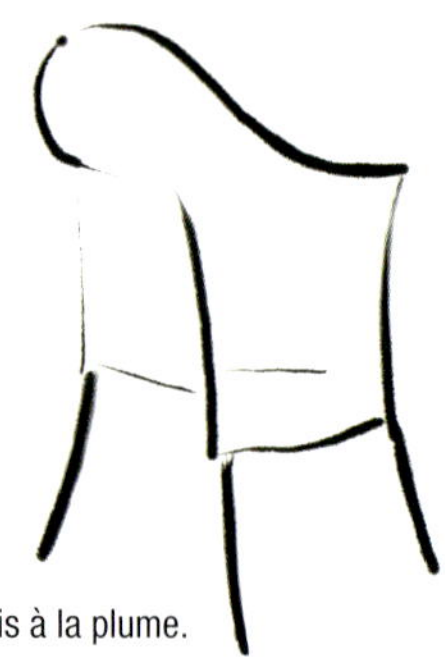

Croquis à la plume.

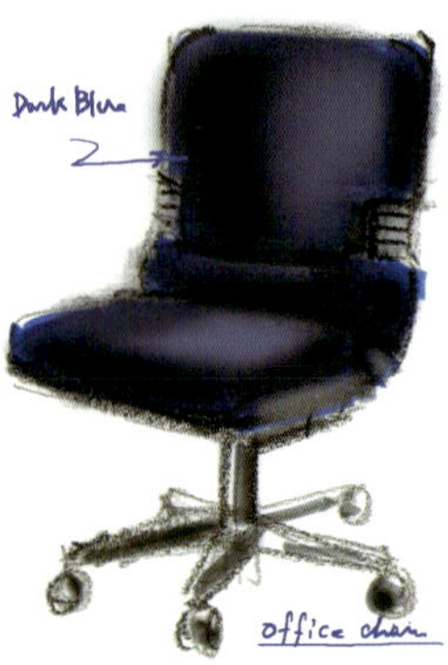

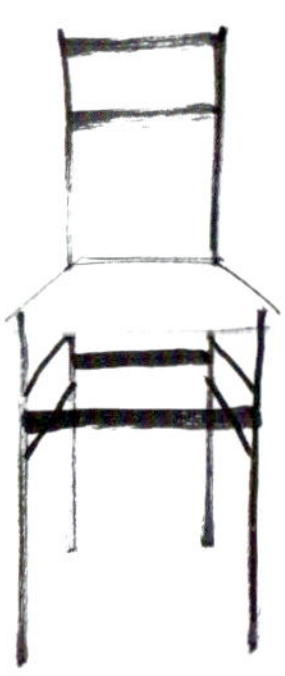

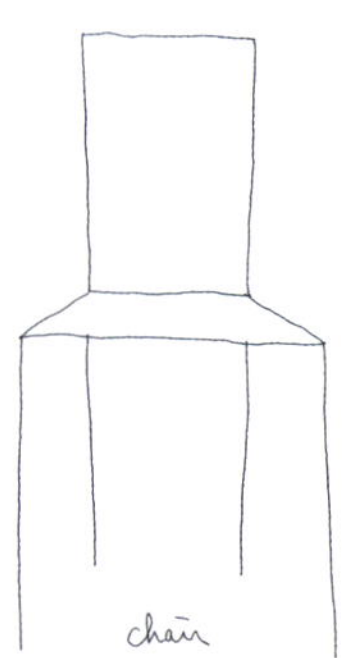

Chaise de base vue de face.

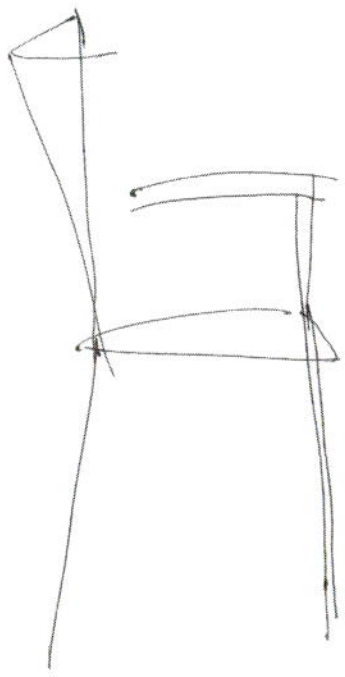

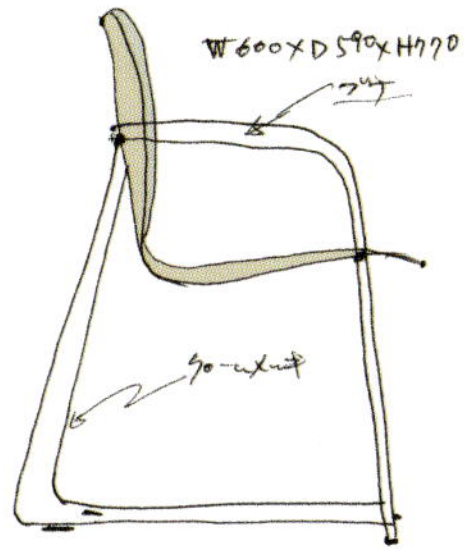

Traitement aux crayons à la cire.

Traitement aux marqueurs.

Croquis à la plume et aux pastels.

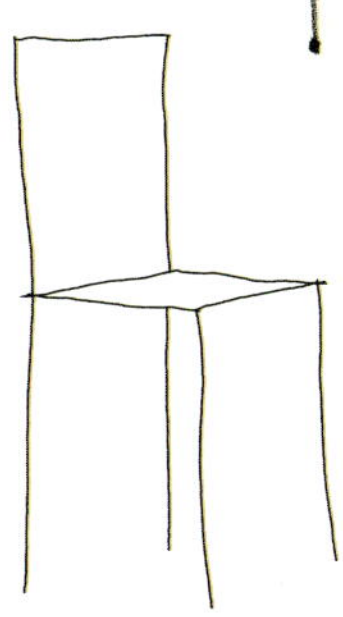

Traitement aux pastels.

Traitement aux crayons de couleur.

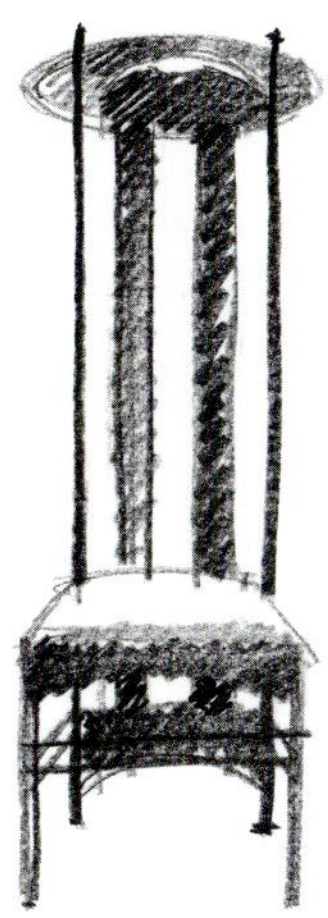

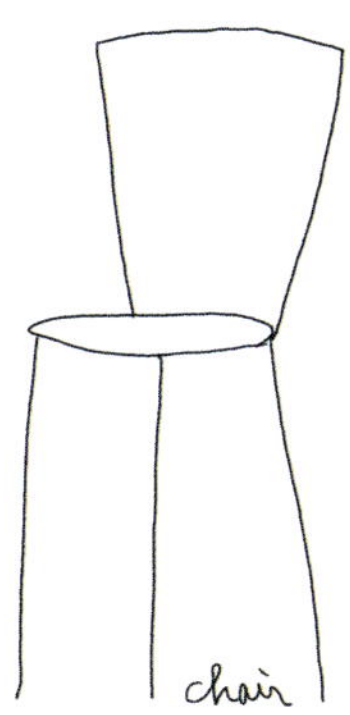

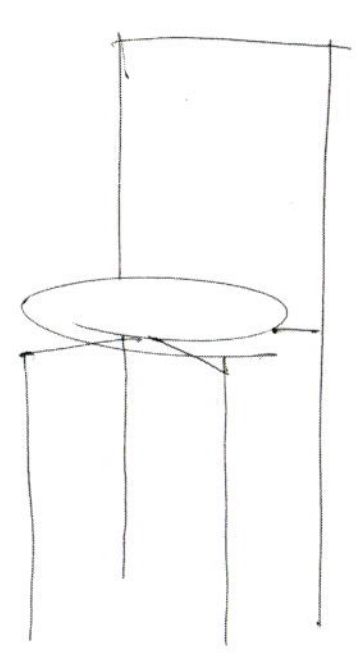

Tables

Dans la majorité des cas, une table est accompagnée de chaises, ce qui forme un tout dans un espace donné. Exercez-vous d'abord à dessiner la table elle-même puis, quand vous vous sentez à l'aise avec le sujet, ajoutez les chaises. Poursuivez vos essais jusqu'à obtenir un ensemble visuellement équilibré. Représentez de la vaisselle sur la table afin de donner davantage de réalité au dessin.

Traitement aux crayons de couleur.

Traitement aux crayons de couleur.

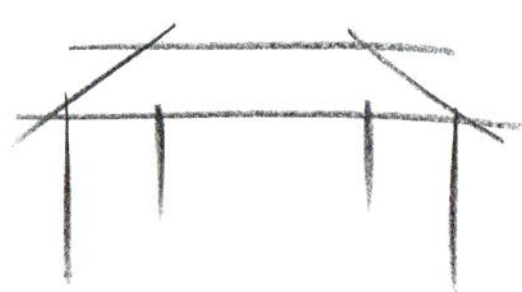

Table rectangulaire de base vue de face.

Table ronde de base.

Traitement aux marqueurs.

Traitement aux marqueurs.

Croquis numérique (tablette graphique).

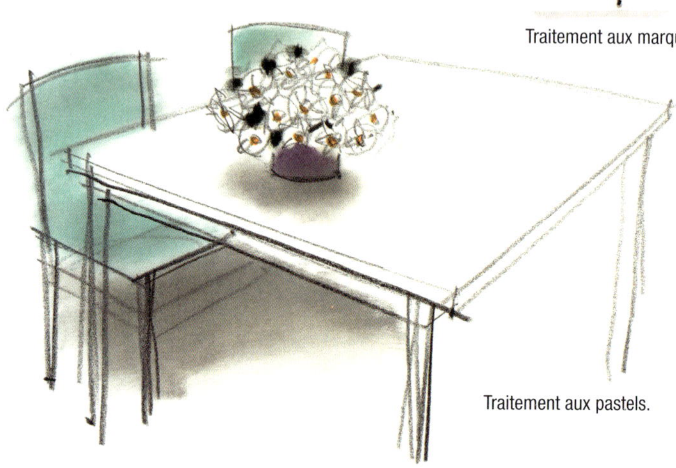

Traitement aux pastels.

Traitement aux marqueurs.

Traitement aux crayons de couleur.

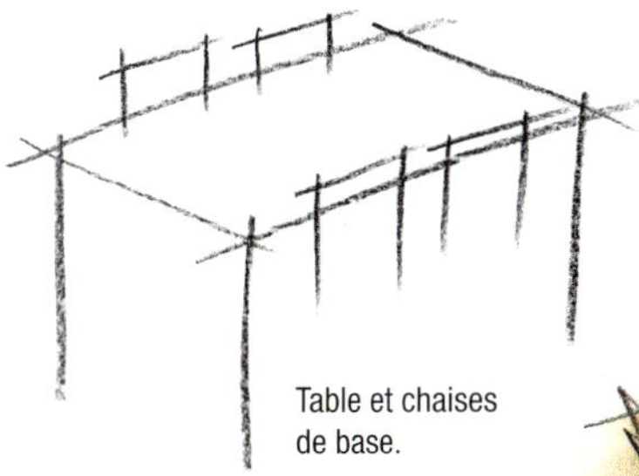

Table et chaises
de base.

Traitement aux crayons
à la cire et aux pastels.

Espace-repas traité aux pastels.

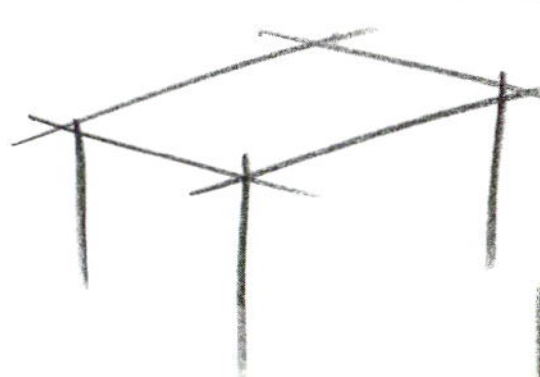

Table rectangulaire
de base
vue de trois quarts.

Sièges tapissier

Il peut sembler difficile de représenter les sièges tapissier. D'abord parce qu'ils sont souvent disposés de façon irrégulière dans une pièce, ensuite parce qu'il faut suggérer le moelleux de leur rembourrage. Dès que l'on place un canapé dans un séjour, il en devient le point de mire. Ses formes accueillantes donnent une sensation de chaleur humaine. Pour bien saisir un canapé ou un fauteuil, n'essayez pas de le dessiner comme une grosse chaise, mais plutôt comme un petit lit.

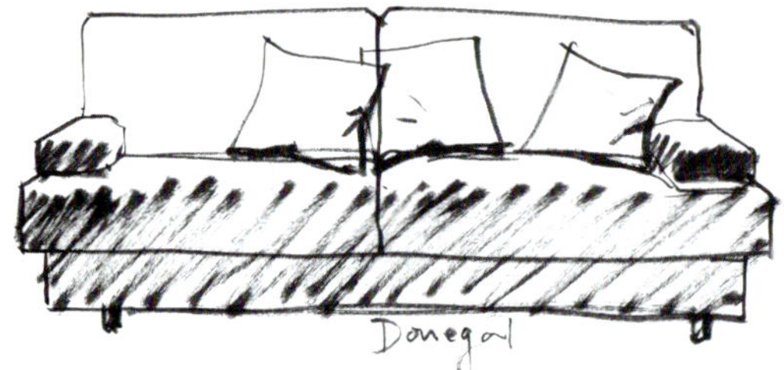

Traitement au pinceau-feutre de calligraphie.

Traitement aux crayons de couleur.

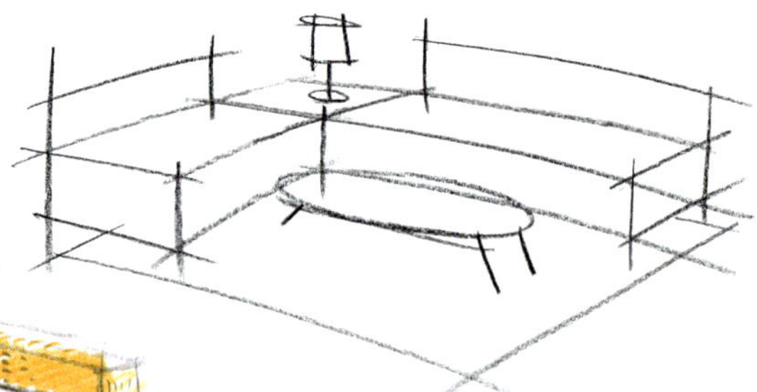

Canapé et chauffeuse de base.

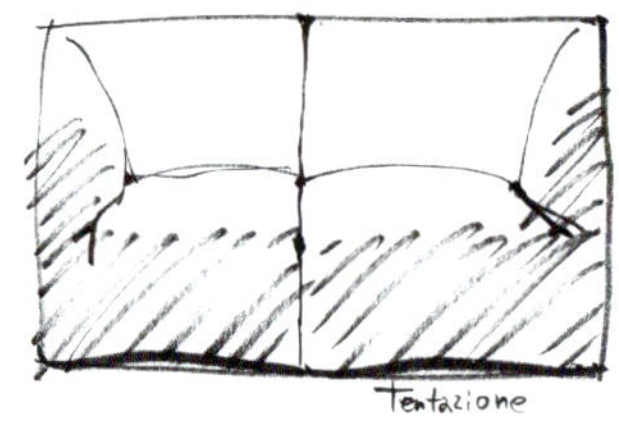

Traitement aux crayons de couleur.

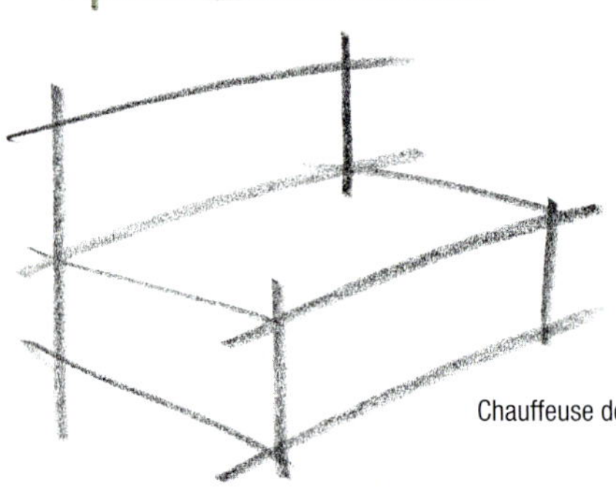

Chauffeuse de base.

Espace-séjour traité aux pastels.

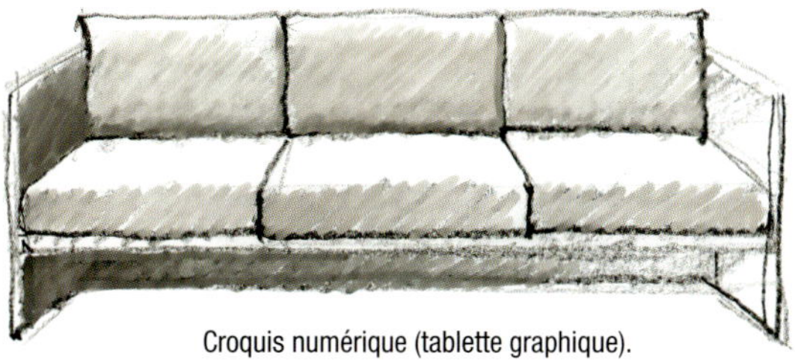

Croquis numérique (tablette graphique).

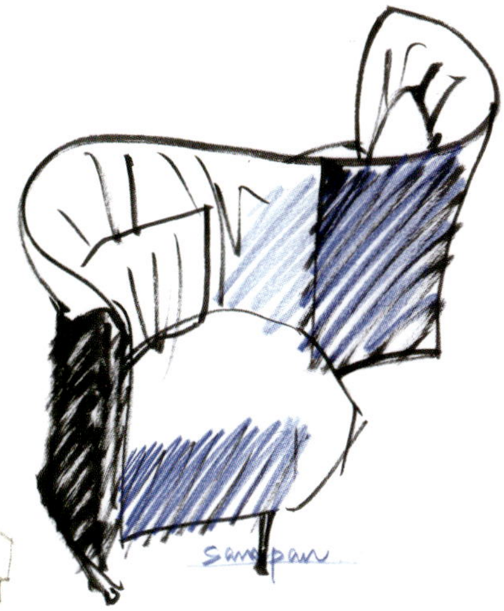

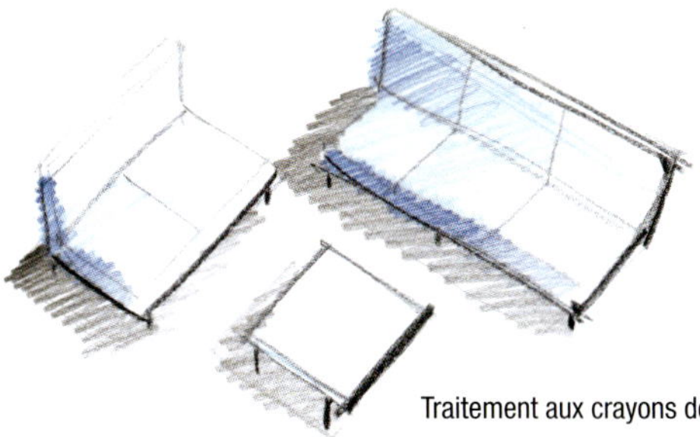

Traitement aux crayons de couleur.

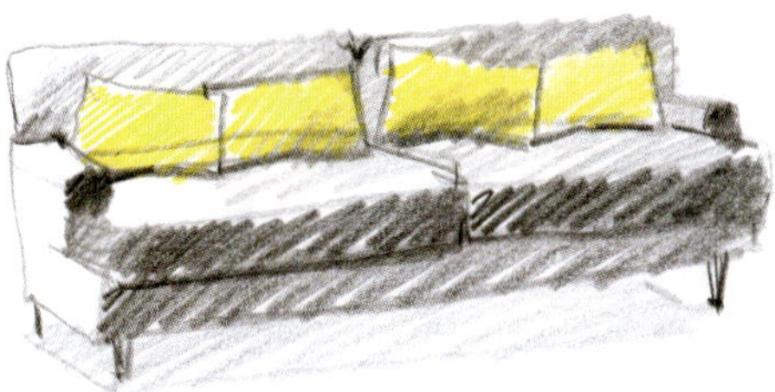

Traitement aux marqueurs.

Traitement aux crayons de couleur.

Traitement aux crayons de couleur.

Croquis numérique (tablette graphique).

Meubles de rangement

Il existe des meubles de rangement de toutes sortes. Certains dissimulent leur contenu, d'autres l'exposent. Leur forme varie selon l'usage auxquels ils sont destinés et la pièce où ils sont placés. Comme leur structure de base ressemble à une boîte, ils sont relativement faciles à représenter. Exercez-vous à en dessiner une multitude, du style classique au style contemporain.

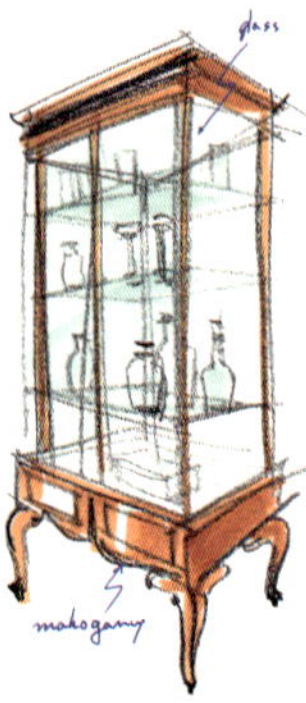

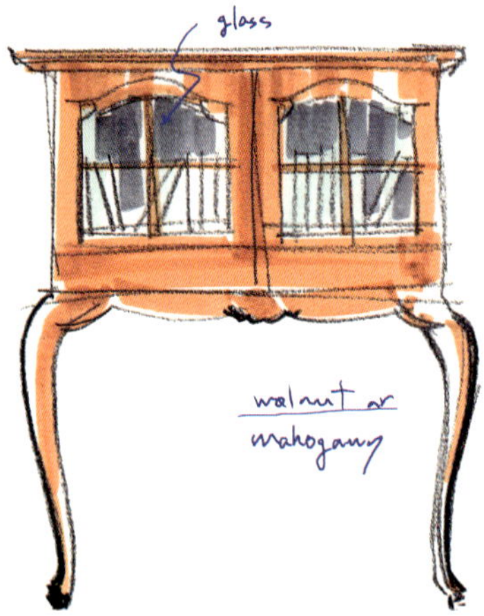

Traitement aux marqueurs.

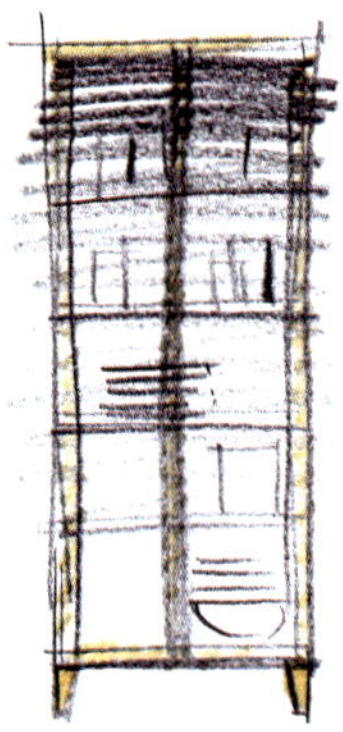

Traitement aux crayons de couleur.

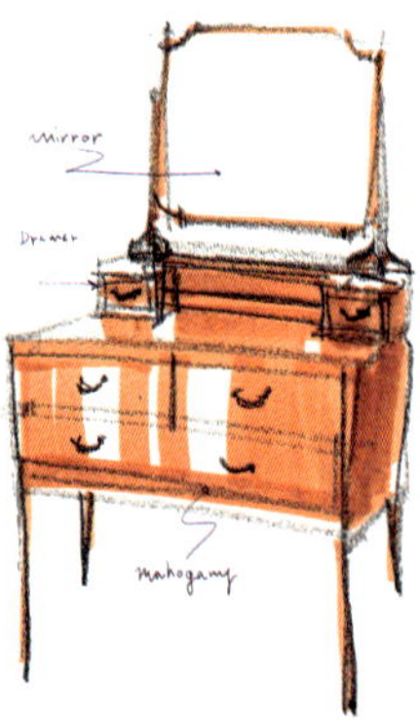

Croquis numérique (tablette graphique).

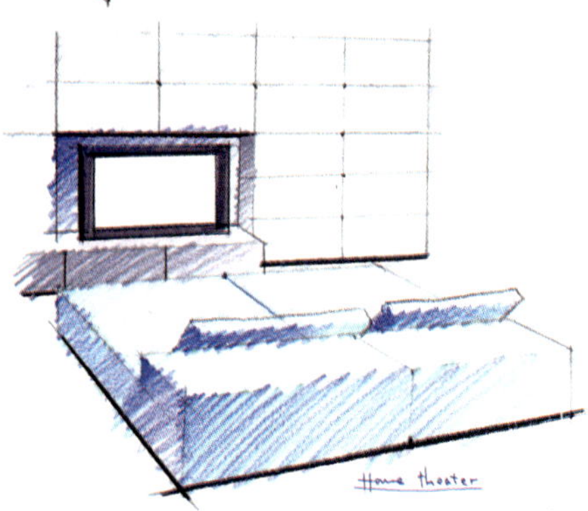

Traitement aux crayons de couleur.

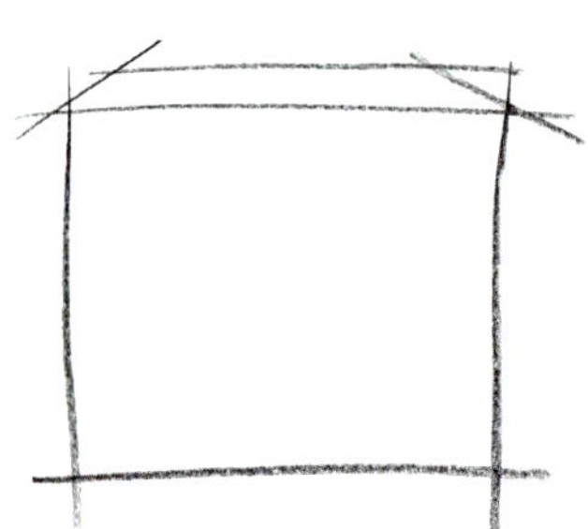

Meuble de base vu de face.

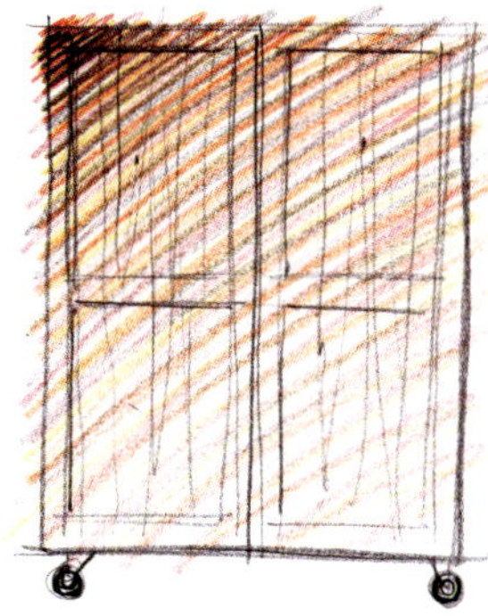

Traitement aux pastels.

Traitement aux crayons de couleur.

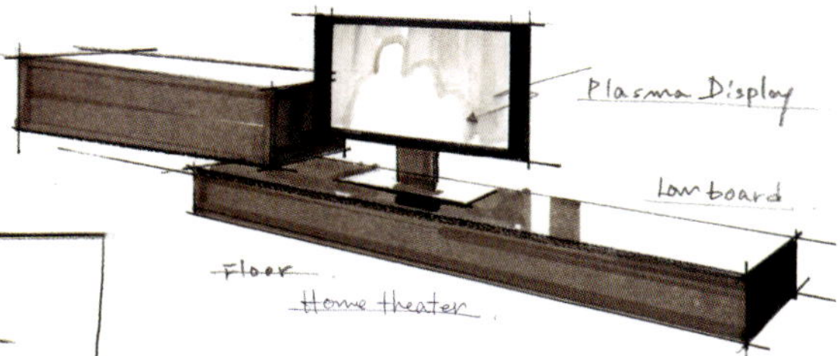

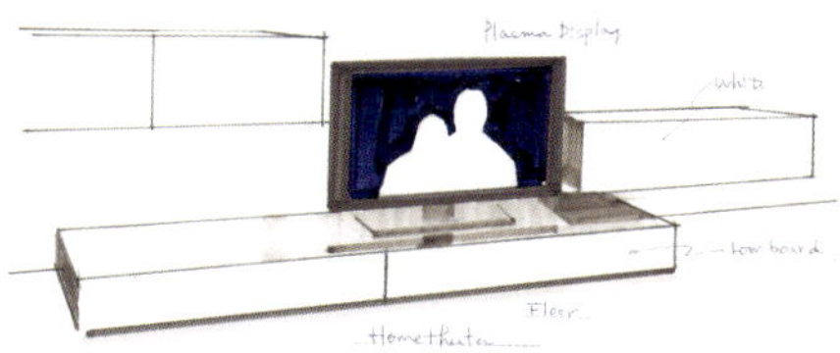

Traitement aux marqueurs.

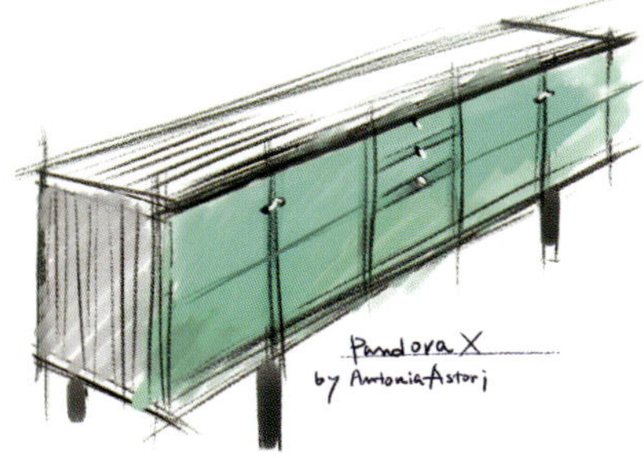

Croquis numérique (tablette graphique).

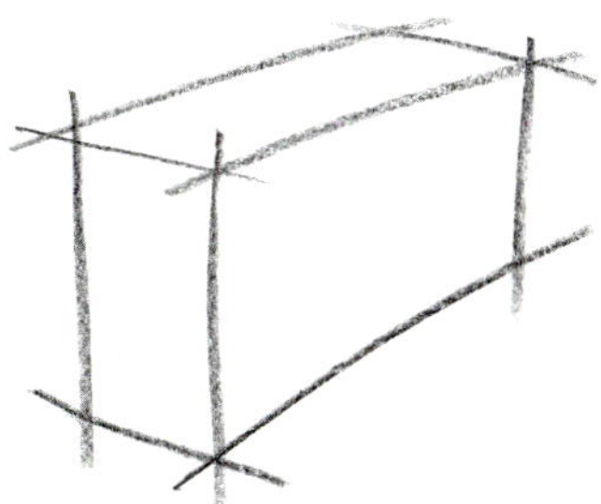

Meuble de base vu de trois quarts.

Espace-séjour traité aux pastels.

Lits

Pour un croquis de base servant de référence, il suffit de représenter un matelas et une tête de lit, esquissés à traits rapides. Aux étapes suivantes, l'ajout de couleurs suggère le caractère confortable du lit ou de la chambre. Le rendu des tissus exige de parfaire vos techniques de dessin, en particulier aux pastels.

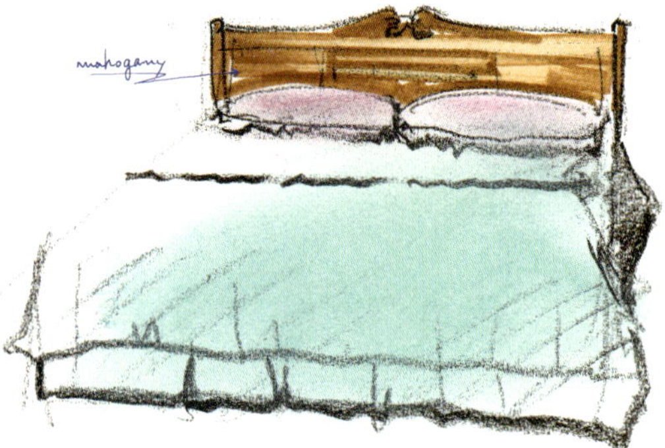

Traitement aux crayons de couleur.

Traitement aux pastels.

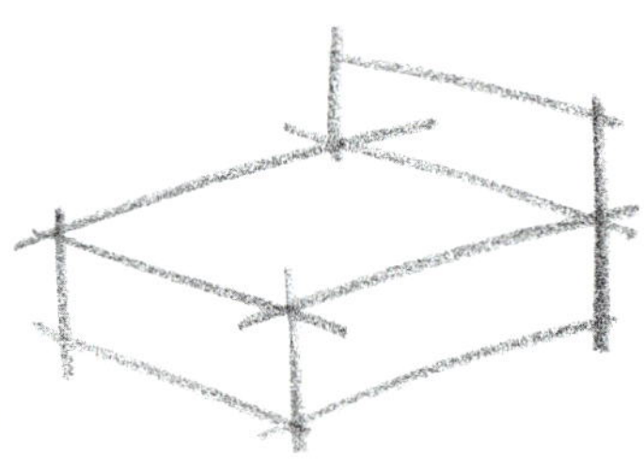

Lit de base.

Chambre traitée aux pastels.

Lit de base dessiné au crayon à la cire.

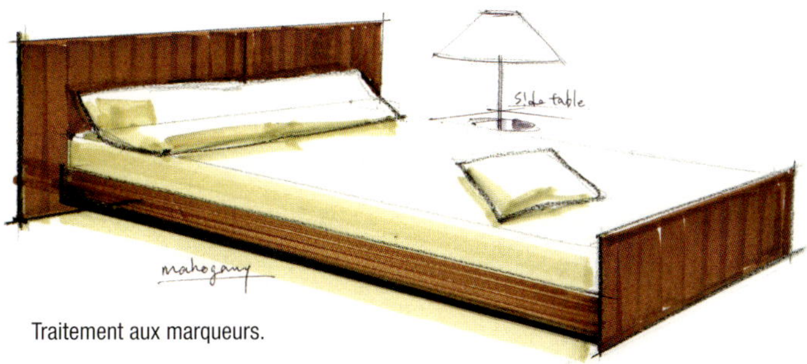

Traitement aux marqueurs.

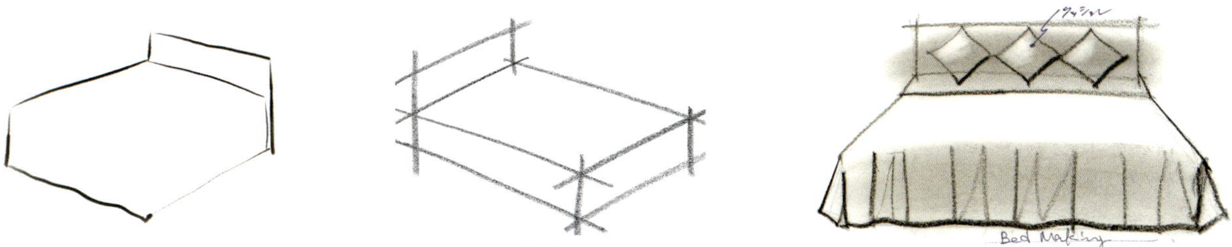

Lit de base.

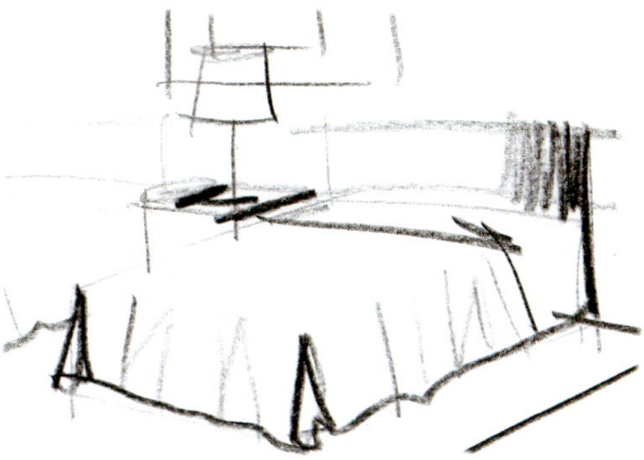

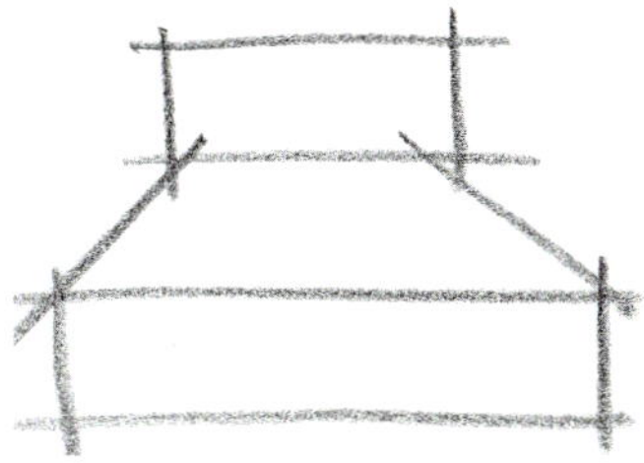

Croquis numérique
(tablette graphique).

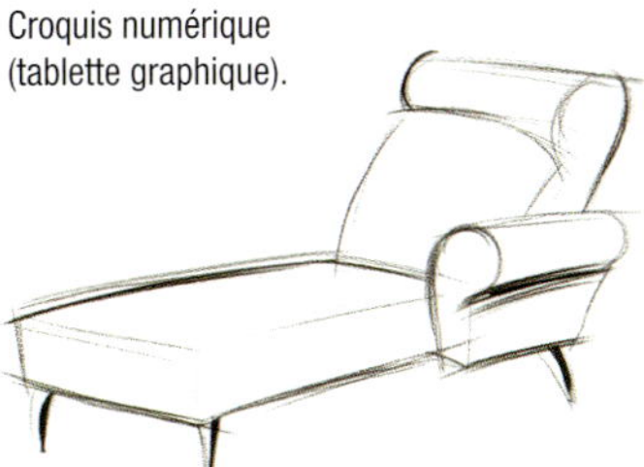

Chaise longue dessinée au crayon à la cire.

Chambre traitée aux pastels.

Habillages de fenêtres

Les habillages de fenêtres reflètent tout particulièrement l'atmosphère dans laquelle le propriétaire des lieux aime vivre. Il en existe un formidable éventail, des doubles rideaux classiques aux stores contemporains. J'ai sélectionné ici les habillages les plus courants.

Croquis numérique (tablette graphique).

Croquis numérique (tablette graphique).

Croquis au stylo bille, colorié aux marqueurs

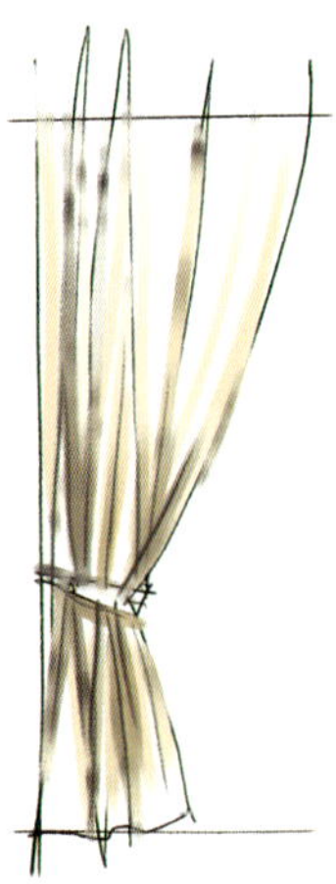

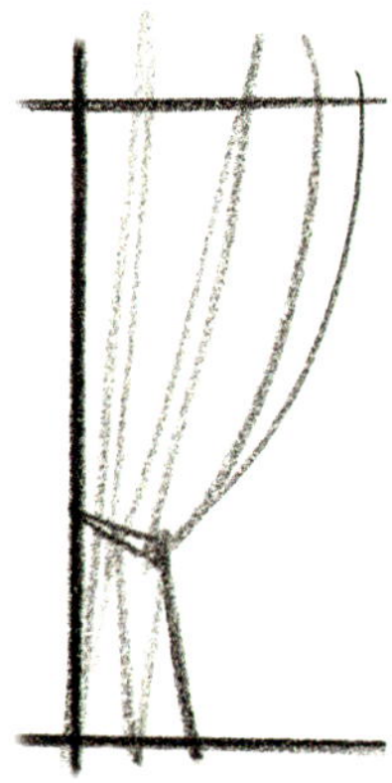

Rideau de base.

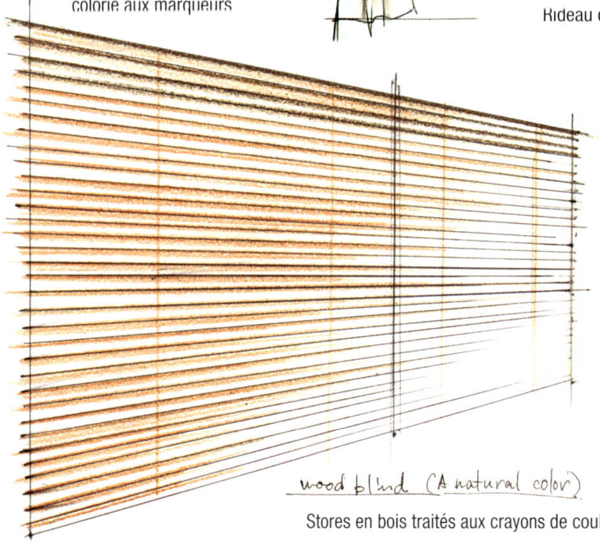

Stores en bois traités aux crayons de couleur.

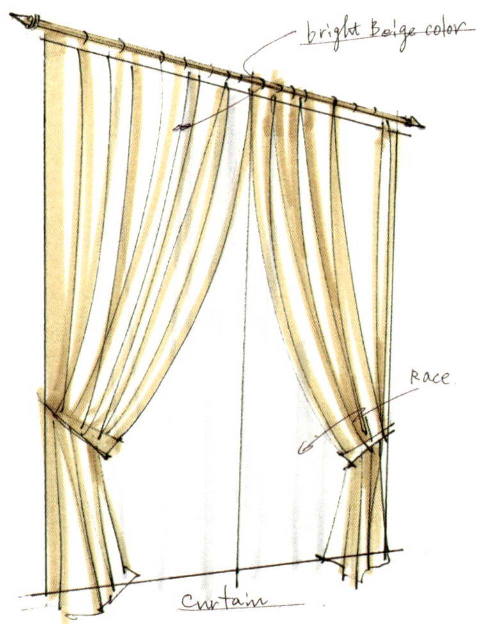

Traitement aux marqueurs et aux pastels.

Croquis au stylo bille,
colorié aux marqueurs.

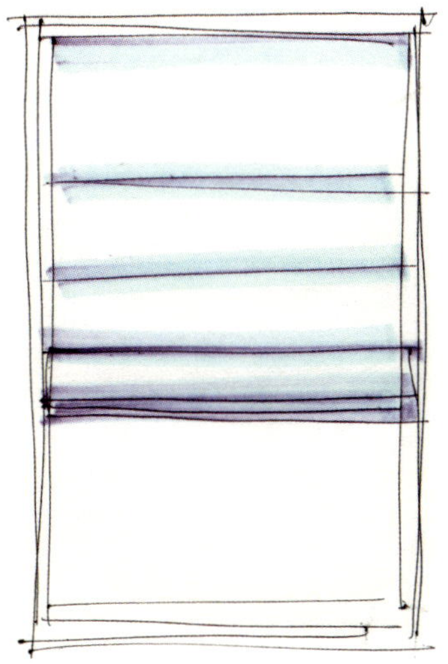

Croquis au stylo bille,
colorié aux marqueurs.

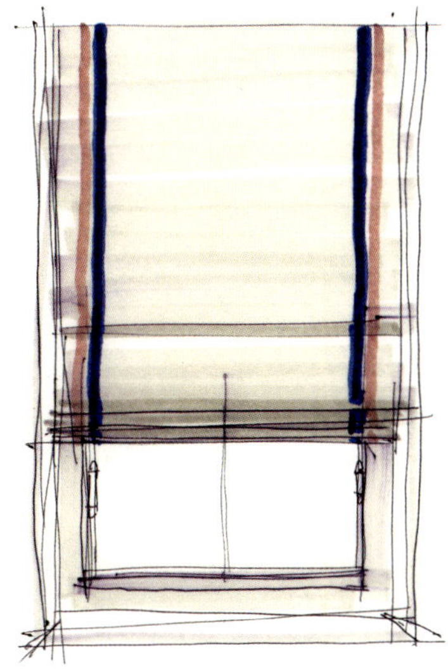

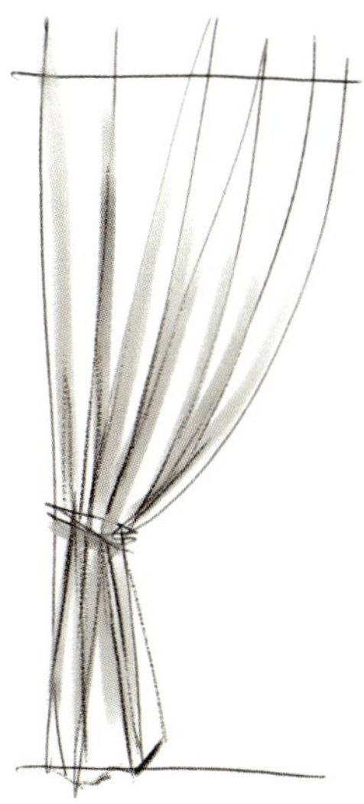

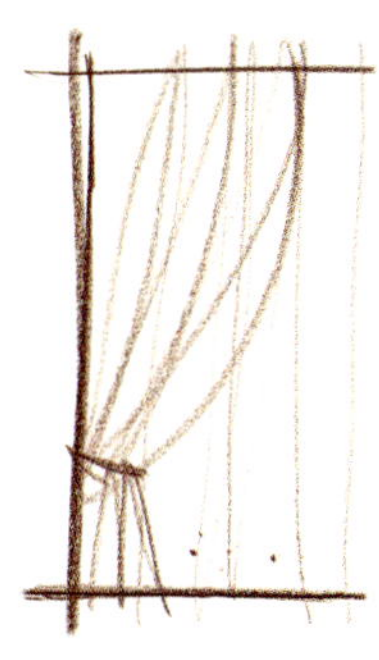

Rideau de base.
Le principe consiste
à rendre les plis
du tissu retenu
par l'embrasse.

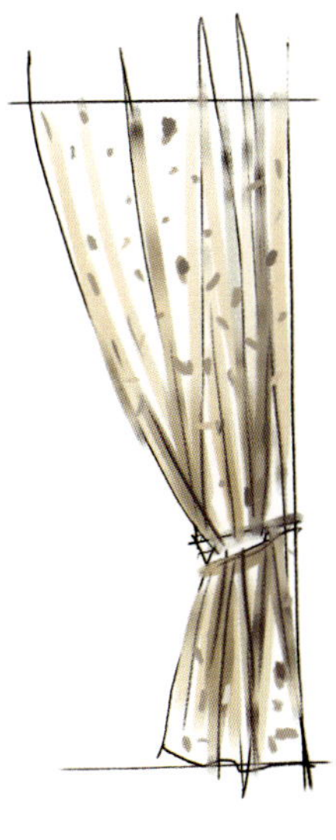

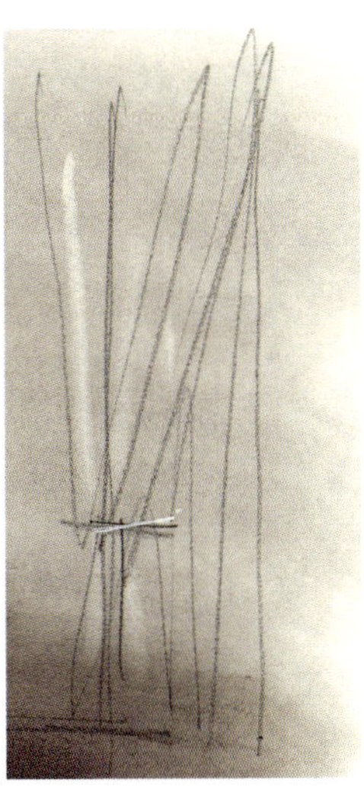

Traitement aux pastels
et à la gomme mie de pain.

Traitement aux pastels.

Éléments de cuisine

Dans certaines habitations, la cuisine est une pièce distincte, fermée, qui peut ou non comporter un espace-repas ; dans d'autres, cuisine et salle à manger forment un espace continu. Il existe également des systèmes modulaires qui offrent à la fois des plans de travail et un espace-repas. Les solutions varient considérablement selon le plan et les goûts du propriétaire. Plus que jamais, les croquis sont essentiels pour donner au client une vision claire du projet et emporter son adhésion.

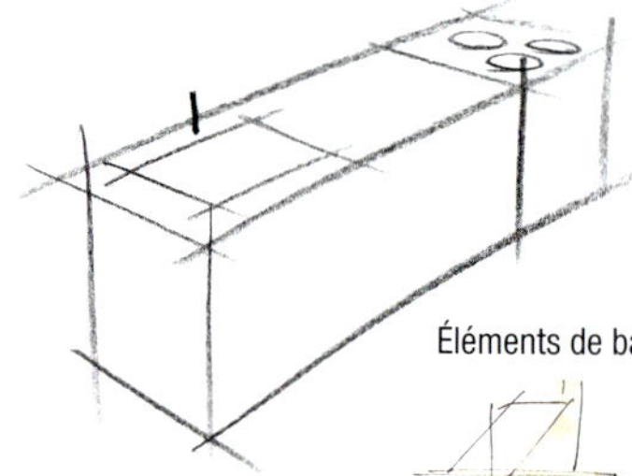

Éléments de base.

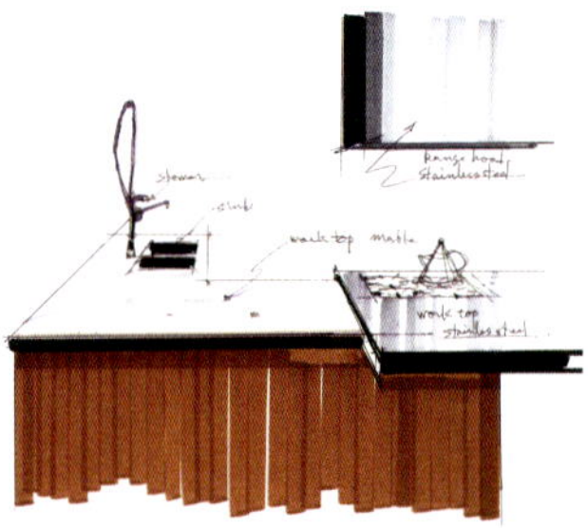

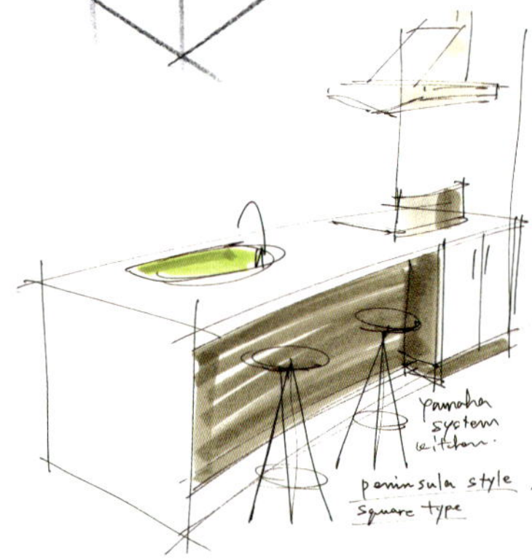

Croquis numérique (tablette graphique).

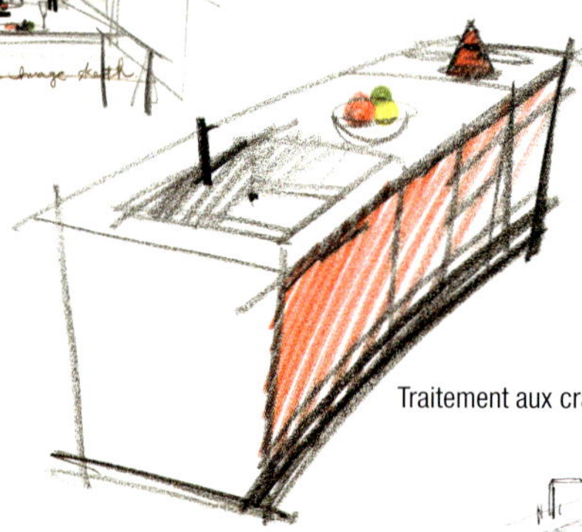

Traitement aux crayons de couleur.

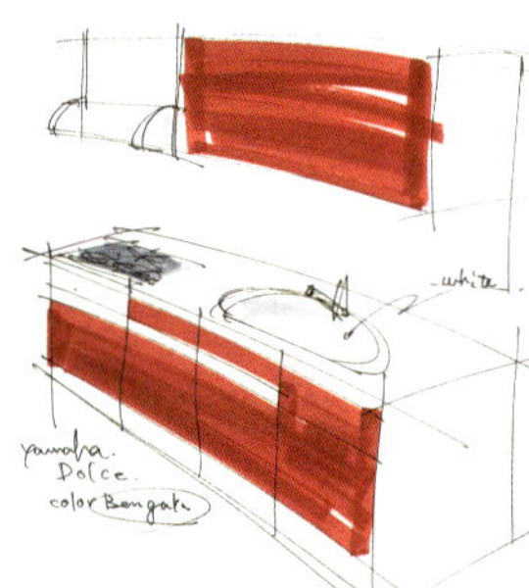

Traitement aux marqueurs.

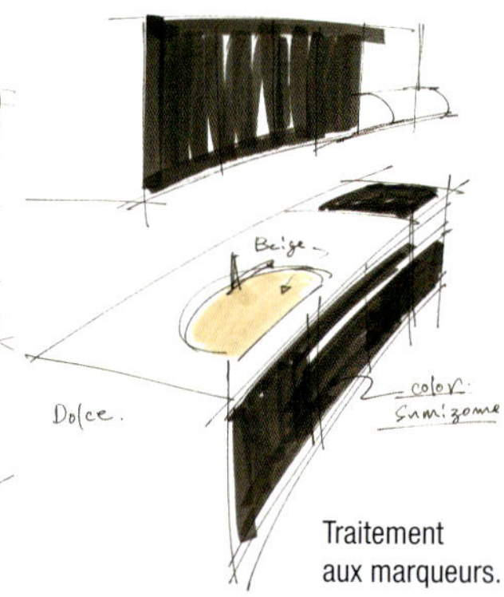

Traitement aux marqueurs.

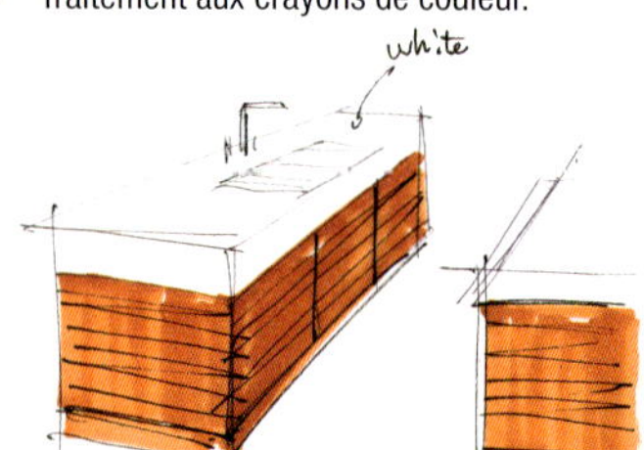

Traitement aux marqueurs.

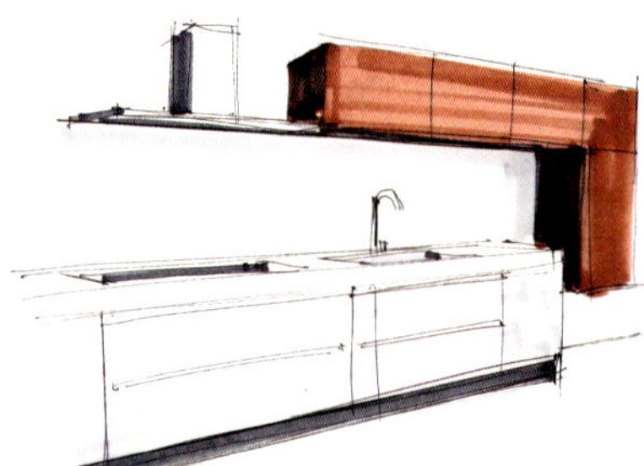

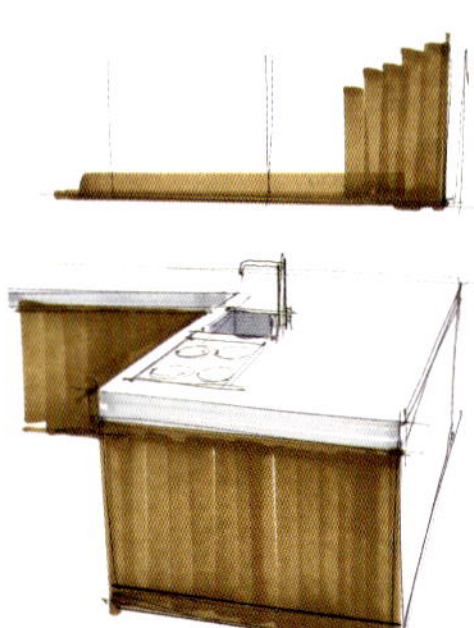

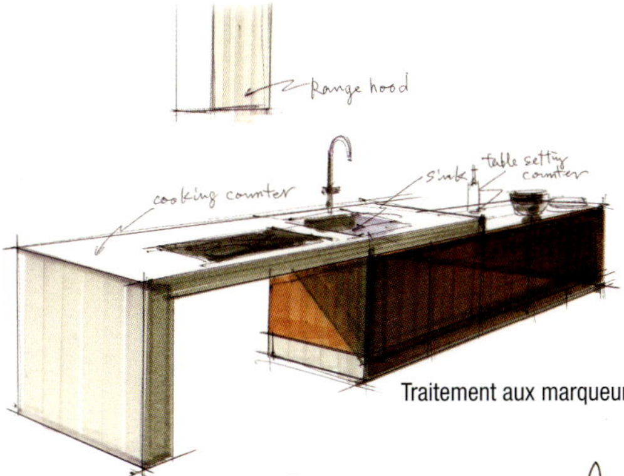

Traitement aux marqueurs.

Croquis à la plume.

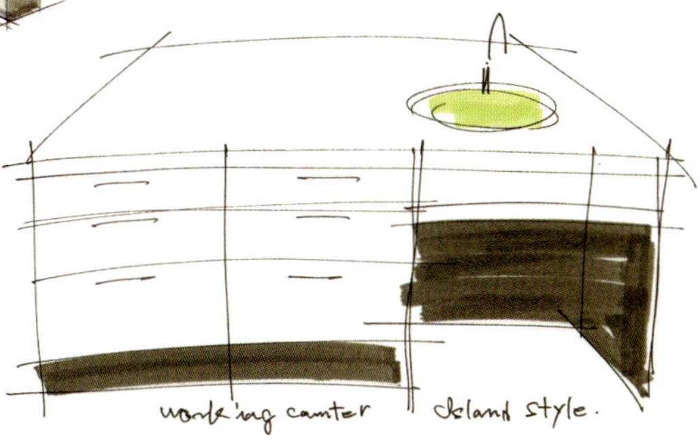

Traitement aux marqueurs.

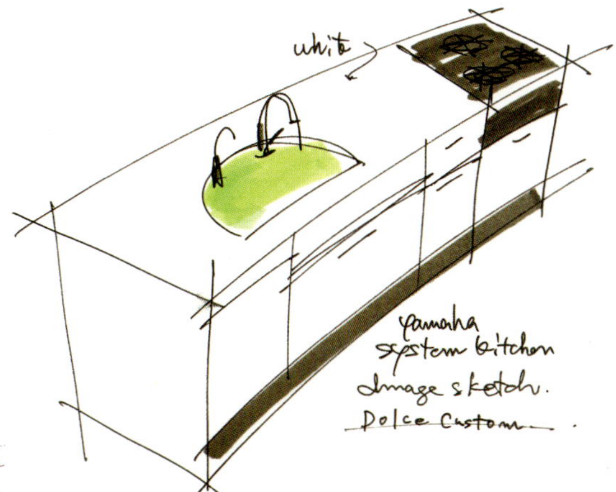

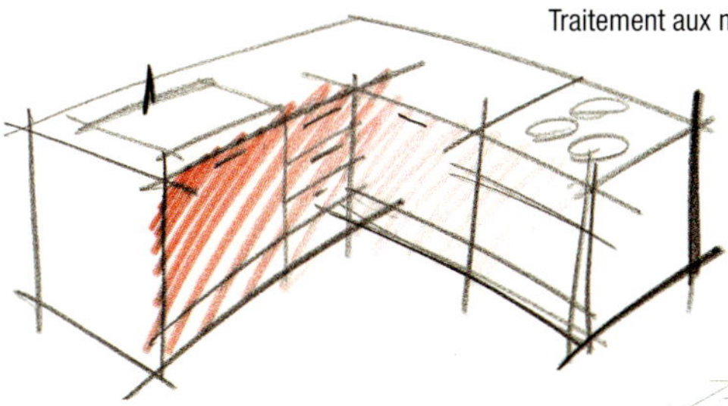

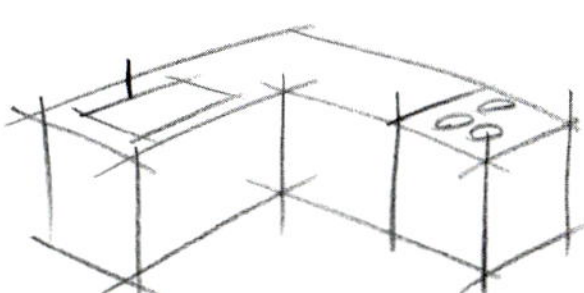

Éléments de base.

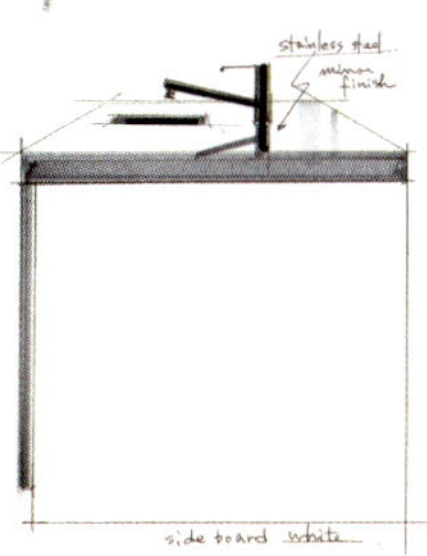

Traitement aux crayons de couleur.

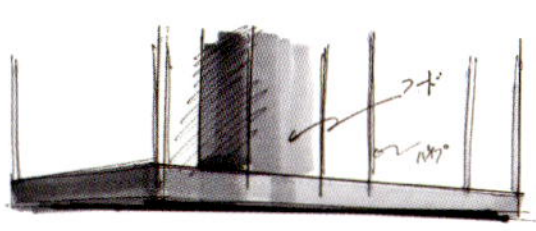

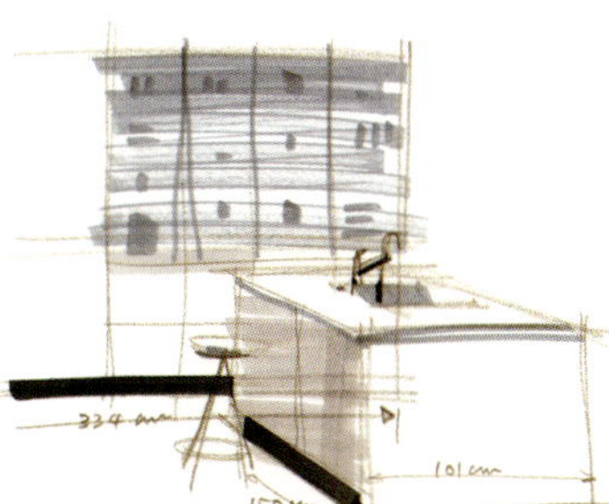

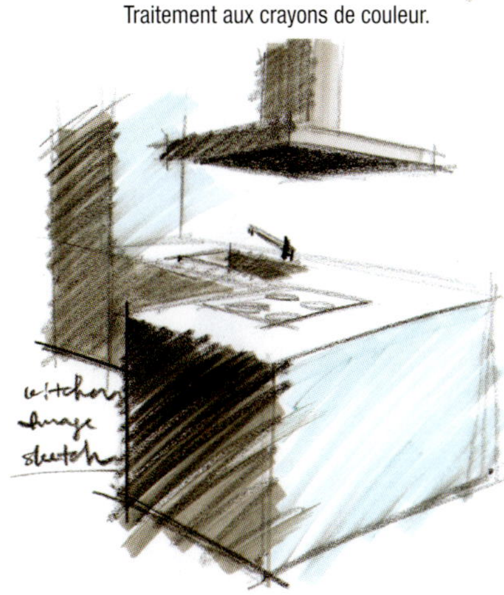

Traitement aux marqueurs.

Modules de salles de bains et lavabos

Ce qui n'était autrefois qu'une petite annexe de la chambre dévolue à l'habillage et aux toilettes sommaires est devenu aujourd'hui une pièce spacieuse, confortable. La plupart des modules de salles de bains ou de cabinets de toilette comportent une vasque pourvue de robinets, intégrée sur un meuble de rangement, accompagnée d'un miroir. Tout en préservant la simplicité du dessin, il est important de représenter correctement les différents matériaux.

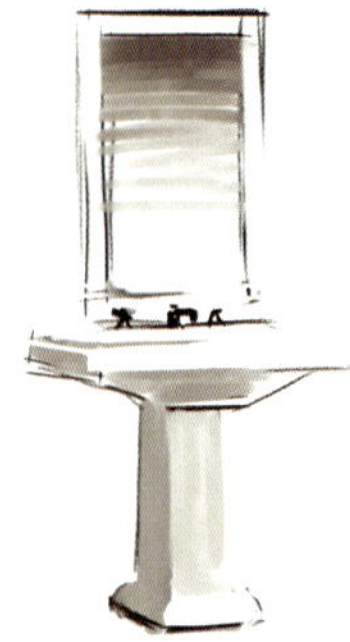

Traitement aux pastels.

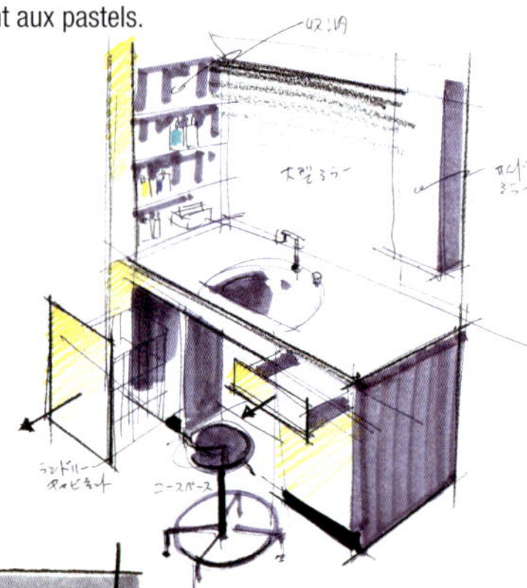

Traitement aux crayons de couleur.

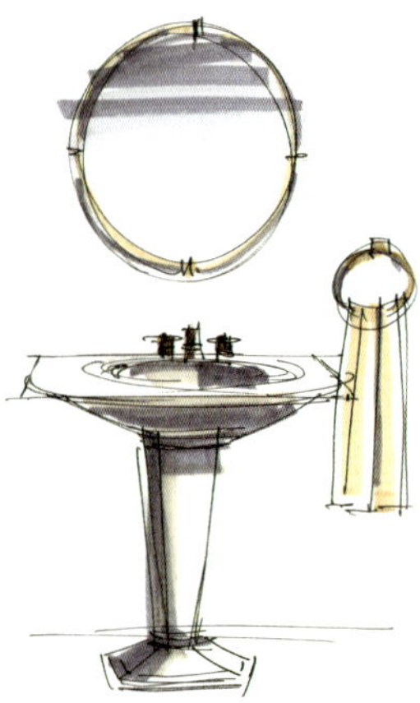

Traitement aux marqueurs.

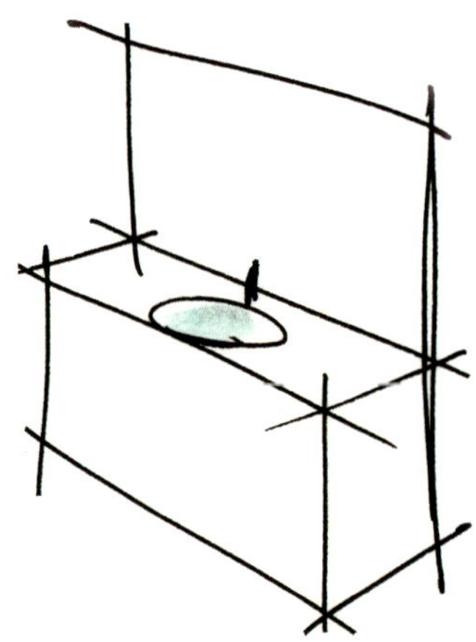

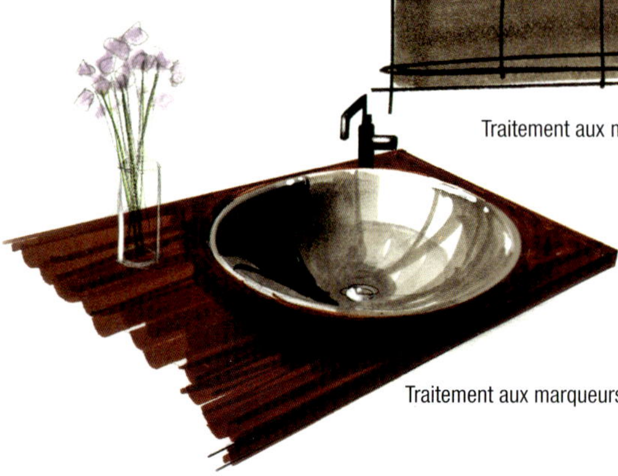

Traitement aux marqueurs.

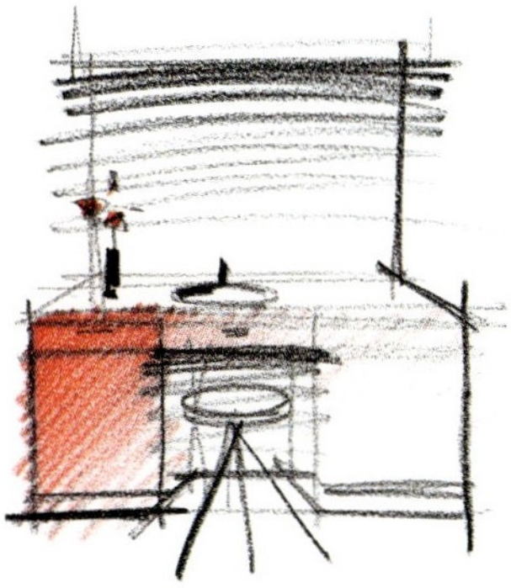

Traitement aux crayons de couleur.

Traitement aux marqueurs.

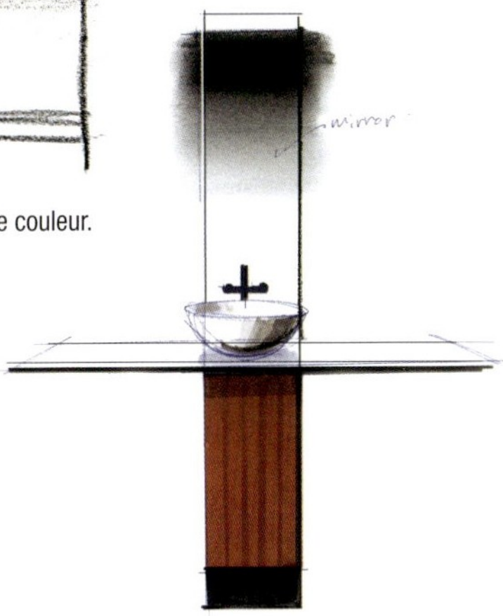

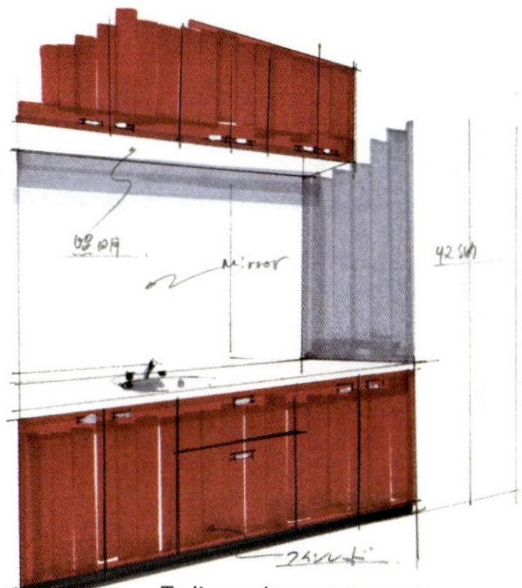

Traitement aux marqueurs.

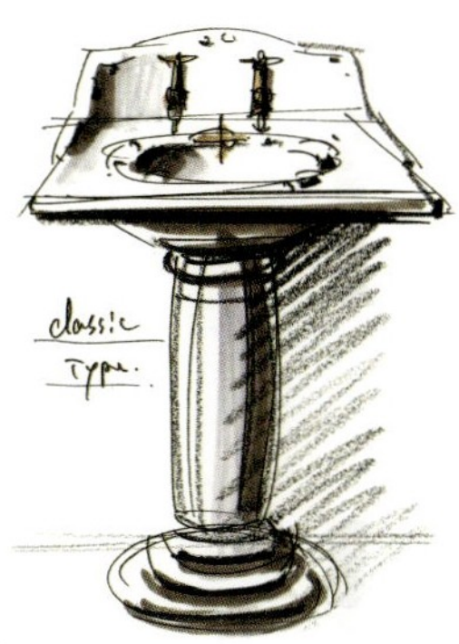

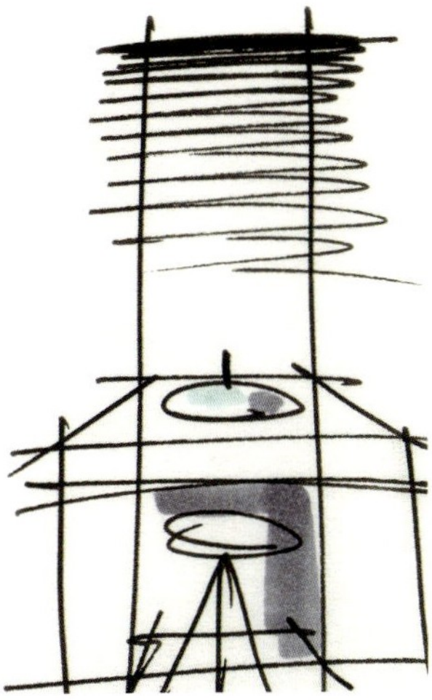

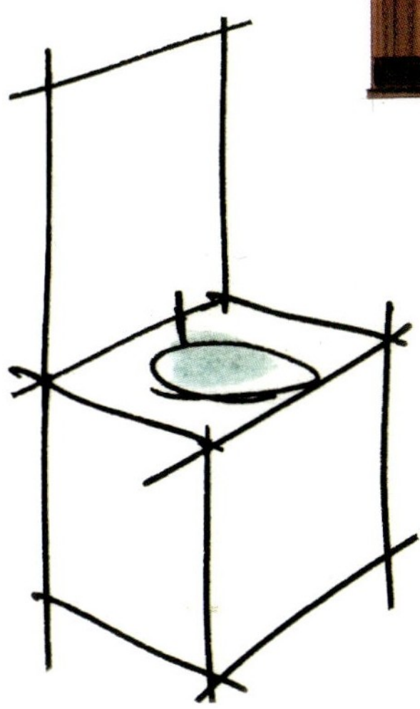

Module de base avec vasque.

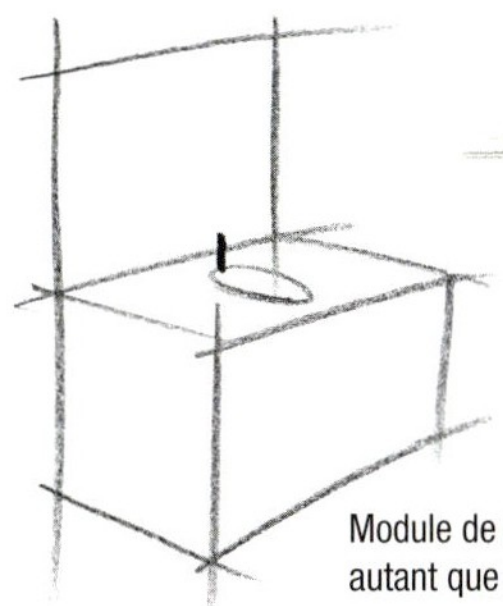

Module de base avec vasque (préservez autant que possible la sobriété du croquis).

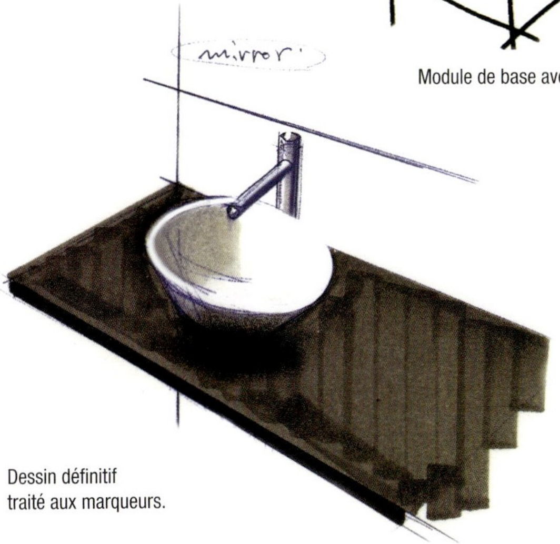

Dessin définitif
traité aux marqueurs.

Baignoires

La salle de bains n'est plus seulement une pièce réservée à la toilette. Elle a évolué en un espace de détente où l'on peut jouir d'une vue sur le jardin, profiter d'un spa, écouter de la musique ou visionner un film. Les attentes sont aussi multiples que les individualités, et vos dessins doivent répondre à celles de votre client. Vous pouvez exécuter des croquis simples ou opter pour un traitement plus poussé qui suggère le confort de la pièce, l'important étant de représenter tous les éléments essentiels.

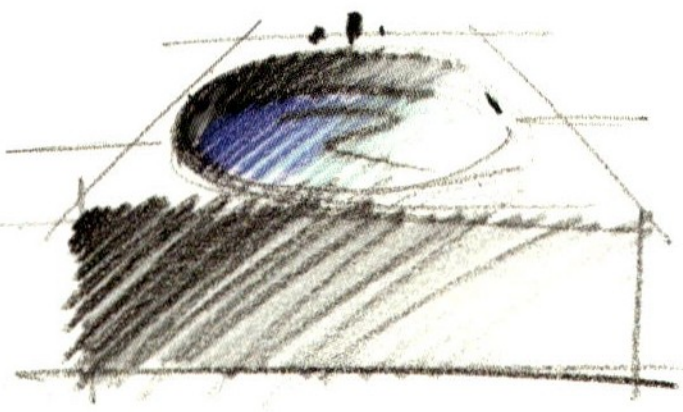

Traitement aux pastels.

Traitement aux pastels.

Croquis numérique (tablette graphique).

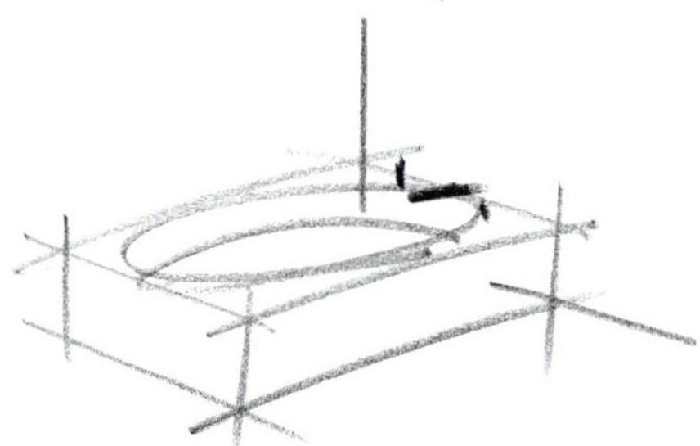

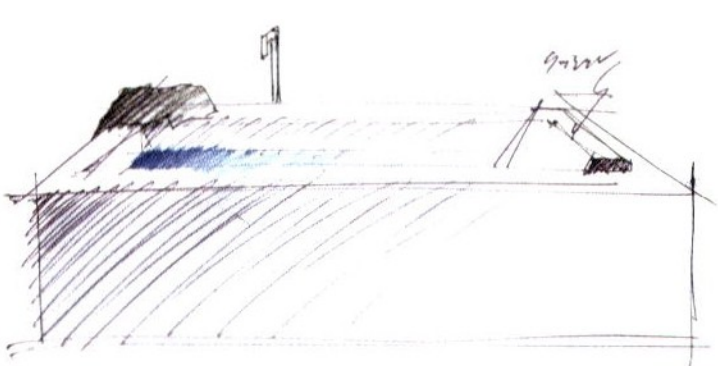

Traitement aux crayons de couleur.

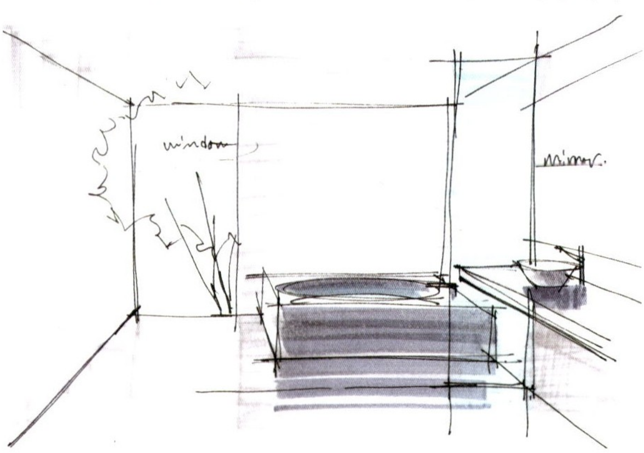

Traitement aux marqueurs.

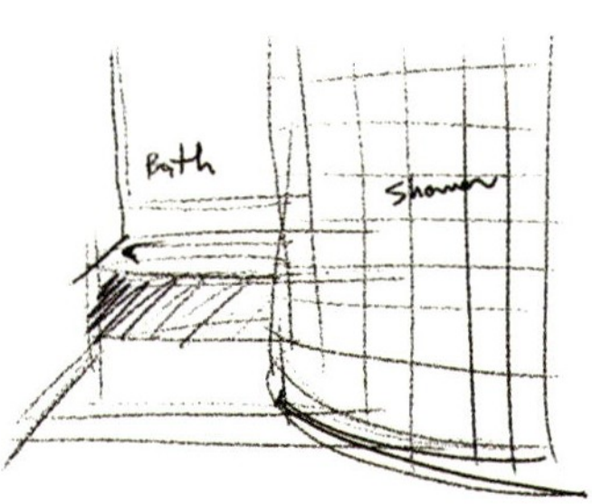

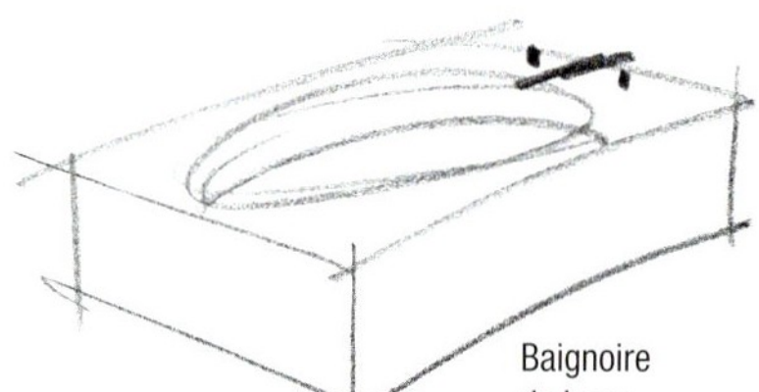

Baignoire de base.

Traitement aux marqueurs.

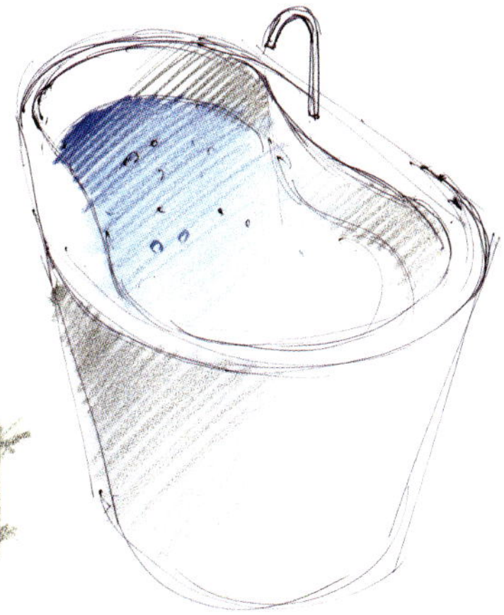

Traitement aux crayons de couleur.

Traitement aux crayons de couleur.

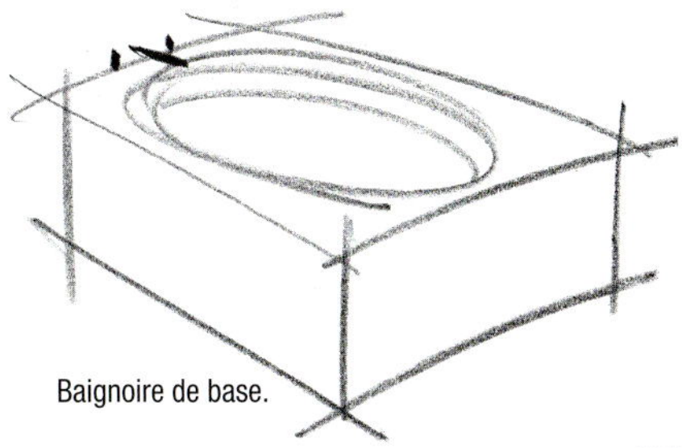

Baignoire de base.

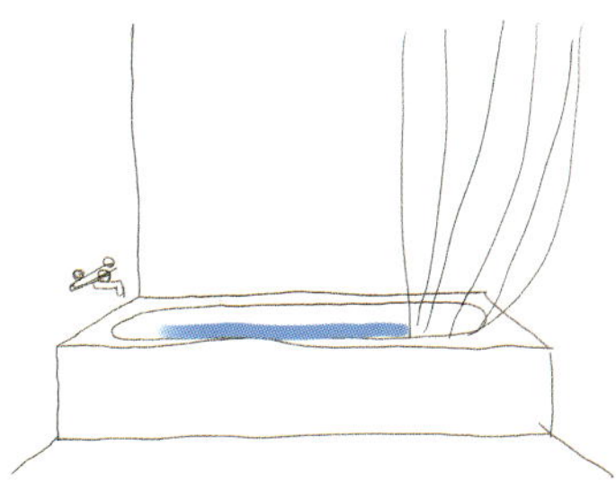

Croquis numérique (tablette graphique).

Croquis numérique (tablette graphique).

Traitement aux marqueurs.

Escaliers

Les clients demandent souvent que l'on intègre les escaliers dans les dessins d'un projet. Ce sont pourtant les éléments les plus difficiles à représenter rapidement sur le papier, probablement en raison de leur structure souvent complexe. Un escalier ne sert pas seulement à circuler d'un niveau à l'autre. Il constitue l'un des points clés d'une architecture intérieure. Il faudra éliminer les détails superflus mais dessiner les meubles environnants afin de donner une notion d'échelle.

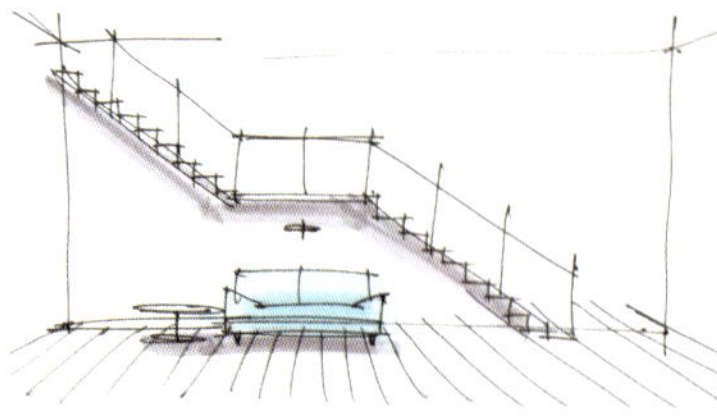

Croquis au stylo tubulaire, colorié aux marqueurs.

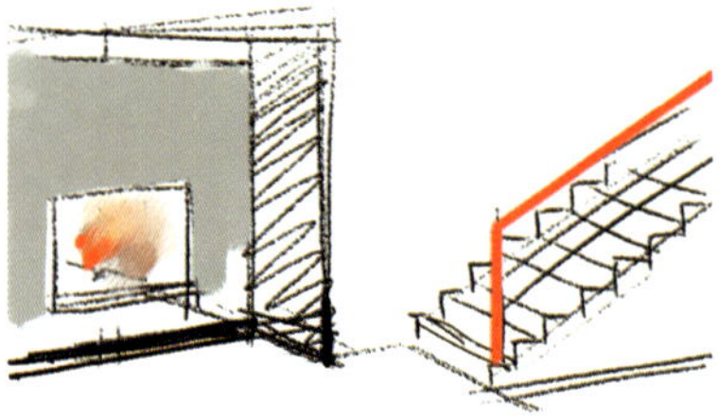

Croquis numérique (tablette graphique).

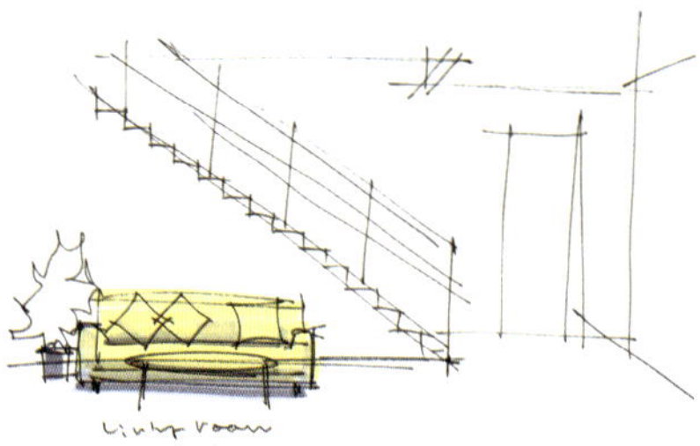

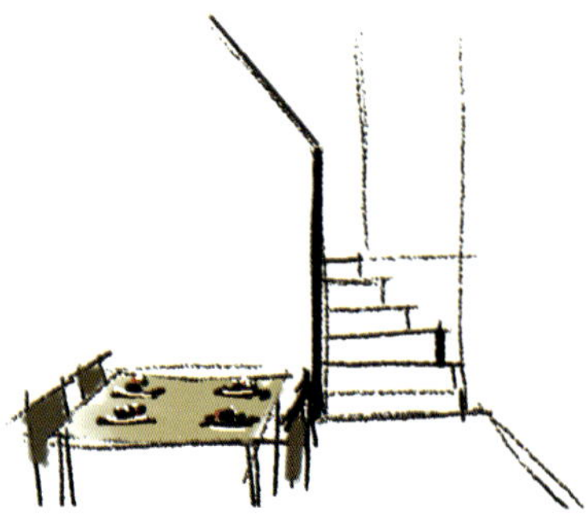

Croquis numérique (tablette graphique).

Croquis numérique (tablette graphique).

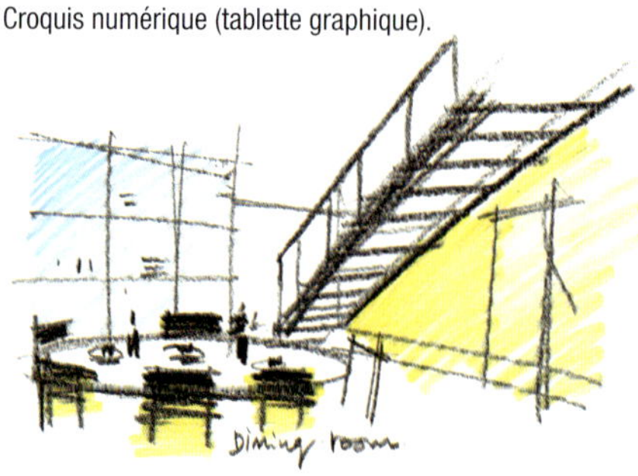

Traitement aux crayons de couleur.

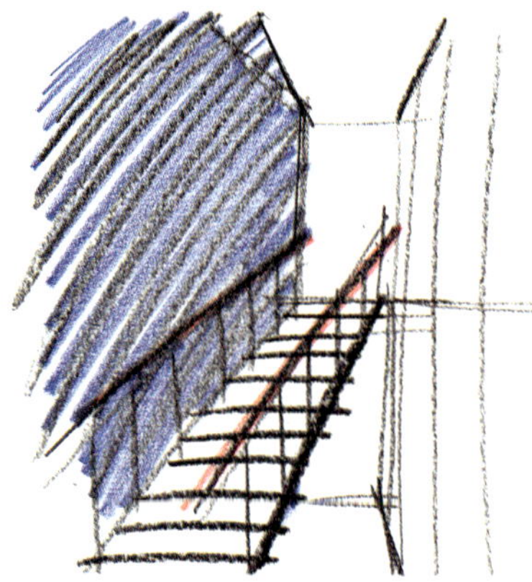

Traitement aux crayons de couleur.

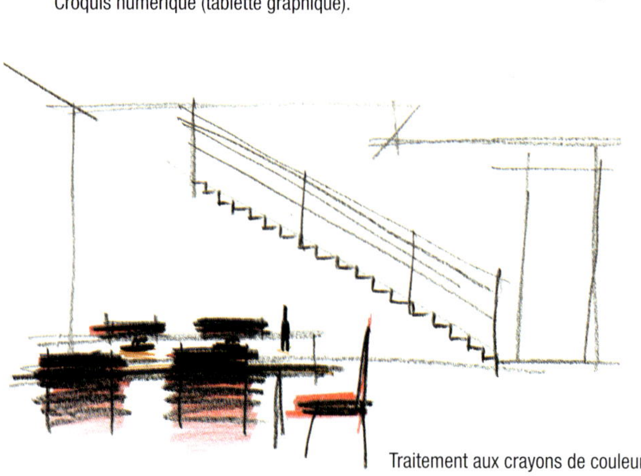

Traitement aux crayons de couleur.

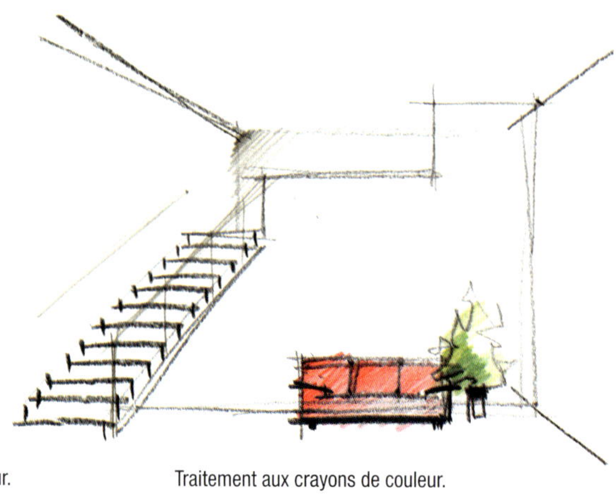

Traitement aux crayons de couleur.

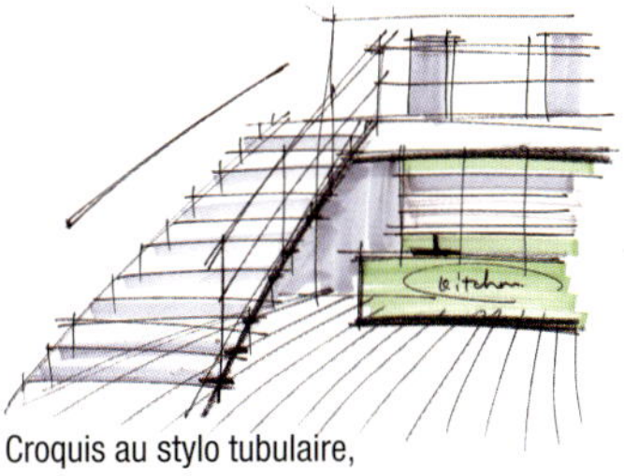

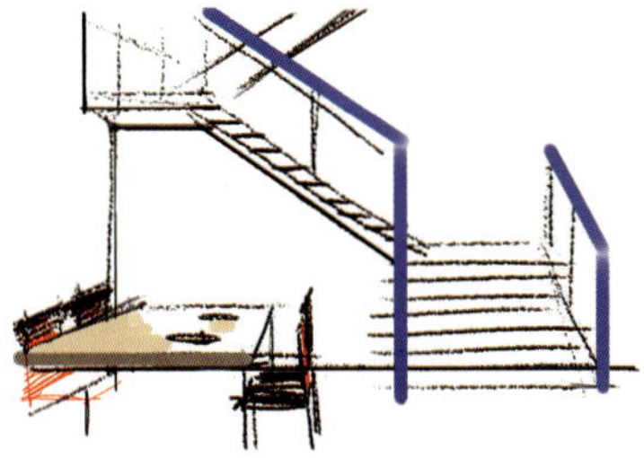

Croquis au stylo tubulaire, colorié aux marqueurs.

Croquis numérique (tablette graphique).

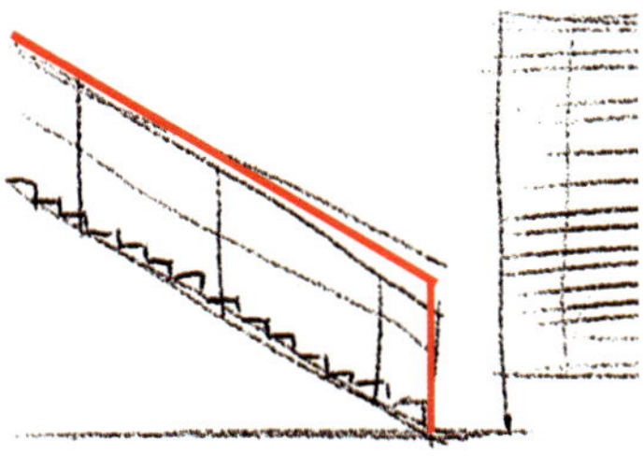

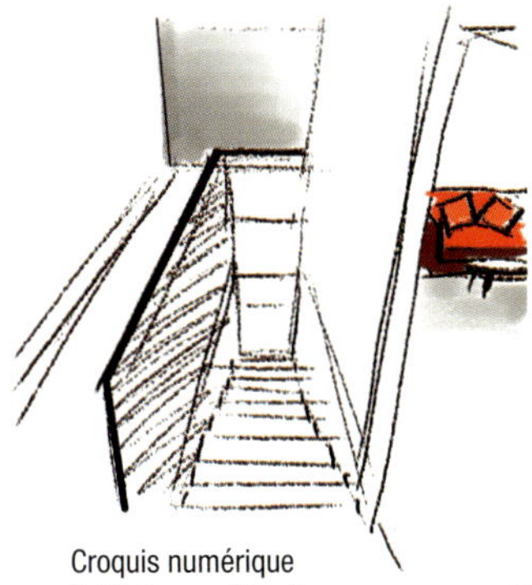

Croquis numérique (tablette graphique).

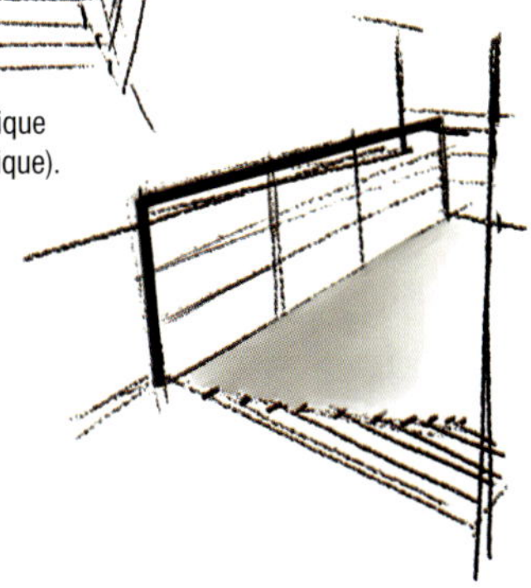

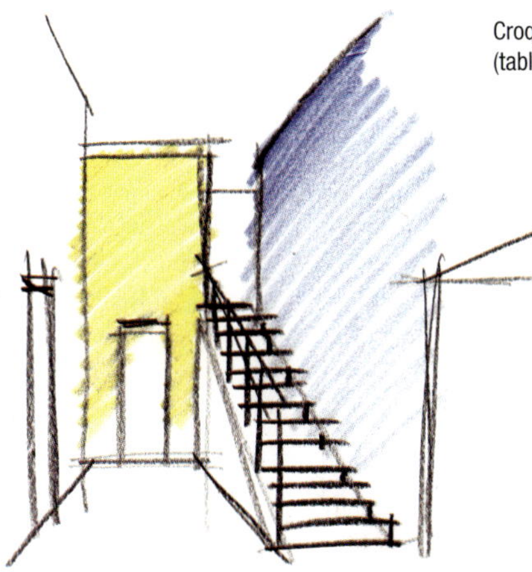

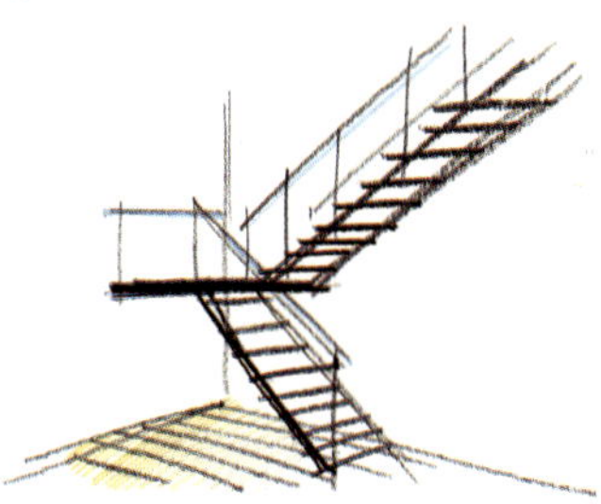

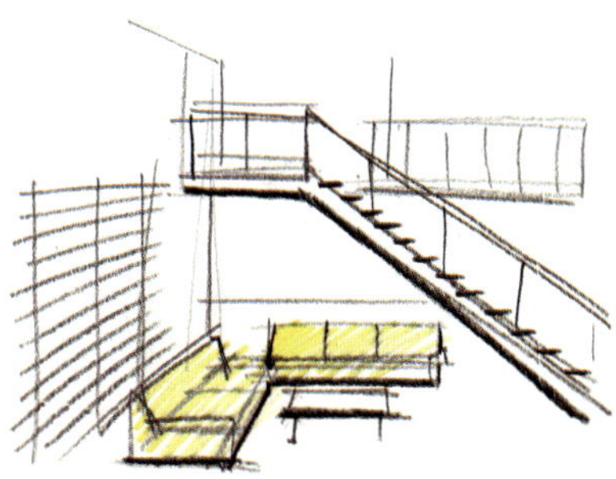

Traitement aux crayons de couleur.

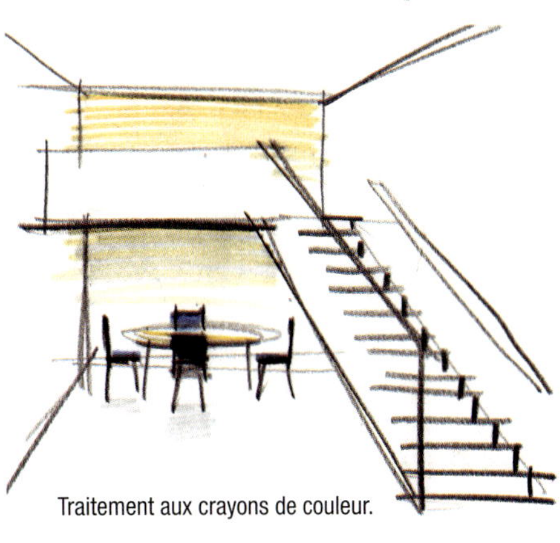

Traitement aux crayons de couleur.

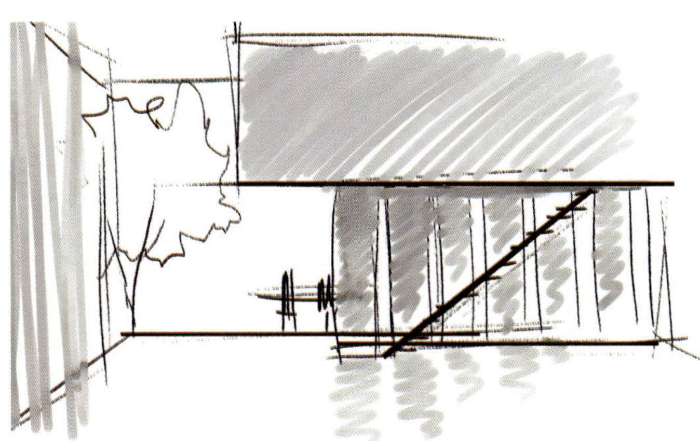

Éclairages et luminaires

S'il est important de dessiner correctement les différents luminaires d'un espace, le rendu réaliste de la lumière elle-même constitue le point le plus important dans un dessin d'architecture intérieure. Jouez avec le blanc du papier pour figurer les zones éclairées et les effets de brillance.

Traitement aux crayons à la cire, aux marqueurs et aux pastels.

Éclairage indirect vers le plafond et vers le sol.

Croquis au crayon.

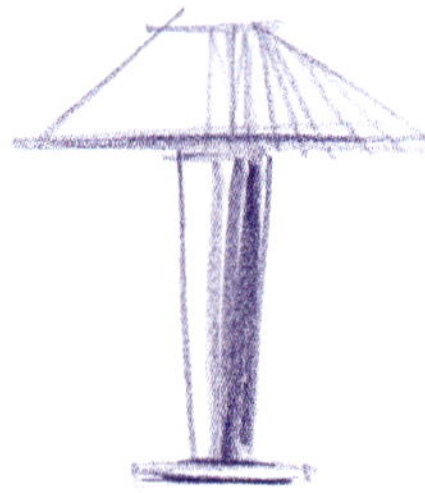

Croquis au crayon à la cire.

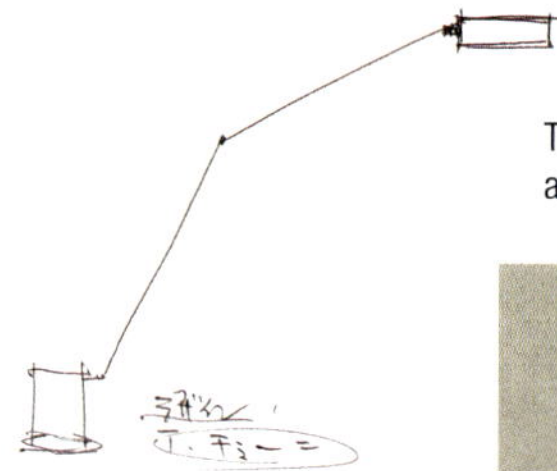

Croquis au stylo tubulaire.

Éclairage d'un espace-séjour traité aux pastels.

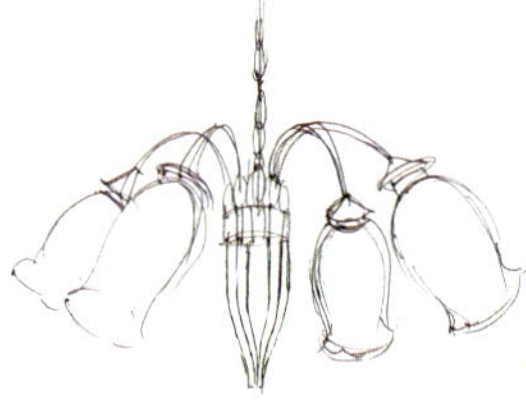

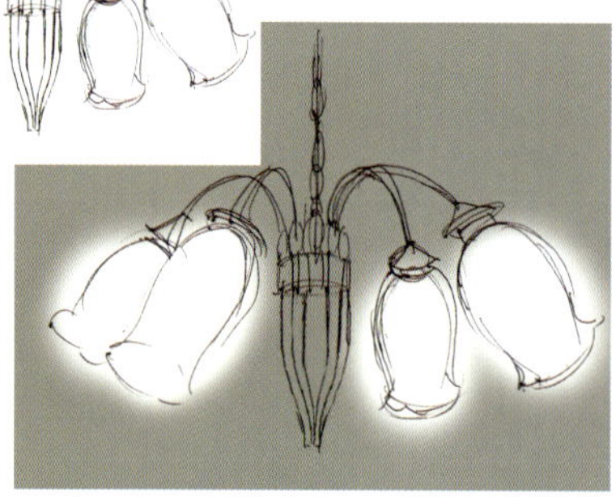

Traitement aux crayons à la cire et aux marqueurs.

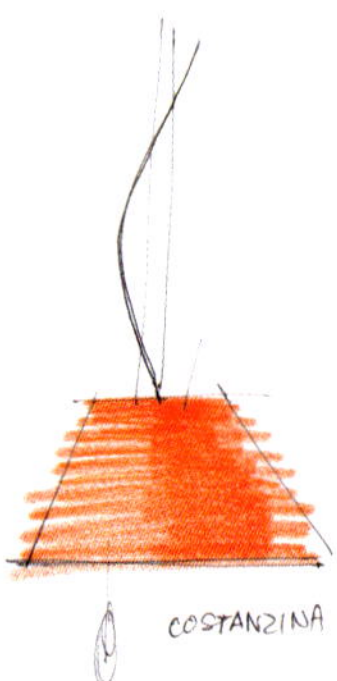

Traitement aux crayons à la cire, aux marqueurs, aux pastels et à la gomme mie de pain.

Tableau éclairé par une applique.

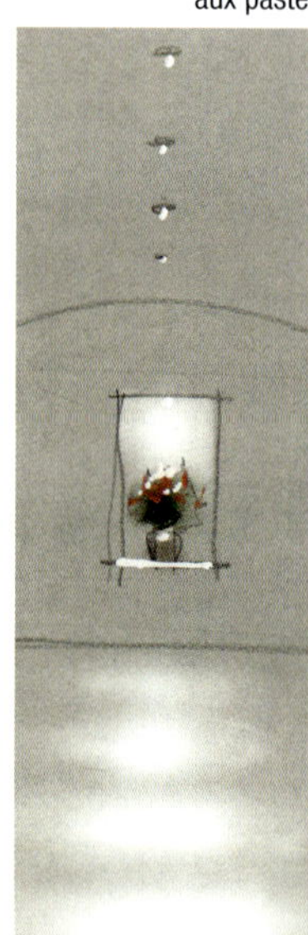

Éclairage encastré et éclairage vers le sol.

Éclairage encastré.

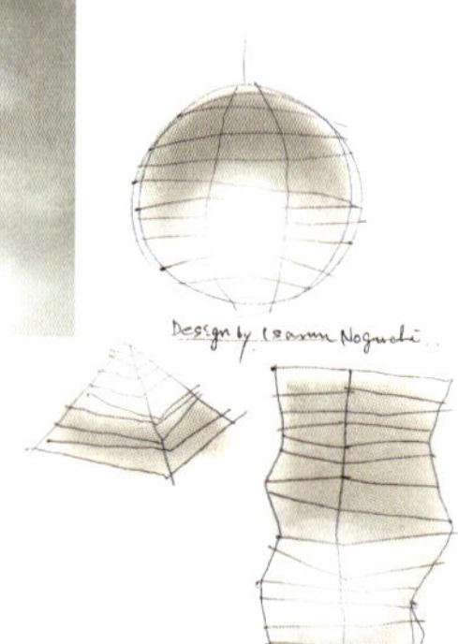

Traitement aux pastels.

Croquis au crayon.

Éclairage encastré.

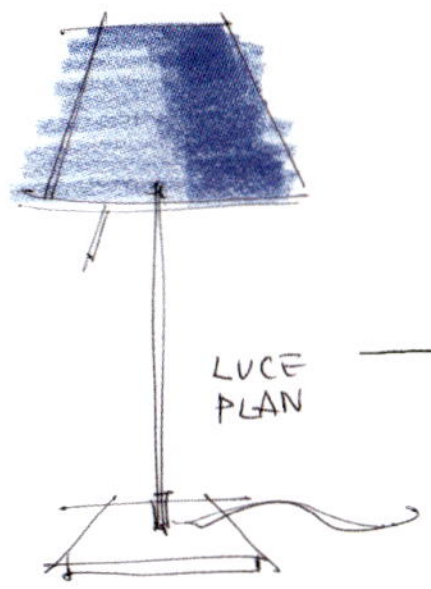

Traitement aux crayons de couleur.

Traitement aux crayons à la cire.

Chambre avec éclairage indirect : le dessin a entièrement été exécuté aux pastels, puis les effets de lumière ont été réalisés avec une gomme mie de pain.

Croquis au crayon.

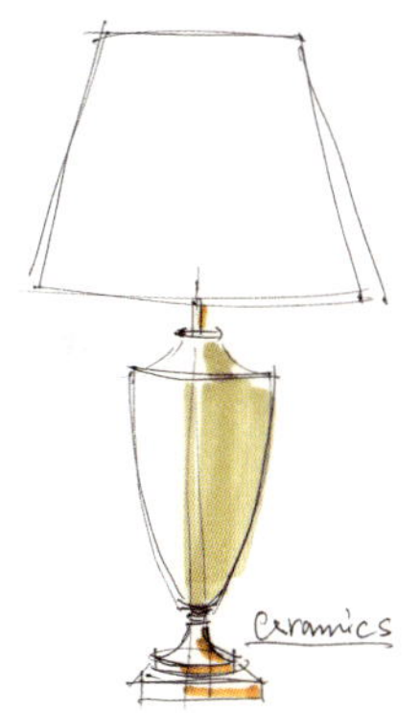

Traitement aux pastels.

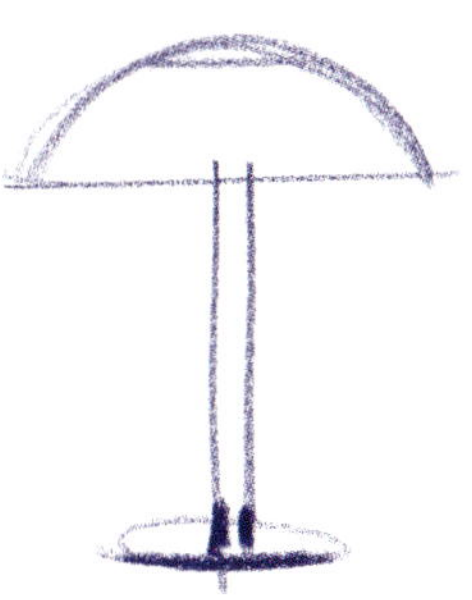

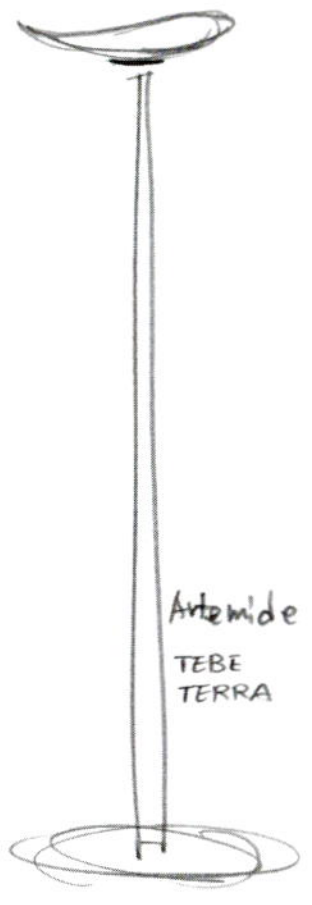

Croquis au crayon.

Traitement aux pastels.

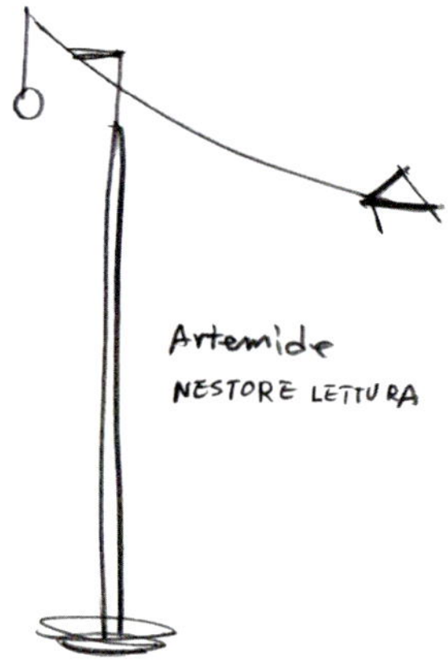

Croquis au crayon.

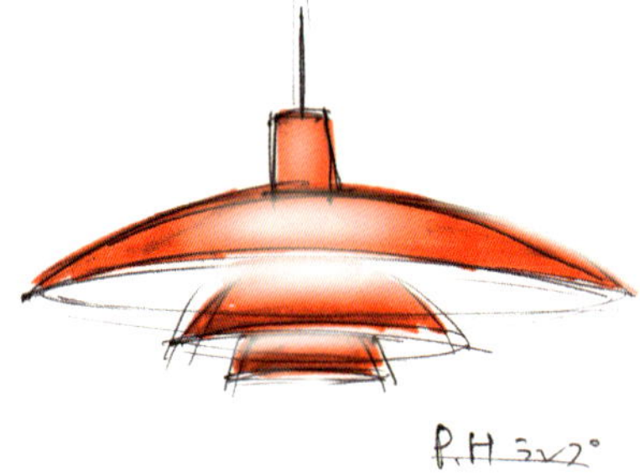

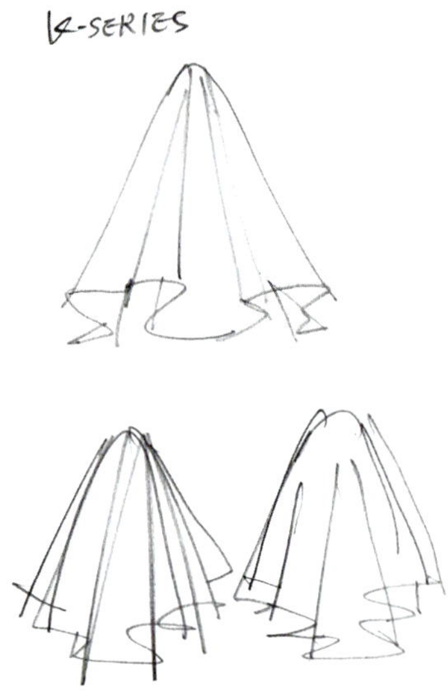

Croquis au crayon.

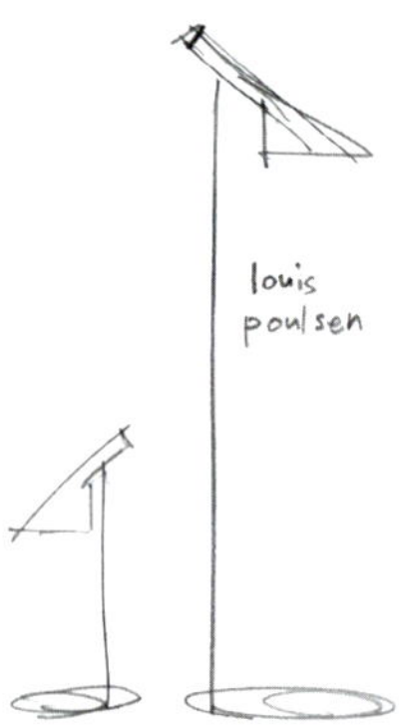

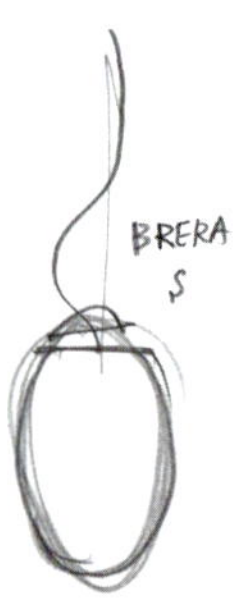

Traitement aux marqueurs.

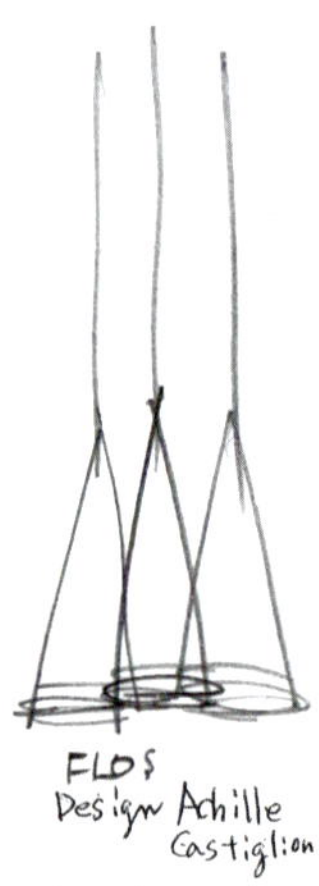

Croquis au crayon.

Traitement aux pastels, avec les effets
de lumière réalisés à la gomme mie de pain.

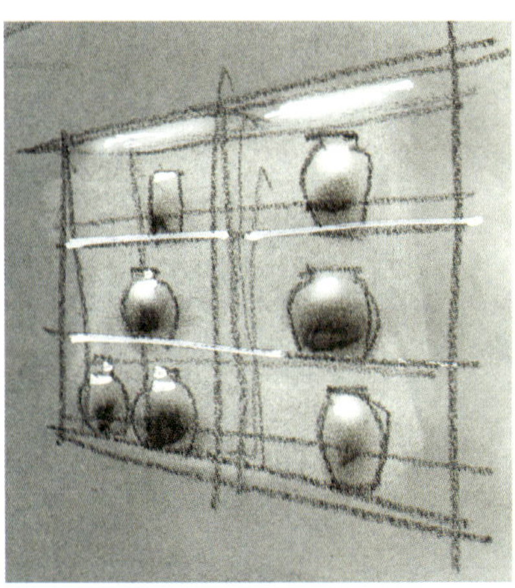

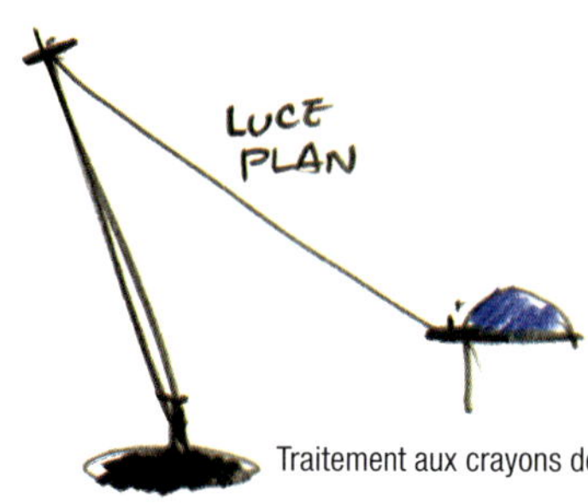

Traitement aux crayons de couleur.

Chapitre 2

Les outils de dessin indispensables

Chaque outil possède ses caractéristiques particulières. Ce chapitre présente les techniques de dessin rapide en montrant comment tirer le meilleur parti des outils. Les crayons à la cire sont idéaux pour les représentations au trait et autres croquis sommaires. Les crayons de couleur donnent une impression de fraîcheur, de légèreté. Les pastels sont parfaits pour poser des couleurs et suggérer une atmosphère. Les marqueurs permettent un traitement vif et délié. La gomme mie de pain est absolument indispensable pour figurer la lumière filtrée par le feuillage, les reflets, les effets d'éclairage. Les stylos correcteurs servent, quant à eux, à poser des rehauts éclatants.

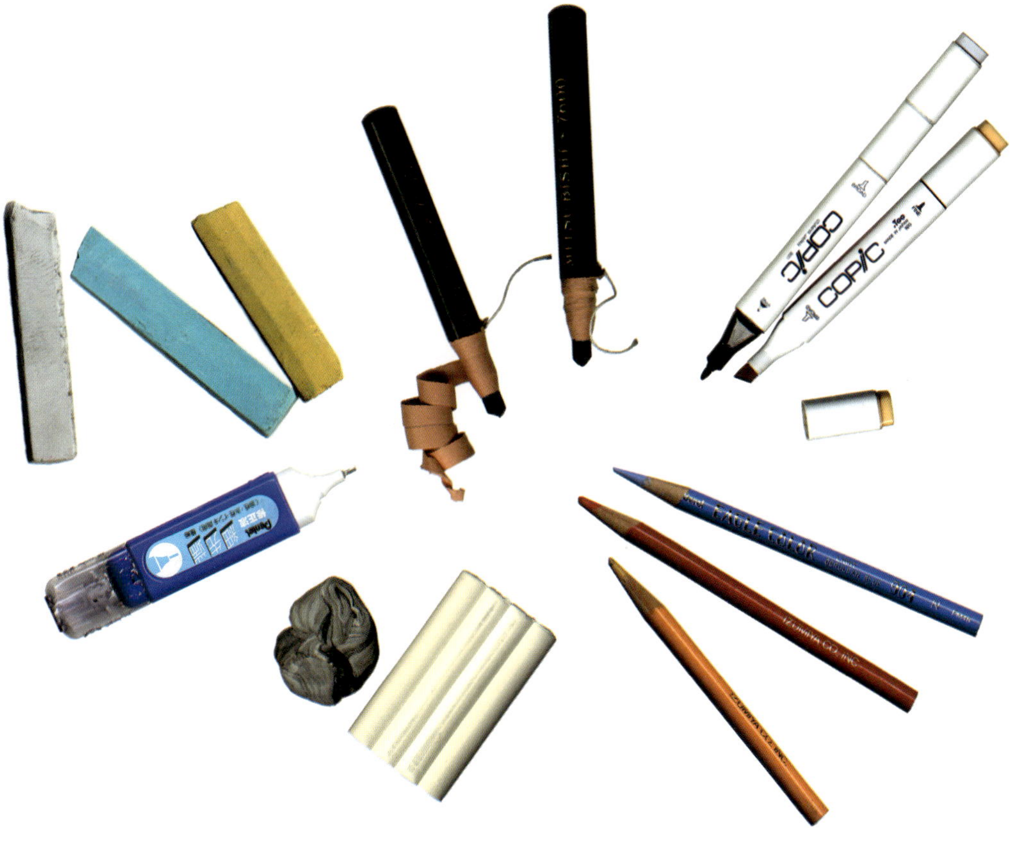

Les crayons à la cire

Ils génèrent des traits larges, de couleur dense, dont vous pouvez moduler l'épaisseur et l'intensité. Ils offrent au dessinateur la possibilité de s'exprimer avec son style propre. D'origine asiatique, les crayons à la cire ou « crayons chinois » sont peu distribués en Europe, mais vous pouvez vous en procurer par Internet. Vous pouvez également trouver des crayons au rendu équivalent dans les boutiques de beaux-arts.

Exemples de traits que l'on peut obtenir avec un même crayon à la cire.

Le corps des crayons à la cire est en papier. On ne l'aiguise pas, mais on le déroule à mesure que la mine s'use.

Voici la manière correcte de tenir un crayon à la cire, qui vous permet de moduler les traits.

Ici, la tenue du crayon n'est pas correcte.

Pour obtenir des traits particulièrement denses ou pour moduler la teinte afin de réaliser un dégradé, inclinez le crayon vers le plan de travail.

Dégradés réalisés avec des crayons à la cire.

Les crayons à la cire existent en différentes couleurs.

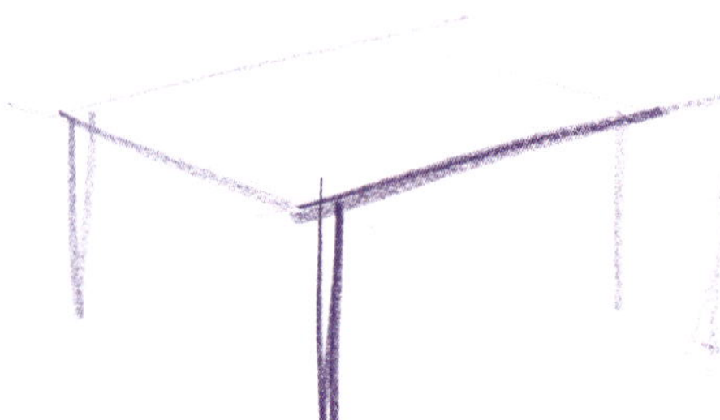

Cet exemple montre la subtilité des variations que l'on peut obtenir sur de simples traits.

Sur ce croquis, la source lumineuse est située en haut, à gauche. On a donc foncé le côté du droit du lit afin de suggérer par contraste la luminosité du côté gauche.

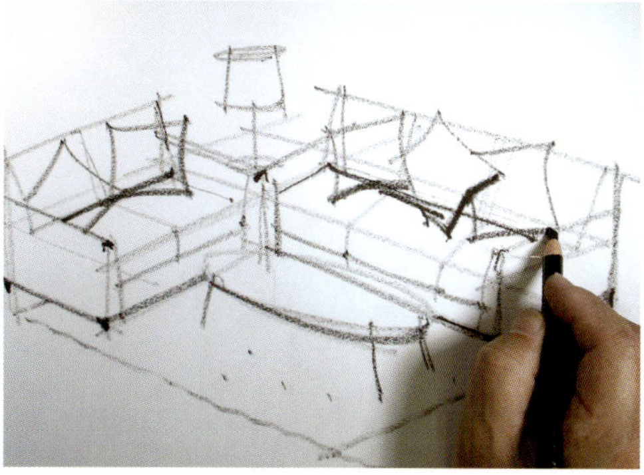

Les traits foncés qui soulignent la base des coussins suggèrent les ombres et, de ce fait, la profondeur du canapé et de la chauffeuse.

Dans cette cuisine avec espace-repas, l'éclairage par l'arrière appelait des ombres soutenues au premier plan.

La modulation des traits indique la perspective de ce séjour : ils deviennent plus fins et plus clairs à mesure qu'ils s'éloignent vers l'arrière-plan éclairé par une porte vitrée.

Un crayon à la cire sépia suggère une atmosphère douce et chaleureuse.

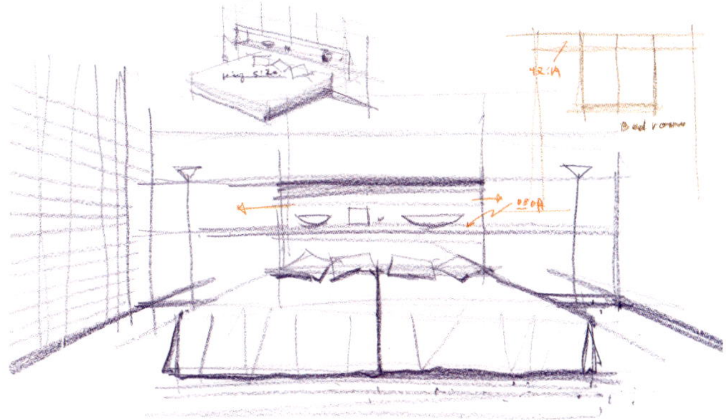

Les traits sombres qui soulignent la base du lit et les plinthes donnent de la vie et du réalisme au croquis.

Bien que sommairement esquissé, l'arbre visible derrière la baie vitrée de l'arrière-plan suffit à souligner le style de cette salle de bains.

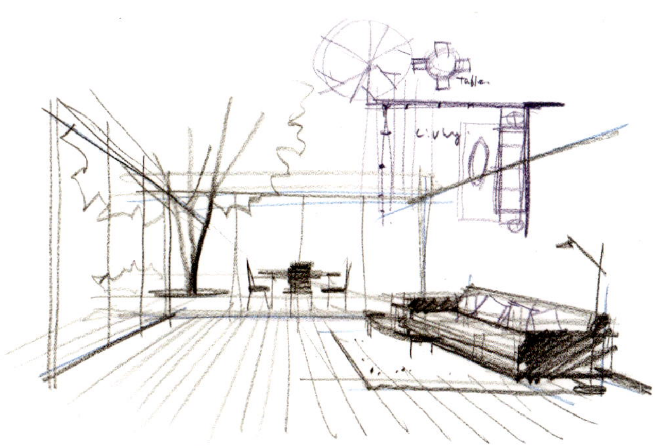

Sur ce croquis de séjour, le canapé a été ombré parce qu'il se trouve au premier plan mais, afin d'équilibrer la composition, on a également souligné la table et les chaises situées à l'arrière-plan, sur la terrasse.

Les crayons de couleur

Ils permettent d'introduire aisément de la couleur dans un dessin et s'avèrent appréciables pour poser de petits accents qui soulignent les éléments importants. Lorsque vous devez mettre en couleur une surface importante, ne cherchez pas à la couvrir entièrement d'un aplat, mais sélectionnez plutôt les zones stratégiques.

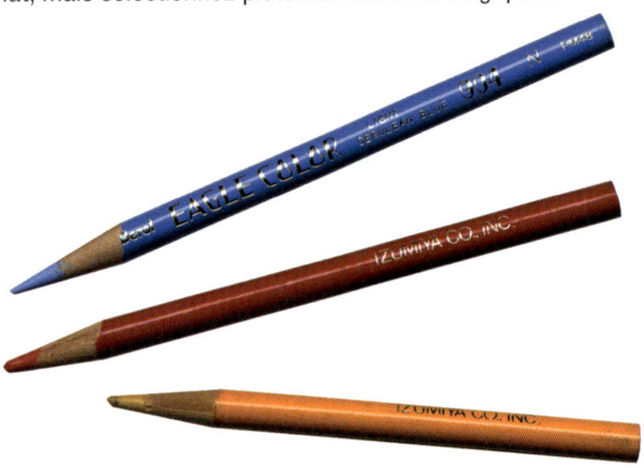

Choisissez des crayons de couleur de qualité beaux-arts.

Exercez à vous à réaliser des dégradés inclinés jusqu'à obtenir un rendu fluide et naturel.

Pour colorier un petit élément ou tracer un détail, tenez le crayon à cet angle.

Réduisez davantage l'angle du crayon par rapport au plan de travail lorsque vous coloriez de grandes surfaces ou renforcez des traits.

Sur la gauche de ce croquis, on a posé la couleur avant de dessiner les éléments de cuisine.

Préservez au maximum la simplicité du croquis et réservez la couleur au points clés.

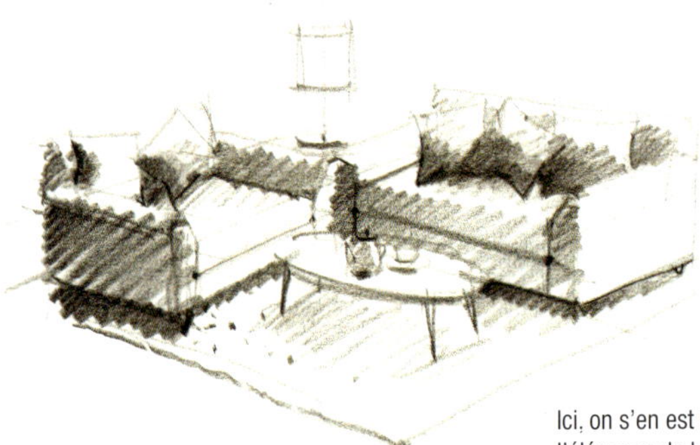

Ici, on s'en est tenu à quelques touches sépia afin de suggérer l'élégance de la pièce.

Des hachures descendant depuis le coin supérieur gauche sur l'ensemble du croquis donnent de la cohésion à l'espace.

Sur ce canapé, les hachures dégradées depuis le coin inférieur droit créent la sensation d'un espace ouvert.

Deux tons de bleu suffisent à suggérer les volumes tout en unifiant l'image.

Un crayon blanc est pratique pour poser des rehauts sur les zones coloriées.

Les pastels

Le grand avantage des pastels réside dans leur capacité à produire des dégradés très progressifs. Vous pouvez estomper les tracés avec du papier absorbant ou du bout du doigt. Parfaits pour mettre rapidement en couleur des surfaces importantes, les pastels se prêtent naturellement au rendu des étoffes et des ombres.

Choisissez des pastels tendres de qualité beaux-arts.

Pensez toujours à protéger vos croquis aux pastels en vaporisant dessus un fixatif approprié.

Voici la manière correcte de tenir un pastel pour colorier : sa tranche doit être appuyée sur le papier.

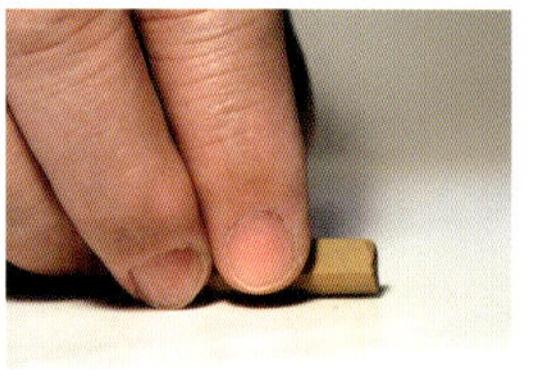

Vue de face.

Si vous couchez le pastel, vous obtenez des traits irréguliers

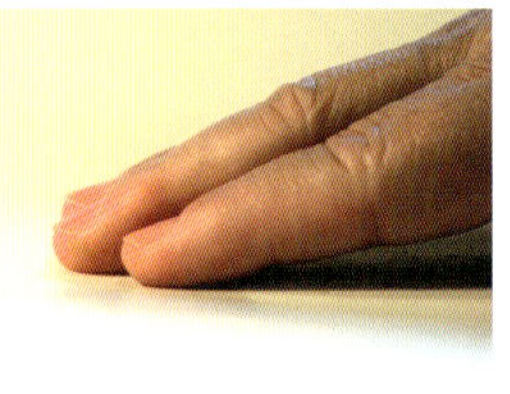

Pour estomper régulièrement une grande surface comme un mur ou un plafond, inclinez à peine la paume au-dessus du papier.

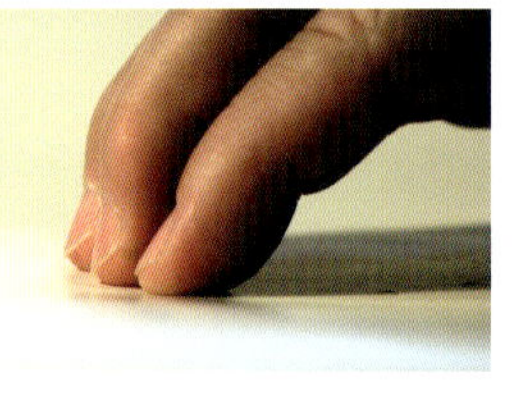

Pour estomper une surface réduite ou détaillée, plaquez-vos doigts sur le papier comme l'indique la photographie.

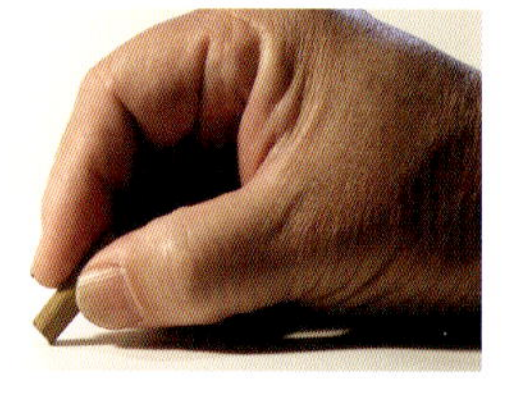

Voici la manière correcte de tenir un pastel pour tracer un détail.

Sur ce croquis représentant une salle à manger et un autre espace-repas attenant, on a utilisé du papier absorbant pour estomper le pastel sur le sol, les murs et les autres éléments architecturaux.

Ici, on trace des détails symbolisant de la vaisselle.

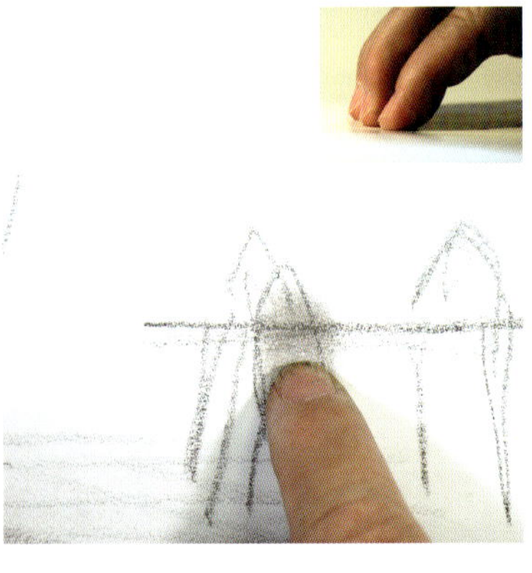

Pour ombrer le dossier de la chaise, on estompe les tracés du bout du doigt.

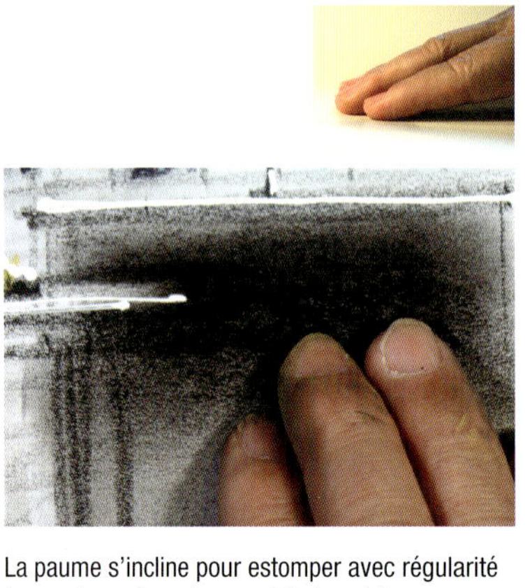

La paume s'incline pour estomper avec régularité la grande surface du comptoir de cuisine.

Ici, on colorie les dossiers de chaise sans les estomper.

Sur ce croquis, il était important de veiller à ce que le plafond ne paraisse pas trop sombre. Les illustrations suivantes montrent les étapes de sa réalisation.

❶ On pose d'abord de larges touches assez régulières sur le sol.

❷ Avec du papier absorbant, on estompe les touches de façon régulière.

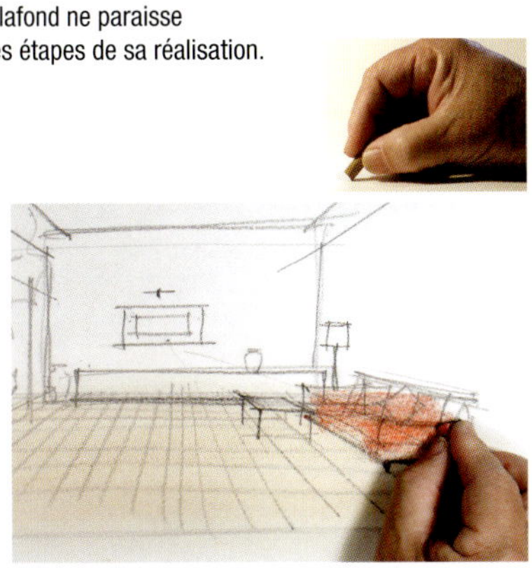

❸ On colorie le canapé.

❹ On estompe le canapé du bout du doigt.

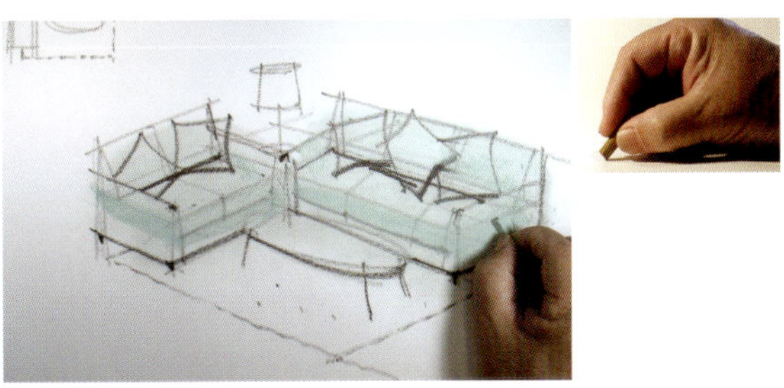

Ici, on colorie un canapé et sa chauffeuse.

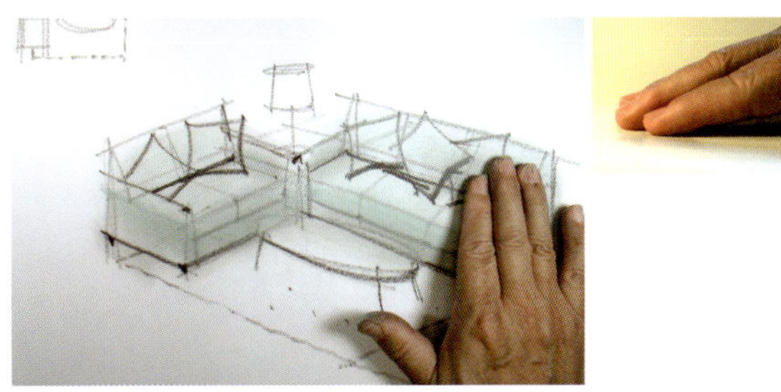

On estompe la couleur avec le bouts des doigts, en inclinant à peine la paume afin d'obtenir un aplat régulier.

Sur ce croquis, on a utilisé du papier absorbant pour estomper les couleurs et ainsi figurer les zones de lumière.

Les fleurs sont détaillées avec la tranche du pastel.

Les marqueurs

Ils ont le privilège de la rapidité. Correctement utilisés, ils vous permettent de réaliser aisément des croquis en couleur.

Plus le geste est rapide,
plus le trait généré est clair.

Procurez-vous un assortiment de marqueurs avec différentes épaisseurs de pointes.

Tirez parti des effets de transparence que l'ont peut créer avec des marqueurs.

Voici la manière correcte de tenir un marqueur pour colorier une grande surface. La position de la pointe ne doit pas être modifiée.

Pour éclaircir une teinte, il suffit d'accroître la vitesse du tracé.

Voici la manière correcte de tenir un marqueur pour colorier un détail.

Voici la manière correcte de tenir un marqueur à pointe fine pour tracer des lignes.

Vous pouvez réaliser le croquis avec un stylo tubulaire, puis le mettre en couleur à l'aide de marqueurs.

Ici, on a colorié les canapés au marqueur afin de leur donner davantage d'éclat.

Afin de focaliser l'attention sur l'essentiel, usez de la couleur avec parcimonie pour figurer les éléments extérieurs. Par exemple, sur ce dessin de salle de bains, la baie vitrée et le ciel n'ont pas été coloriés.

Ici aussi, seuls les meubles ont été mis en couleur. La baie vitrée et le jardin sont à peine ébauchés.

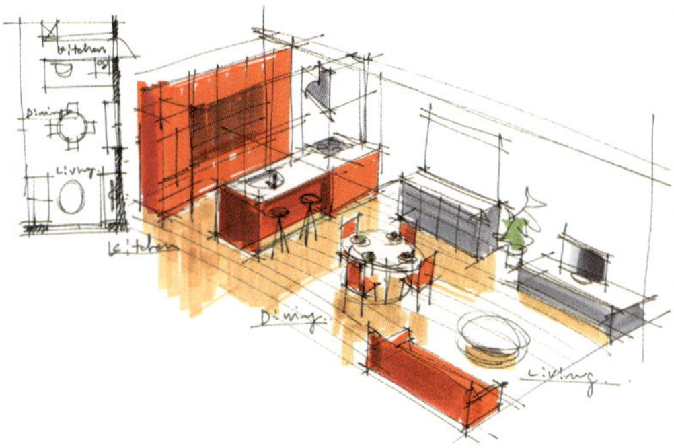

Afin de souligner le caractère spacieux de ce séjour/cuisine et son agencement, seuls les meubles ont été mis en couleur, avec quelques touches indiquant leurs ombres portées au sol.

Pour représenter des éléments de cuisine blancs, jouez sur plusieurs tons de gris judicieusement distribués.

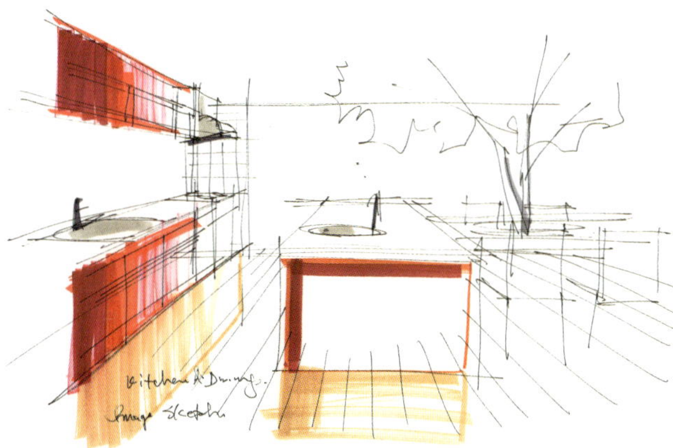

Pour éviter de surcharger le dessin, le rouge des meubles a été suggéré le plus sobrement possible.

On a délibérément omis de colorier les murs de façon à focaliser l'attention sur l'agencement de ce salon à home cinéma.

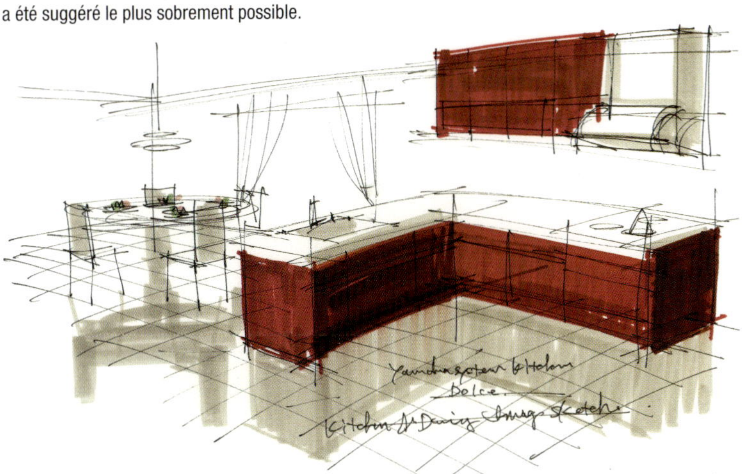

Ici, les ombres douces portées au sol équilibrent le rouge sombre des éléments de cuisine tout en apportant une touche soignée au dessin.

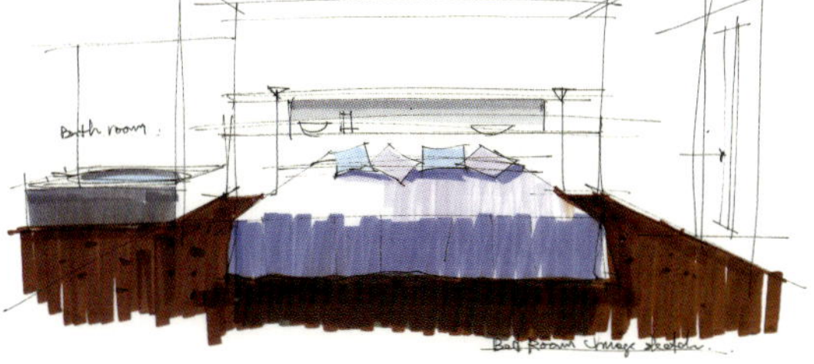

La juxtaposition de touches verticales est un procédé fréquent pour colorier les sols.

Les larges espaces laissés vierges mettent en valeur le rouge choisi pour les éléments de cuisine et équilibrent la composition.

La gomme mie de pain

On l'utilise sur les dessins aux pastels. Bien plus qu'un simple outil de correction, la gomme mie de pain sert à éclairer des zones déjà mises en couleur. Ses emplois sont variés. Elle permet par exemple d'indiquer le moelleux d'un lit ou d'un canapé, de suggérer le poli d'un plan de travail, de représenter les effets d'éclairage, de figurer la lumière entrant par une vitre ou une porte ouverte ou encore filtrant à travers la ramure d'un arbre.
Notez qu'il est impossible de retravailler un dessin avec une gomme mie de pain une fois qu'il a été fixé.

À gauche, une gomme mie de pain ayant déjà beaucoup servi. À droite, une gomme mie de pain toute neuve (il existe également des modèles non cannelés).

Avant d'utiliser une gomme neuve, étirez-la puis roulez-la en boule.

Forme de la gomme telle qu'elle doit être employée.

Après avoir modelé la gomme de façon à la tenir confortablement, frottez-la sur le papier comme pour le hachurer.

Évitez de tapoter la gomme sur le papier, car cela génère des taches.

Le croquis ci-dessous a été entièrement réalisé aux pastels, puis éclairé à l'aide d'une gomme mie de pain.

Éclairage indirect d'une arche.

On utilise la gomme mie de pain pour poser des rehauts de lumière.

Sur le croquis de gauche, on a représenté les petits reflets de lumière projetés par les étagères de l'arrière plan. Pour les réaliser, on a légèrement effacé la couleur sur les zones voulues.

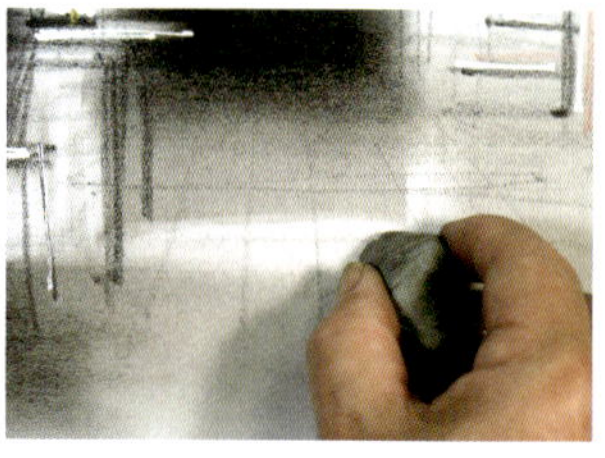

Sur le mur de gauche, on voit les reflets du soleil tamisés par un arbre. Sur celui de droite, une applique éclaire puissamment un tableau. Pour rendre ces deux effets, on a d'abord posé la couleur aux pastels, puis on l'a levée jusqu'à récupérer le blanc du papier

Une gomme mis de pain a permis de figurer tous les effets de lumière de ce séjour ouvert sur l'extérieur. Les illustrations suivantes montrent les étapes de la réalisation.

❶ On a récupéré le blanc du papier pour représenter les reflets de la baie vitrée coulissante.

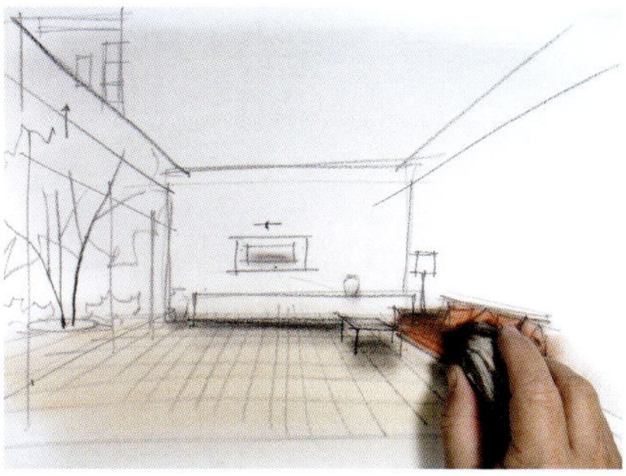

❷ On a légèrement éclairci quelques touches sur le canapé.

❸ On estompe doucement des bandes de couleur sur le plafond restituer l'effet de l'éclairage indirect.

Ici, on a délicatement représenté l'éclairage fourni par la tablette lumineuse de la tête de lit.

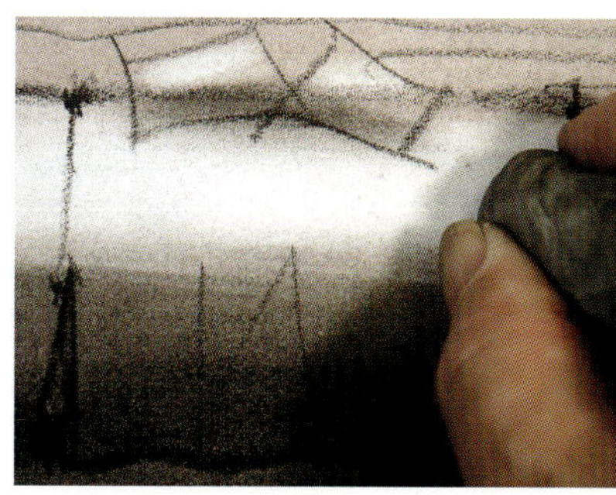

La gomme mie de pain est parfaite pour suggérer la douceur et la légèreté d'une étoffe.

Après avoir entièrement traité la composition dans un gris assez soutenu, on a posé des rehauts pour représenter l'éclairage indirect du fond, la lumière du lampadaire, celle de l'applique...

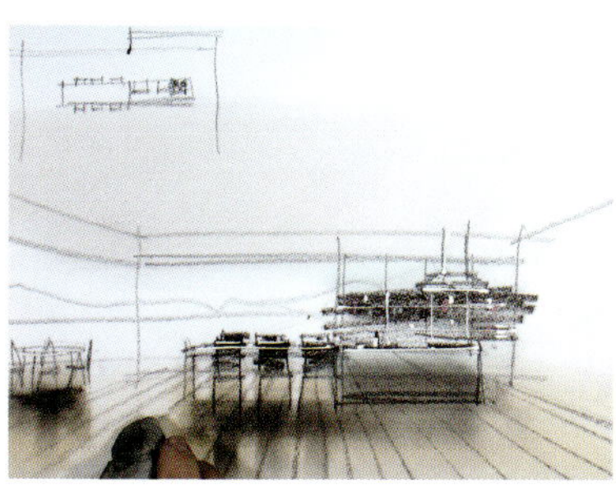

Une gomme mie de pain a permis de suggérer la luminosité de cette cuisine généreusement vitrée et de représenter les reflets du soleil sur le plancher.

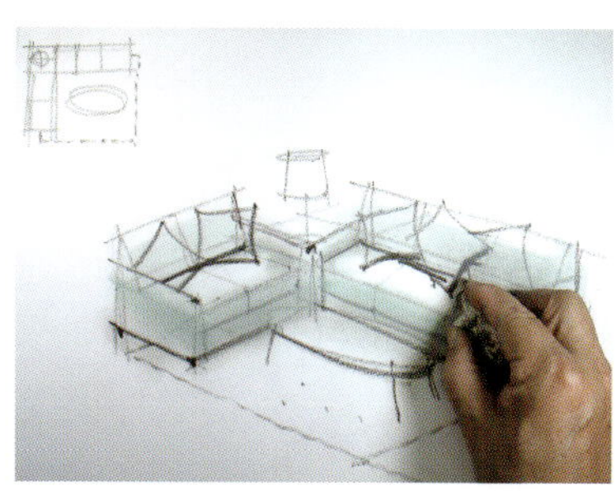

Le canapé et la chauffeuse ont été entièrement coloriés en bleu, puis on a gommé quelques zones afin de suggérer les volumes et l'éclairage.

Les stylos correcteurs

Ils ne servent pas à corriger les erreurs de dessin, mais à poser des rehauts puissants. Ils remplissent donc le même office que la gouache blanche, mais ils sont plus pratiques à manipuler en toutes circonstances et sèchent plus rapidement.

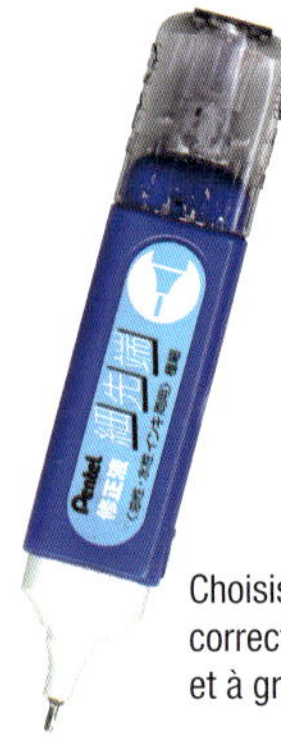

Choisissez des stylos correcteurs à pointe fine et à grand réservoir.

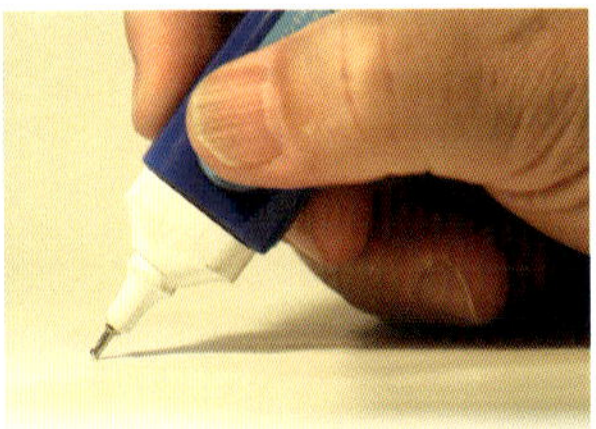

Voici la manière correcte de tenir un stylo correcteur : vous devez l'incliner afin que le fluide s'écoule bien.

Si vous tenez le stylo à la verticale, le fluide ne s'écoule pas.

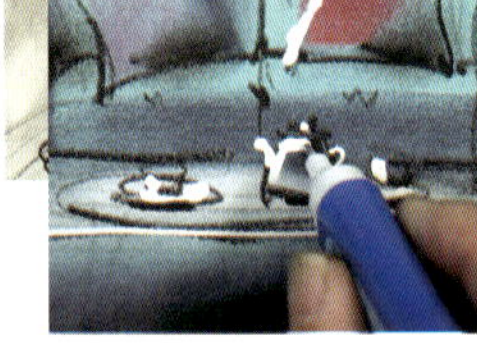

Un stylo correcteur sert ici à poser les éclats blancs de la porcelaine.

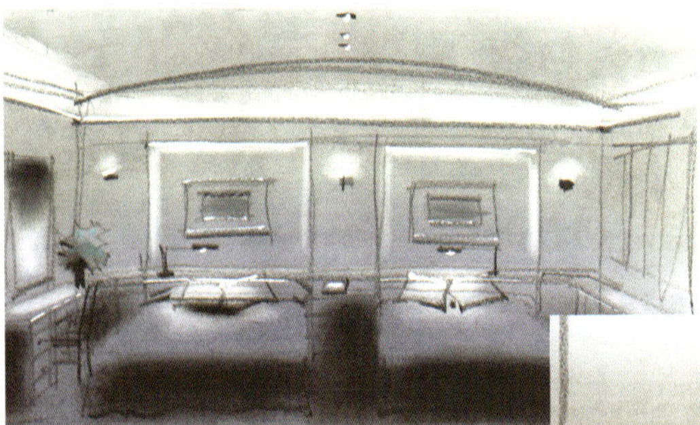
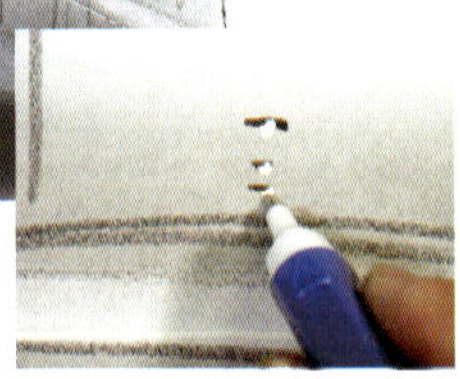

La pointe du stylo est parfaite pour dessiner nettement les ampoules des spots.

Pour souligner les chants des meubles, tracez des lignes droites et non arrondies.

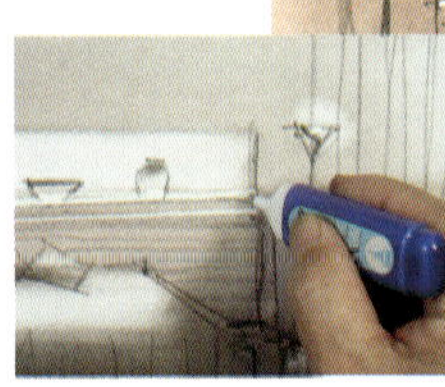

Les chants de cette tablette lumineuse appelaient des rehauts puissants.

Éclairé de toutes parts, le plateau de cette console semble blanc.

Les reflets les plus forts ont été appliqués avec un stylo correcteur.

On a ajouté des touches de blanc pur sur les fleurs et pour marquer les spots du plafond.

Chapitre 3

Les techniques de rapidité

Lorsque vous vous trouvez face à un client, il est essentiel de dessiner vite et de façon compréhensible. Cela ne signifie pas forcément couvrir rapidement la feuille de traits, mais plutôt produire un dessin correct dans un temps donné. Les exemples de ce chapitre montrent comment sélectionner les éléments à représenter et comment les schématiser. Une fois que vous maîtriserez cette approche, vous serez capable de l'appliquer à n'importe quel type de croquis.

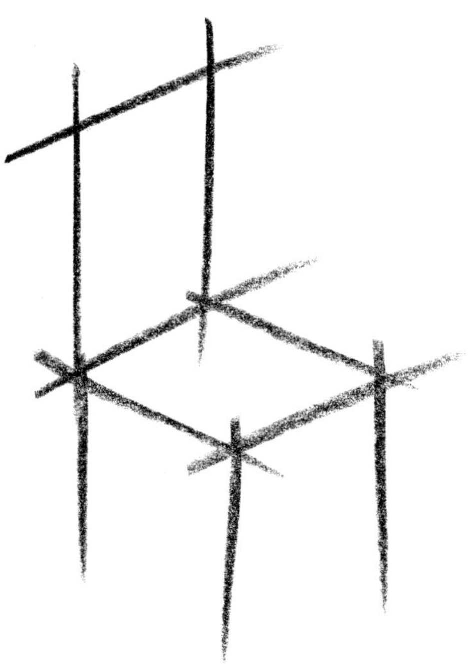

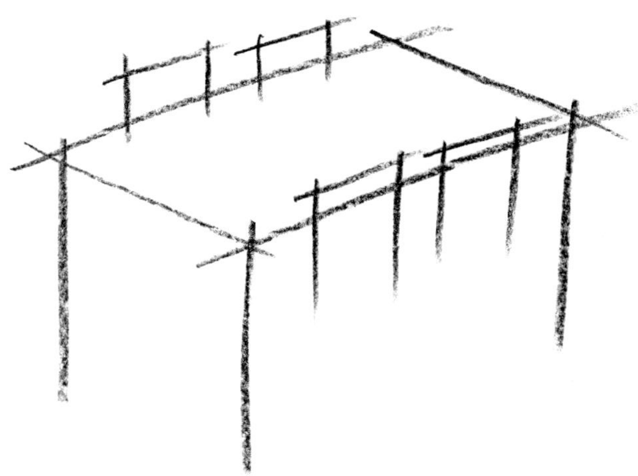

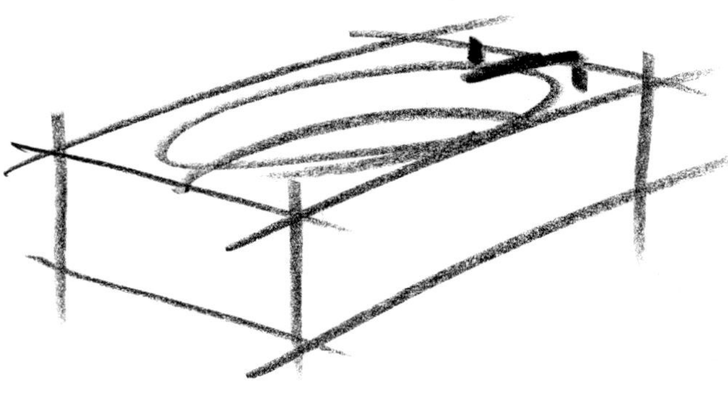

Croquer

La réussite d'un croquis rapide repose sur deux points fondamentaux : schématiser et partir de formes basiques. Schématiser signifie réduire chaque élément à ses lignes fondamentales en s'en tenant aux éléments essentiels. Quant aux formes de base, elles ont pour but d'être aisément identifiables par quiconque, à l'inverse de formes particulières influencées par vos goûts personnels.

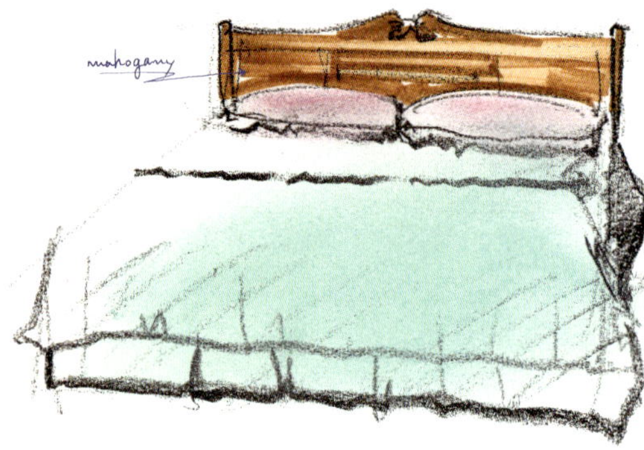

Exemple de schématisation d'un lit standard.

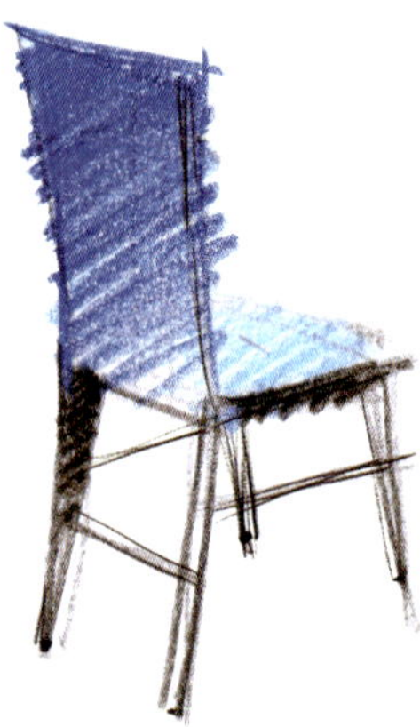

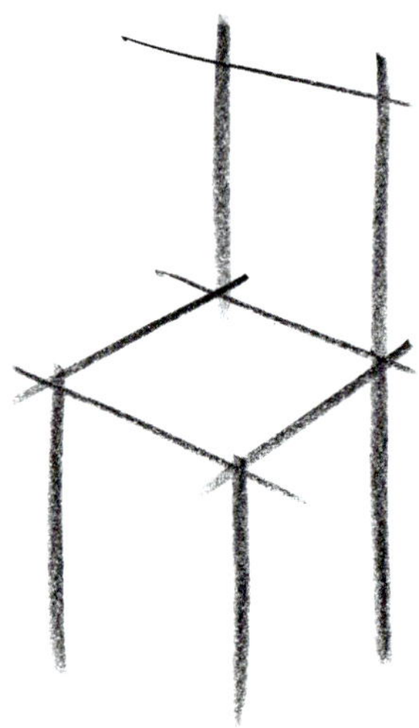

Exemple de schématisation d'une chaise standard. Il est fréquent que le quatrième pied ne soit pas représenté.

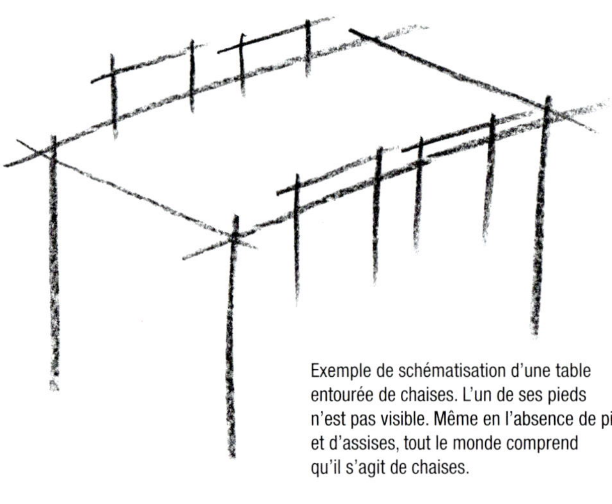

Exemple de schématisation d'une table entourée de chaises. L'un de ses pieds n'est pas visible. Même en l'absence de pieds et d'assises, tout le monde comprend qu'il s'agit de chaises.

❶ Lit de base.

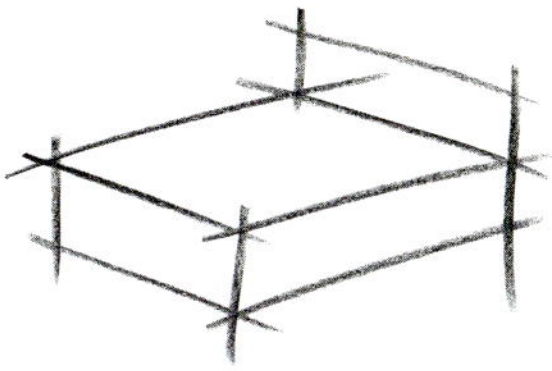

❷ Une ligne au niveau de la plinthe suffit à suggérer l'espace environnant (sol et mur).

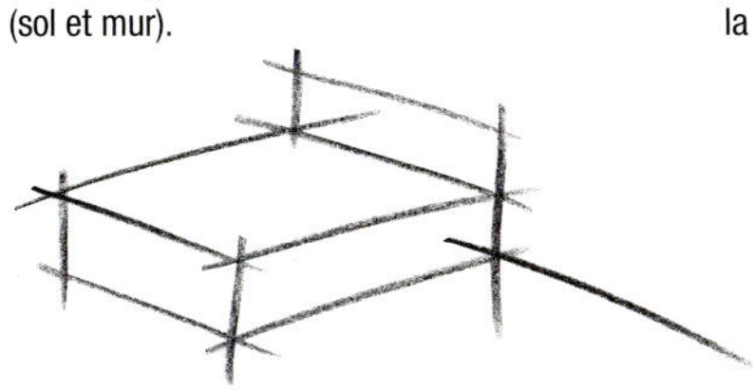

❸ Quatre grands traits, un petit pour la poignée : une porte vient fermer la chambre.

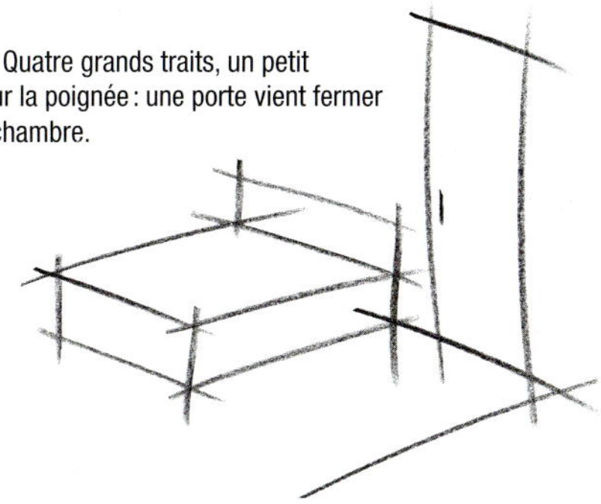

❶ Module de salle de bains de base.

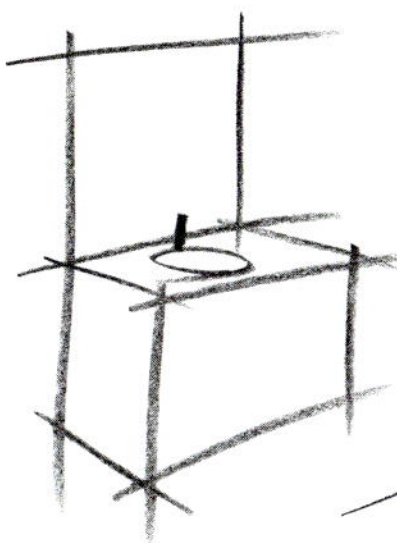

❷ Une ligne au niveau de la plinthe suffit à suggérer l'espace environnant (sol et mur).

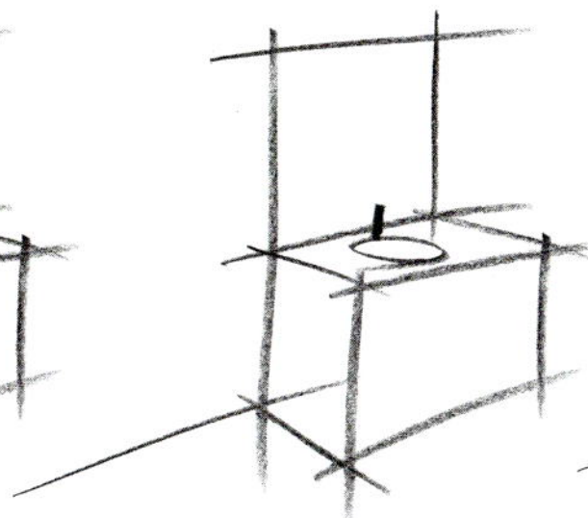

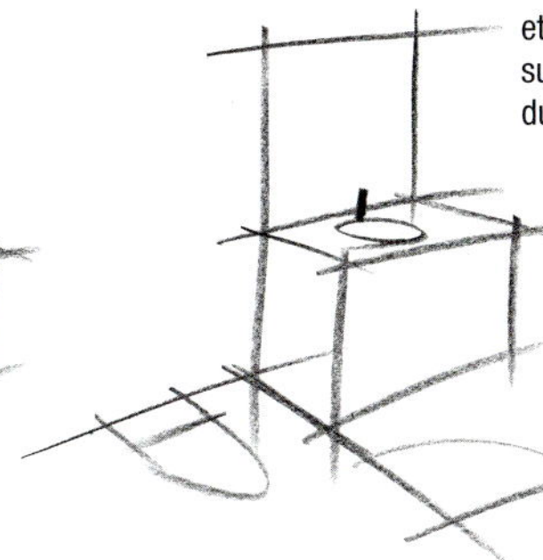

❸ Simplement tracés au sol, l'encombrement de la cuvette des W.-C. et de la porte ouverte suggèrent les dimensions du cabinet de toilette.

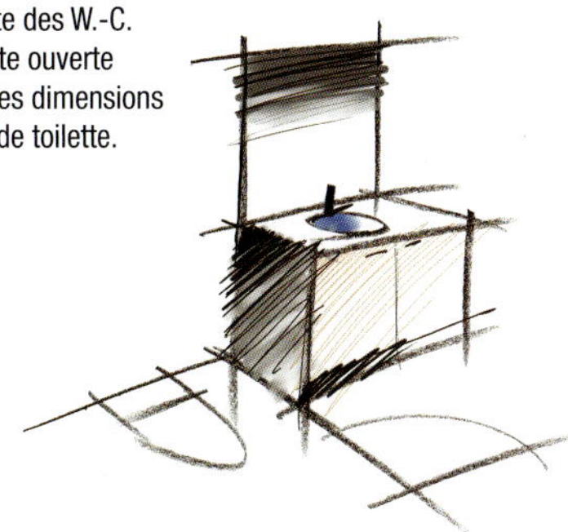

❶ Éléments de cuisine de base.

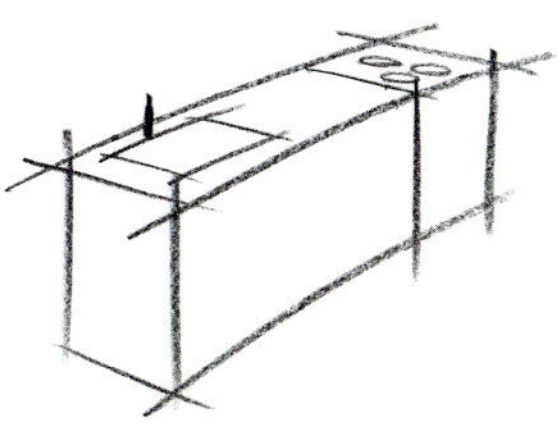

❷ Deux lignes positionnent les éléments dans l'espace (cuisinière et évier alignés contre un angle).

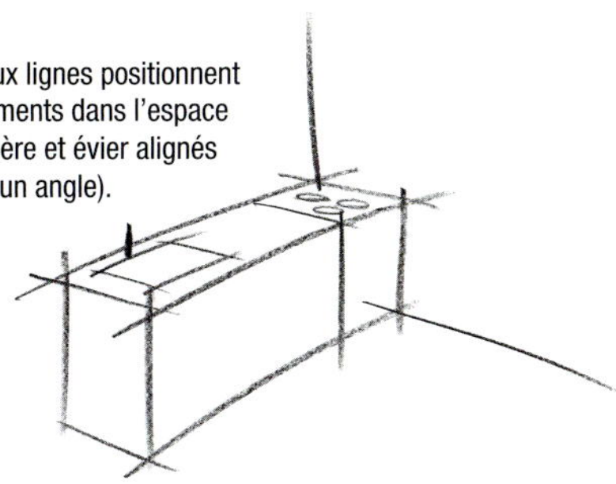

❸ Ici, une ligne unique indique que les élément sont placés perpendiculairement au mur.

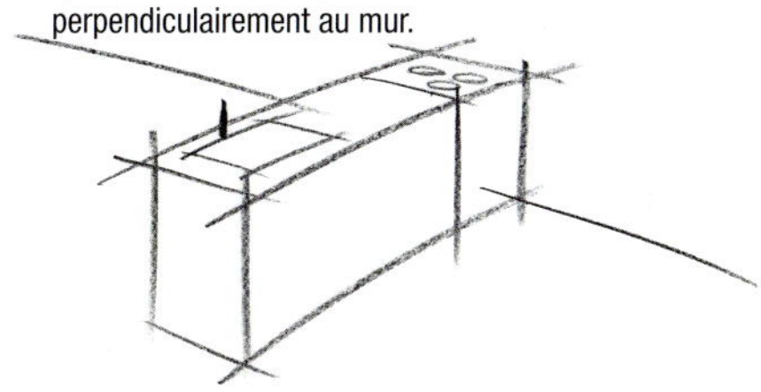

❹ L'ajout d'une table entourée de chaises propose l'idée d'un espace cuisine/repas continu dont on a situé la porte.

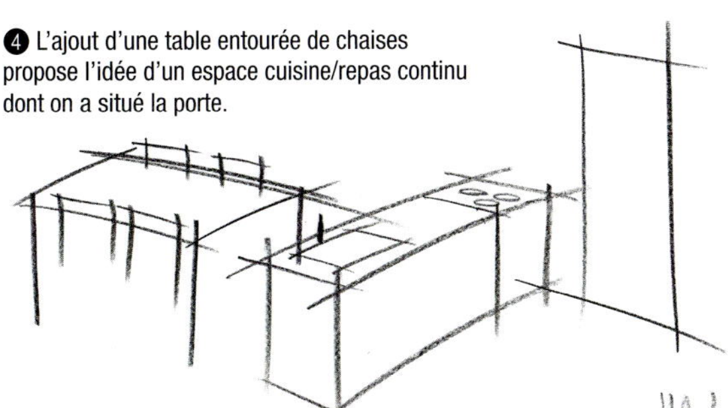

❺ Pour définir davantage l'espace, on trace une hotte au-dessus de la cuisinière.

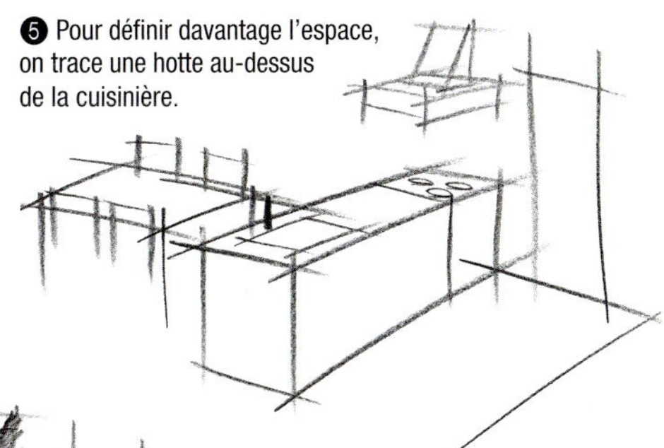

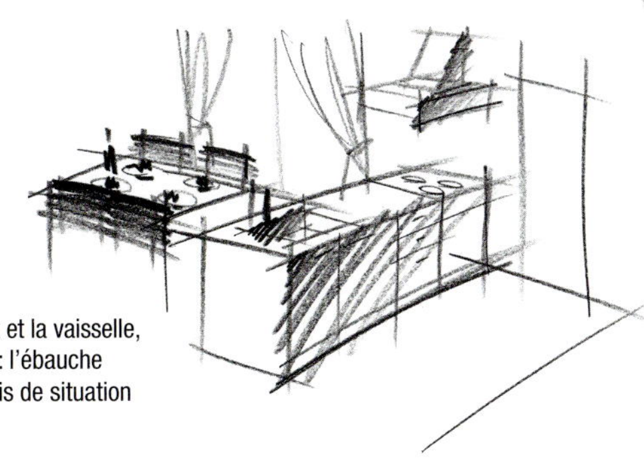

❻ On suggère les rideaux et la vaisselle, on pose quelques ombres : l'ébauche d'origine devient un croquis de situation plus abouti.

Ombrer

En apprenant à moduler l'intensité des traits, vous produirez des croquis plus réalistes et plus séduisants. L'idéal est de maîtriser suffisamment la technique pour la mettre en œuvre rapidement en face de vos clients, quelles que soient les circonstances. Un dessin trop long à exécuter perd de son impact, alors qu'un travail fluide et preste met en valeur votre proposition.

Manière de tenir un crayon pour tracer une ligne.

On a généralement recours à des dégradés de hachures obliques pour poser des ombres suggérant les volumes. Pour réaliser un tel dégradé, commencez par juxtaposer des hachures foncées puis, progressivement, appuyez moins sur le crayon et espacez les traits.

Inclinez davantage le crayon vers le bas pour tracer des hachures dégradées.

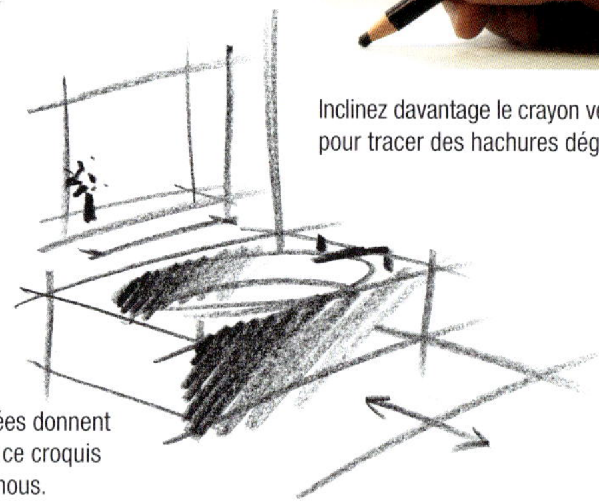

Deux zones ombrées donnent la perspective sur ce croquis de baignoire à remous.

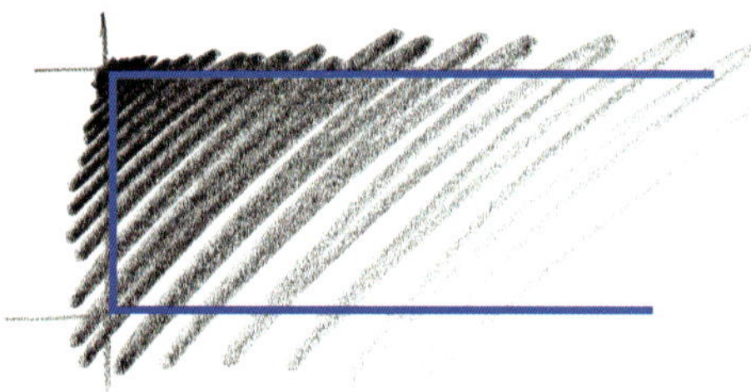

Tracez le dégradé de façon à ce qu'il déborde des contours de l'élément (lignes bleues).

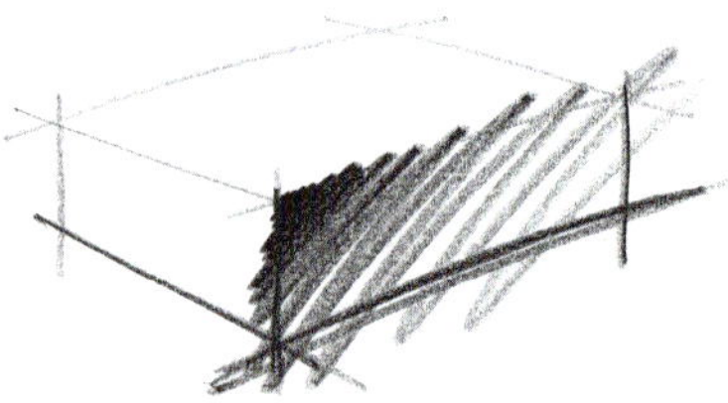

En laissant le dégradé déborder des contours, vous augmentez la vitesse d'exécution.

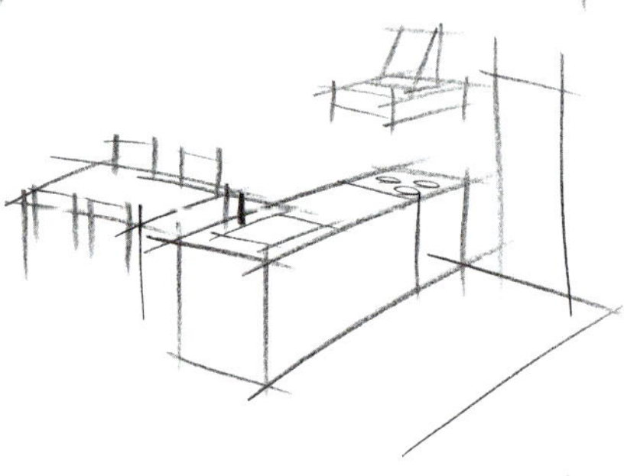

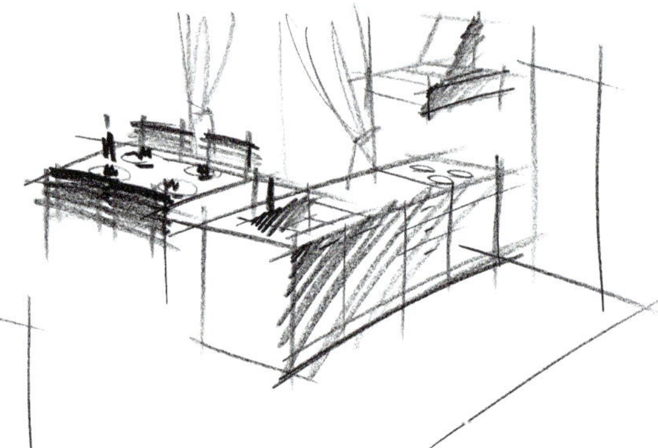

À gauche, croquis au trait d'une cuisine américaine. Ci-dessus, quelques ombres rapides suffisent à donner plus de vie au dessin.

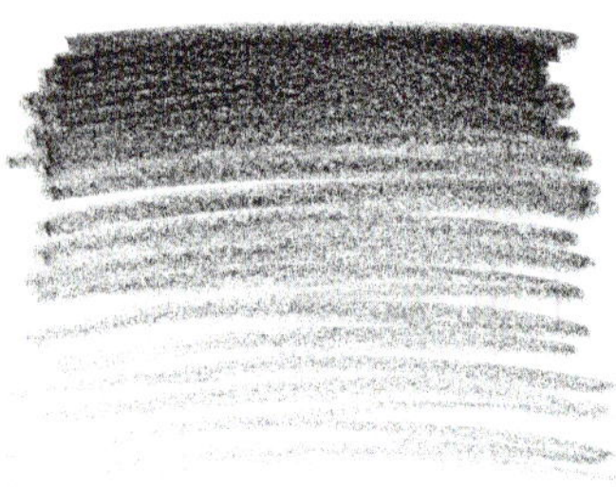

On utilise les dégradés verticaux (composés de hachures horizontales) pour figurer les ombres et les miroirs.

Module de salle de bains ombré verticalement.

Ici, on a posé des dégradés verticaux pour suggérer les chaises. Notez la différence d'intensité entre les dossiers du premier plan et ceux de l'arrière-plan.

Suggérer la perspective

Vous aurez des difficultés à communiquer un projet à votre client en lui soumettant uniquement un plan, aussi précis soit-il. Une représentation en trois dimensions est bien plus parlante. Exercez-vous à dessiner les meubles et les installations les plus courants en suggérant leur volume.

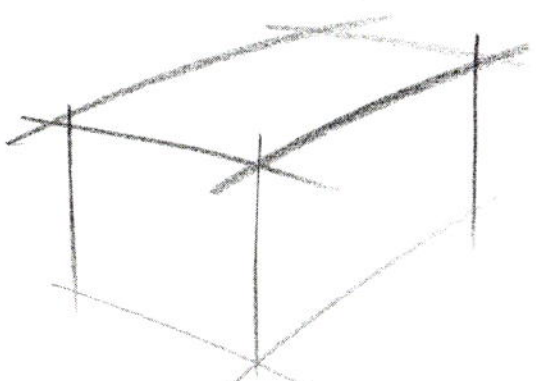

Forme de base d'une table.

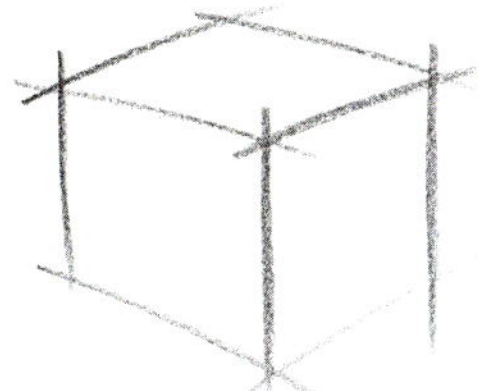

Forme de base d'un siège.

Forme de base d'un lit, d'un canapé ou d'une baignoire.

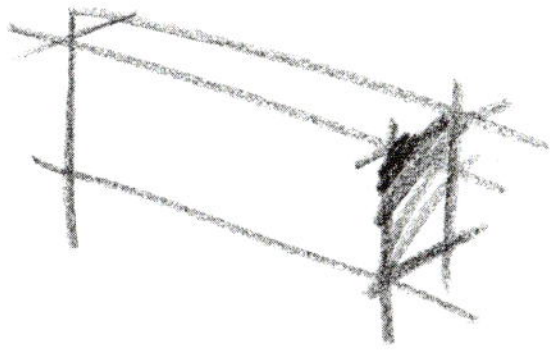

Forme de base d'un meuble de matériel audiovisuel.

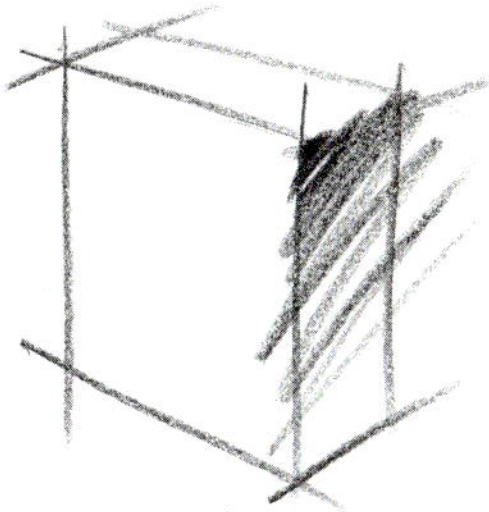

Forme de base d'un meuble de rangement, version 1.

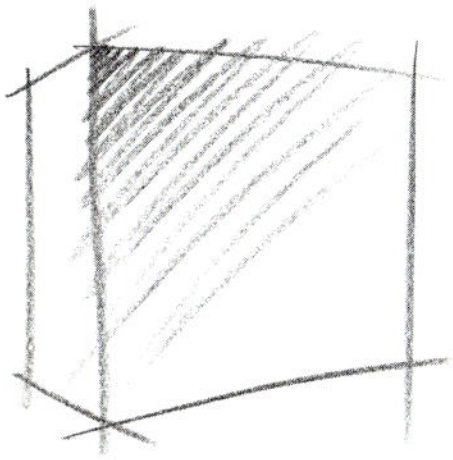

Forme de base d'un meuble de rangement, version 2.

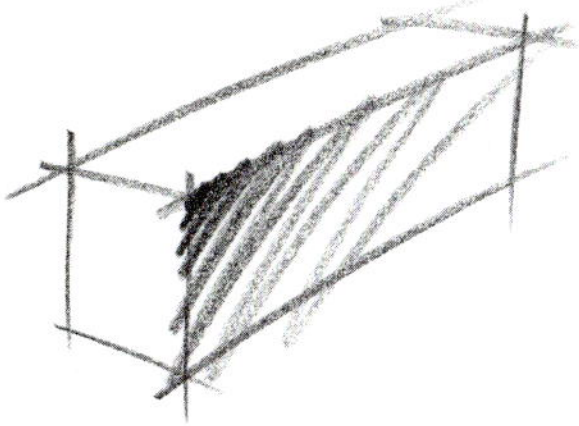

Forme de base d'un élément de cuisine pour évier.

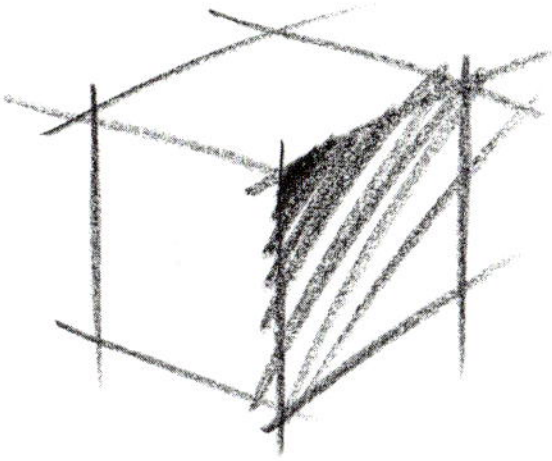

Forme de base d'un module pour lavabo.

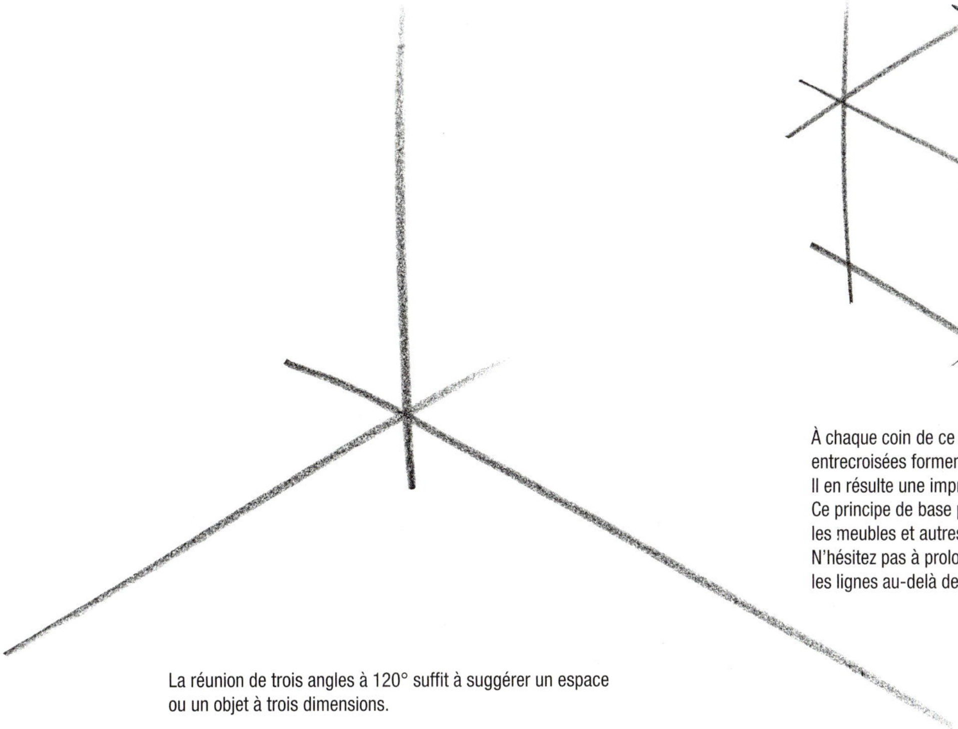

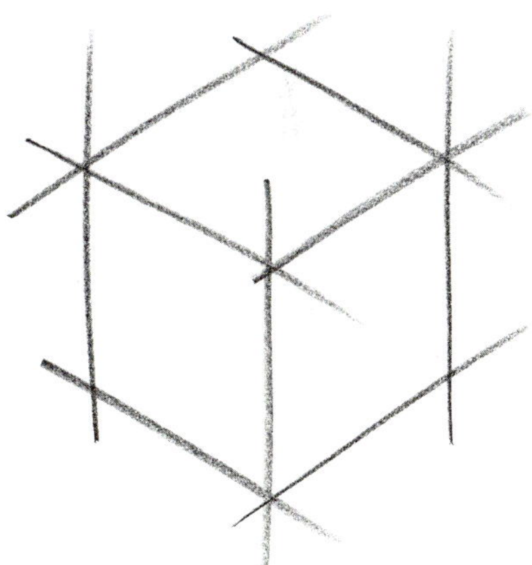

À chaque coin de ce solide, les lignes entrecroisées forment trois angles à 120°. Il en résulte une impression de volume. Ce principe de base permet de dessiner les meubles et autres installations intérieures. N'hésitez pas à prolonger généreusement les lignes au-delà des contours de l'objet.

La réunion de trois angles à 120° suffit à suggérer un espace ou un objet à trois dimensions.

Dessiner une table

Cette double page vous apprend à dessiner une table standard. Exercez-vous jusqu'à être capable d'y parvenir en une dizaine de secondes.

❶ Tracez une ligne oblique montant vers le coin supérieur droit de la composition.

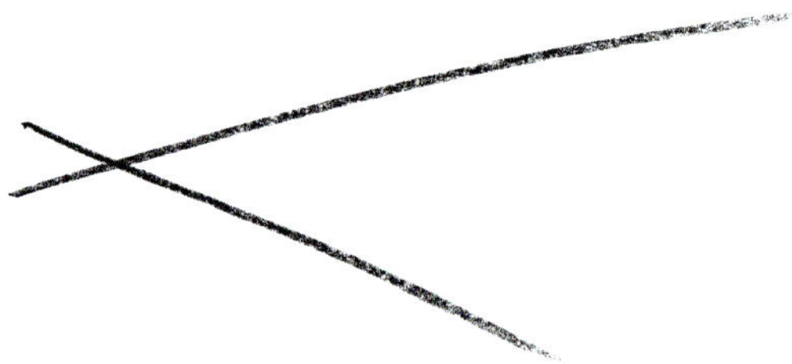

❷ Entrecroisez vivement une ligne oblique descendant vers le coin inférieur droit.

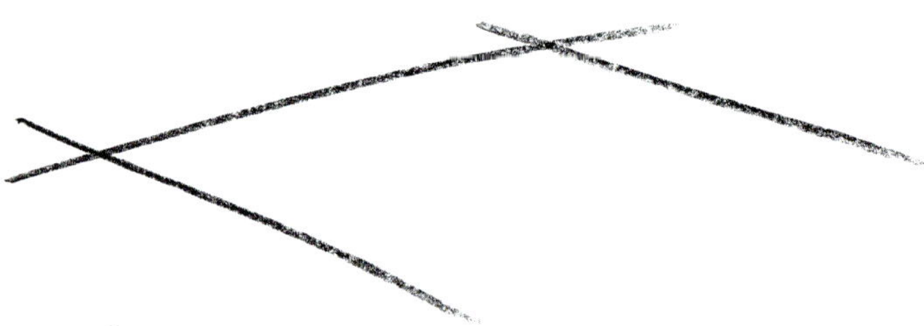

❸ Tracez une ligne oblique parallèle à celle de l'étape 2.

❹ Ajoutez une ligne oblique parallèle à celle de l'étape 1. Rapidement tracées, les lignes dépassent des angles.

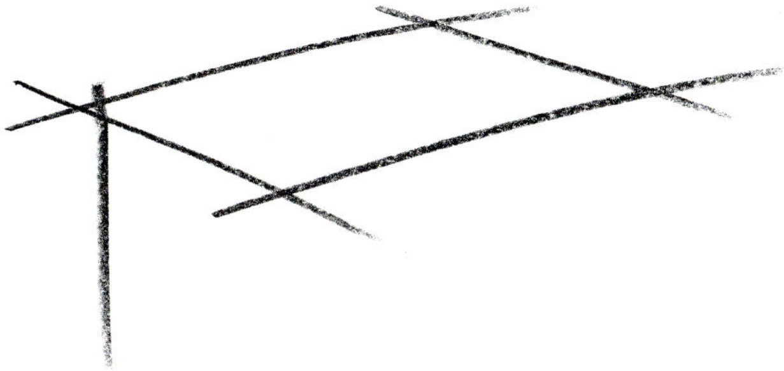

❺ Dessinez un pied sous l'un des angles avant.

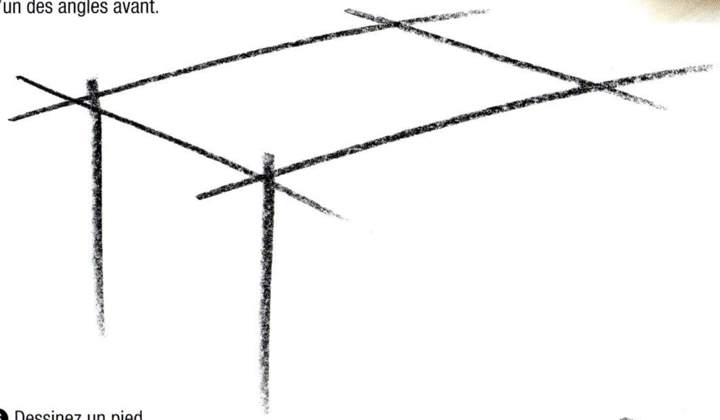

❻ Dessinez un pied
sous l'autre angle avant.

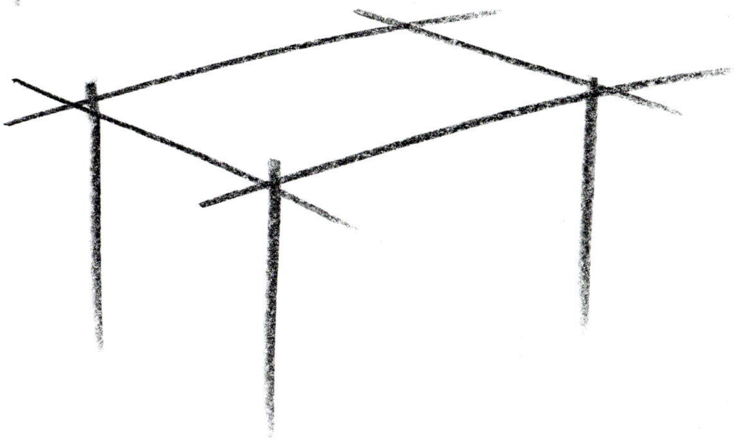

❼ Dessinez un troisième pied. Il n'est pas nécessaire de représenter le quatrième. Le croquis est terminé.

Dessiner une table entourée de chaises

Commencez par dessiner une table de base comme cela est expliqué pages 54-55, puis ajoutez les chaises. Schématisez-les au maximum, sans chercher à les représenter en entier. Hors contexte, leurs formes n'auraient guère de sens mais, autour de la table, elles sont tout de suite identifiables en tant que chaises. Vous ne devez pas mettre plus de vingt secondes à dessiner quatre chaises.

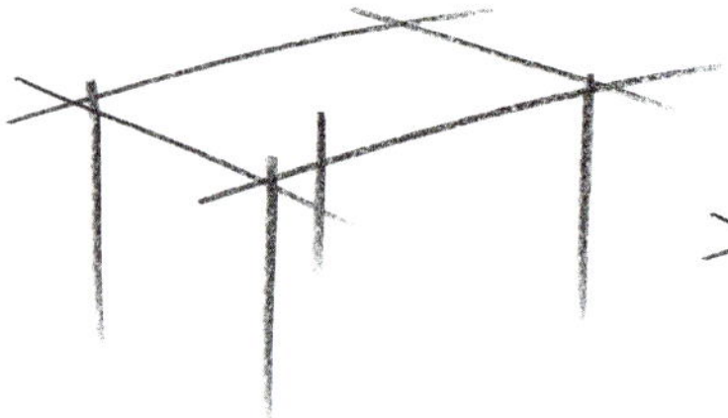

❶ Commencez à dessiner la première chaise.

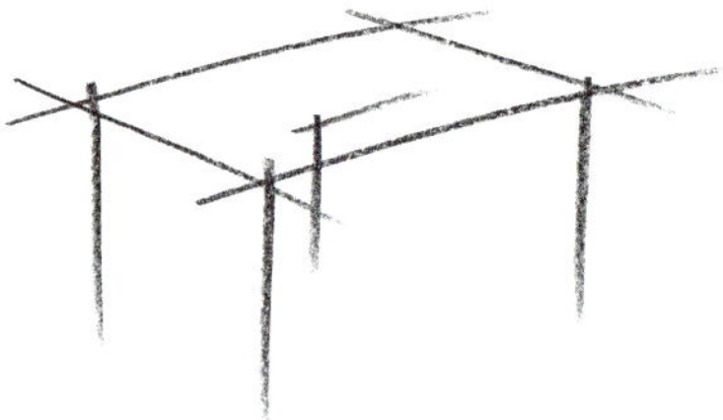

❷ Tracez le haut du dossier parallèlement au côté de la table.

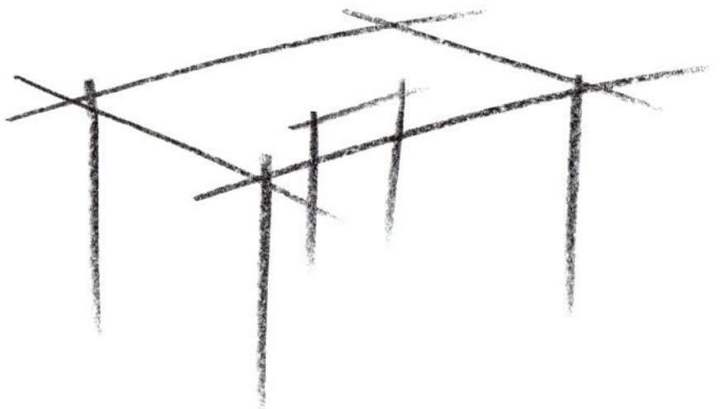

❸ Avec un troisième trait, le chaise est terminée.

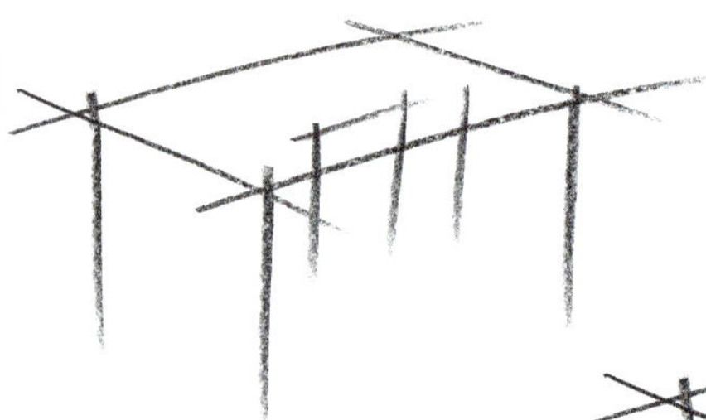

❹ Commencez à dessiner la deuxième chaise.

❺ Continuez en maintenant un rythme de travail régulier.

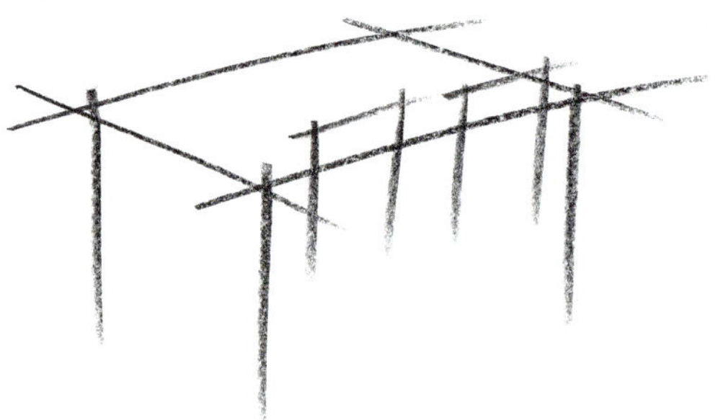

❻ La deuxième chaise est terminée.

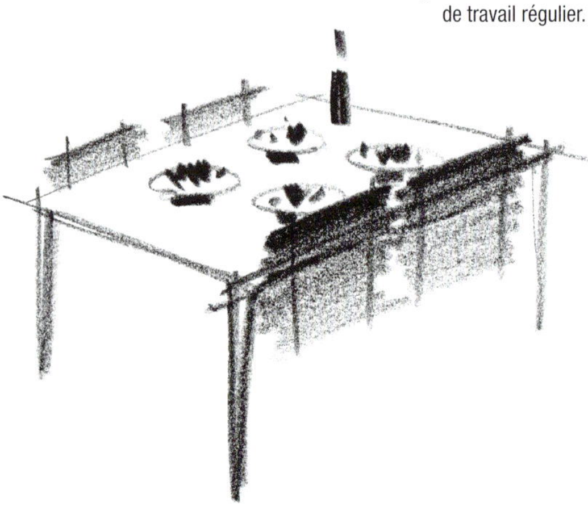

7 Commencez à dessiner la troisième chaise.

8 Continuez en travaillant toujours au même rythme.

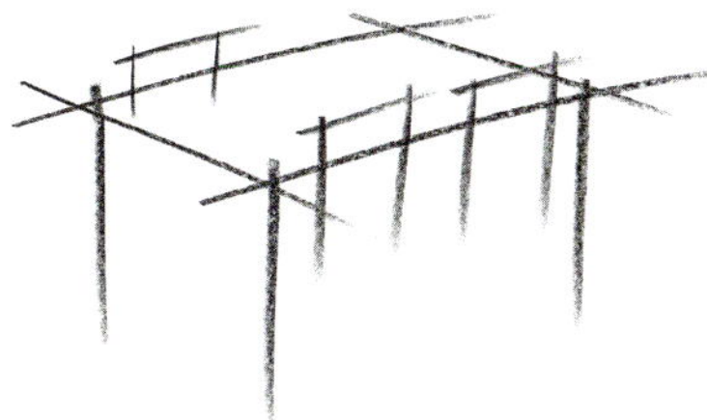

9 La troisième chaise est terminée.

10 Commencez à dessiner la quatrième chaise.

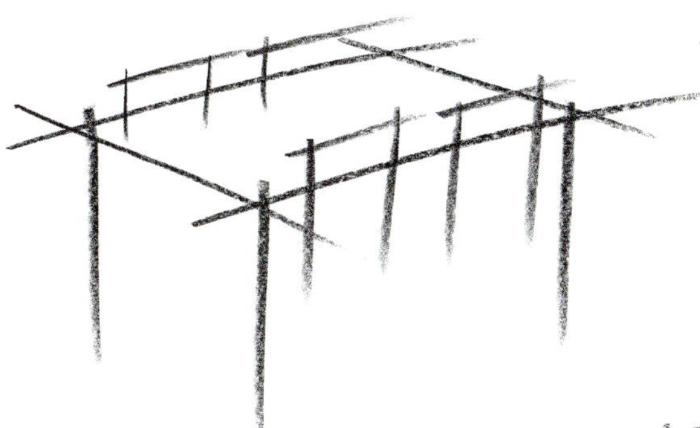

11 Continuez en travaillant avec vivacité.

12 La quatrième chaise est terminée.

Dessiner une chaise

Il existe pléthore de styles de chaises ainsi que des designs absolument uniques. Bien qu'il soit avantageux de savoir tous les représenter, une forme de base suffit à communiquer avec votre client lors des premières étapes du projet. Vous devez parvenir à dessiner cette chaise standard en une dizaine de secondes.

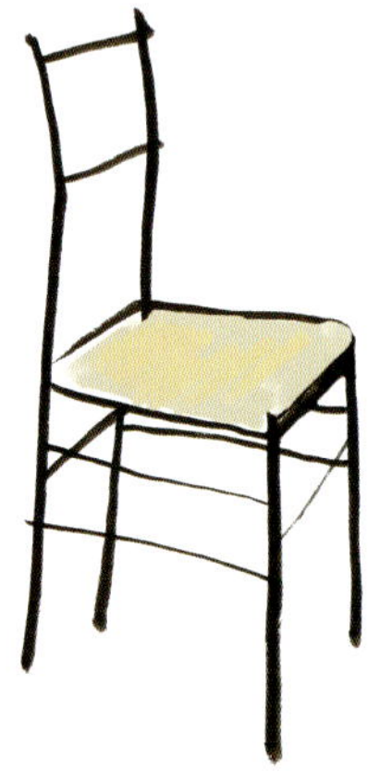

❶ Tracez une ligne oblique montant vers le coin supérieur droit de la composition.

❷ Tracez rapidement une ligne perpendiculaire.

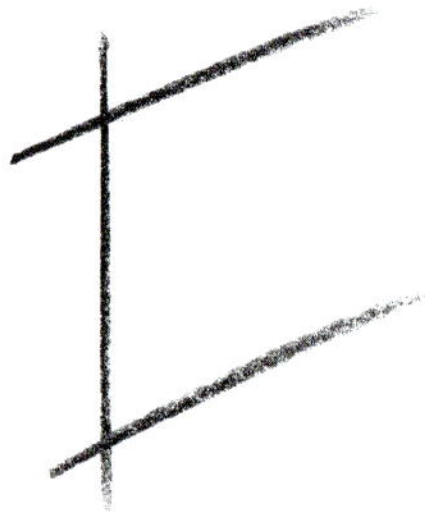

❸ Tracez une deuxième ligne oblique parallèle à la première.

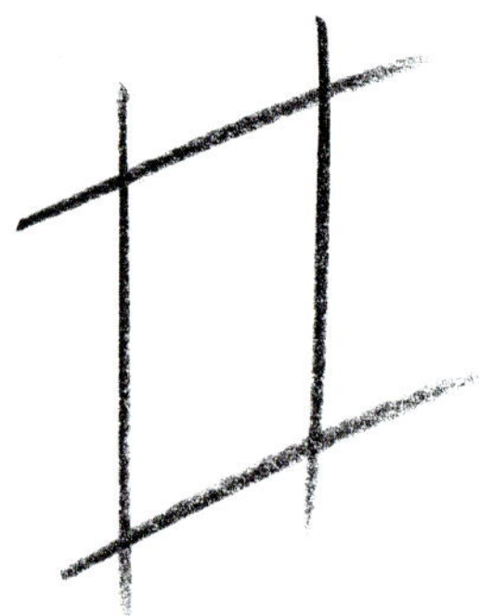

❹ Un quatrième trait termine le dossier. Veillez toujours à faire dépasser les lignes des contours.

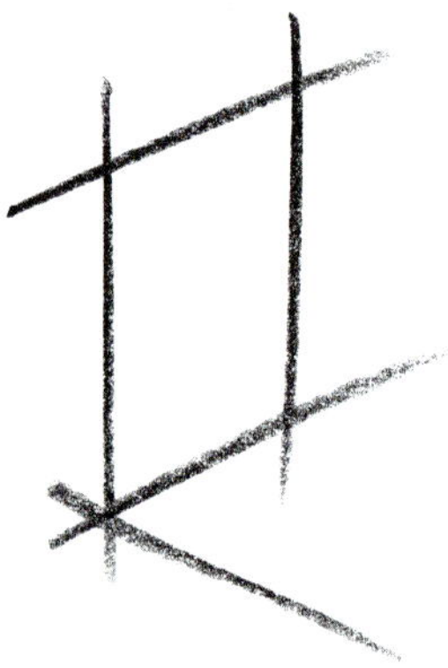

❺ Tracez une ligne oblique descendant vers le coin inférieur droit.

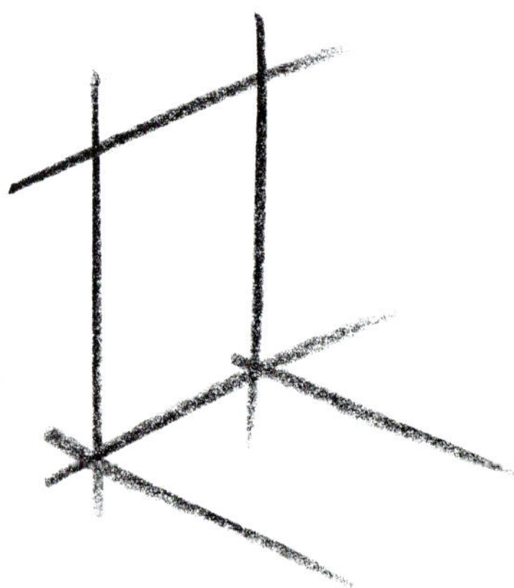

❻ En maintenant le même rythme, tracez une ligne oblique parallèle à la précédente.

❼ Pour terminer l'assise, tracez une ligne parallèle à la base du dossier.

En secondes

0 30 60 90

FIN

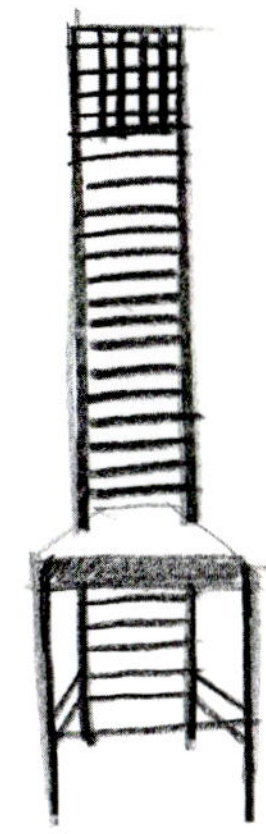

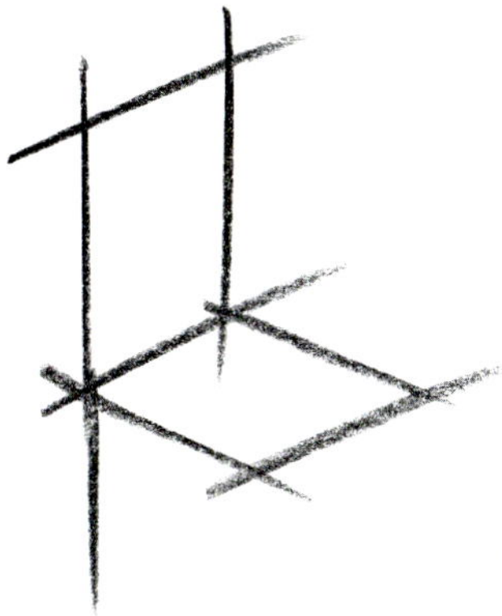

❽ Tracez un premier pied
dans le prolongement du dossier.

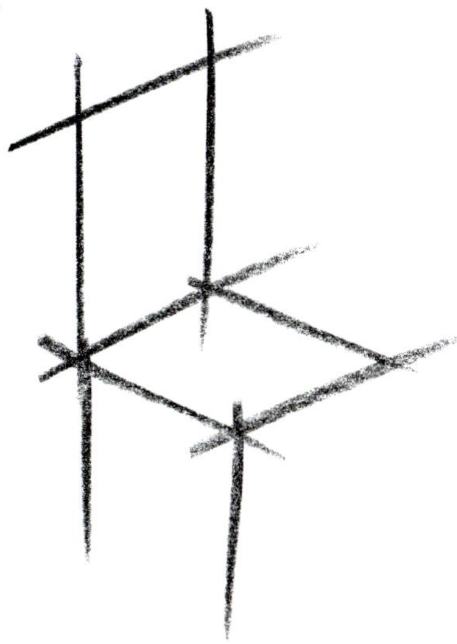

❾ Tracez le deuxième pied.

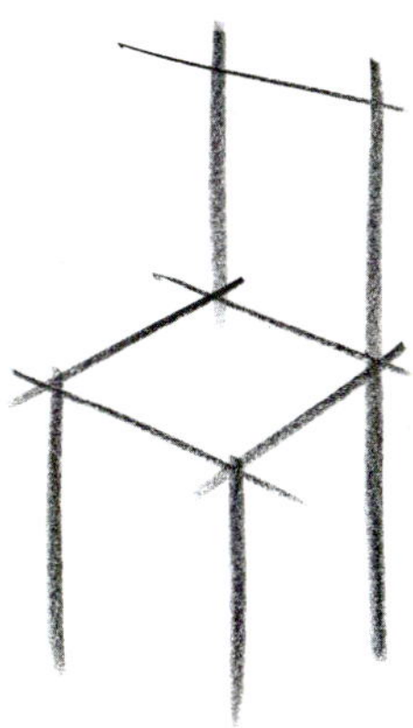

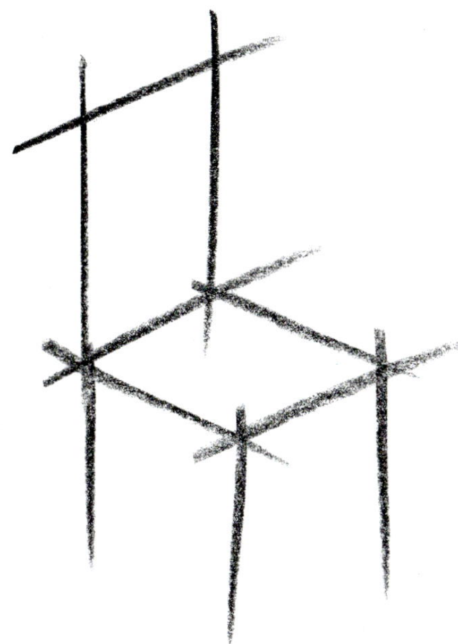

❿ Tracez un troisième pied.
La chaise est terminée.

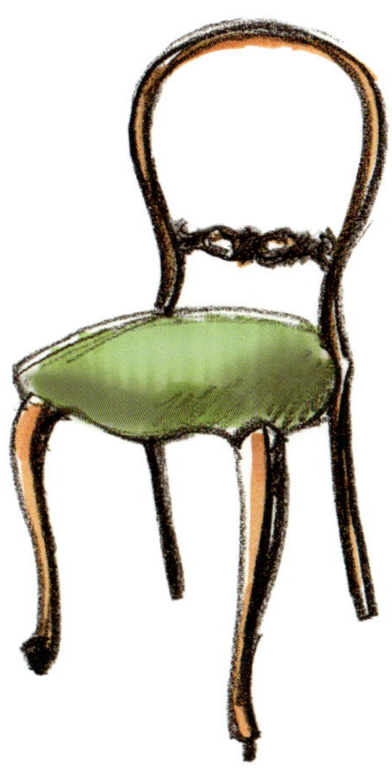

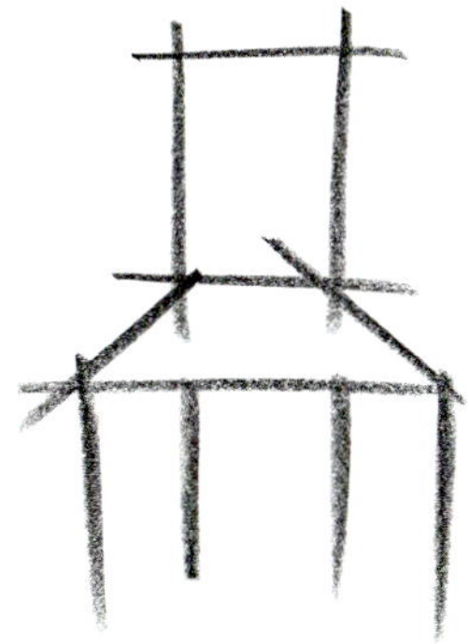

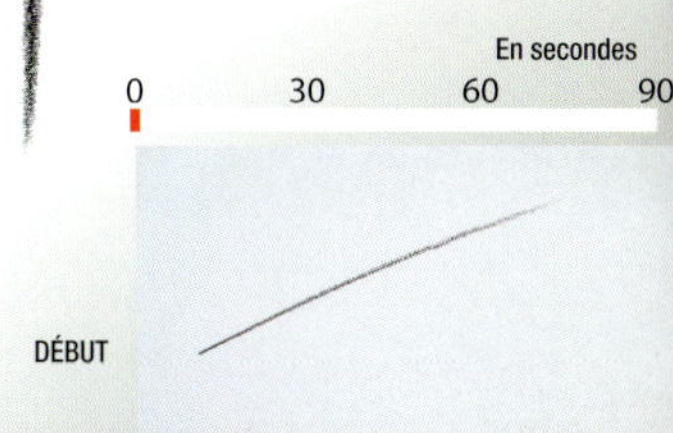

Dessiner un lit

Pour représenter un lit standard, commencez par tracer un losange aplati, tracez dessous le volume du dossier puis ajoutez une tête. L'ensemble doit être exécuté en une dizaine de secondes.

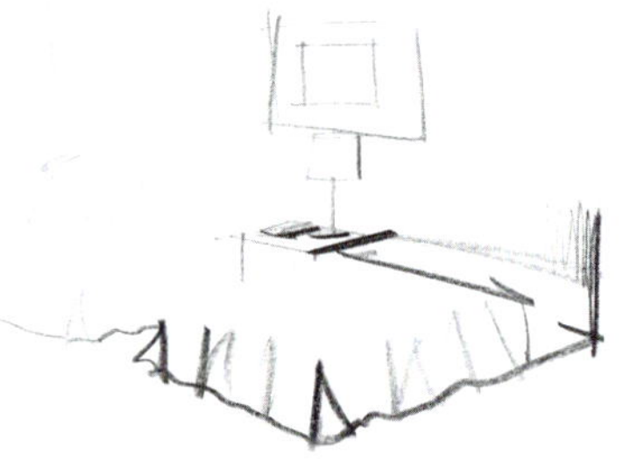

❶ Tracez prestement une ligne oblique montant vers le coin supérieur droit de la composition.

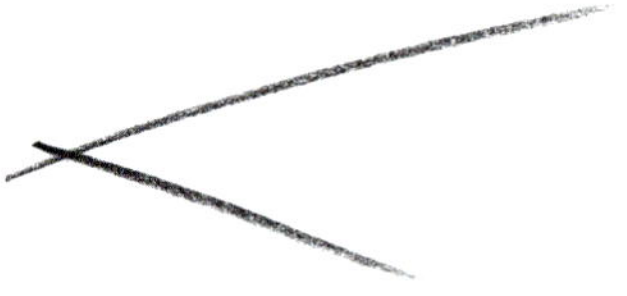

❷ Tracez une ligne définissant le coin avant gauche du lit.

❸ En travaillant à un rythme régulier, ajoutez une ligne parallèle à celle de l'étape 2.

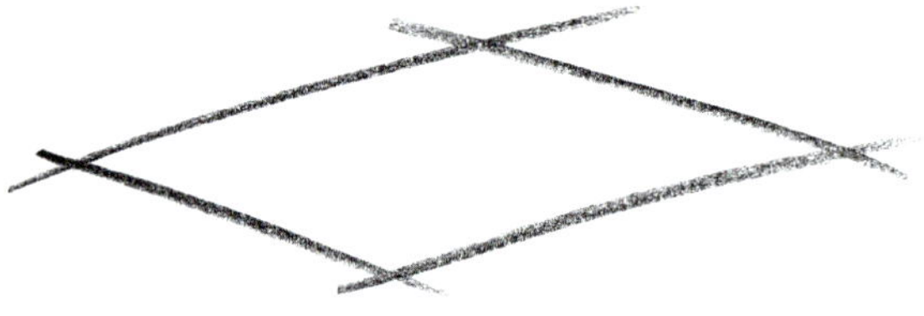

❹ Tracez une ligne oblique parallèle à celle de l'étape 1.

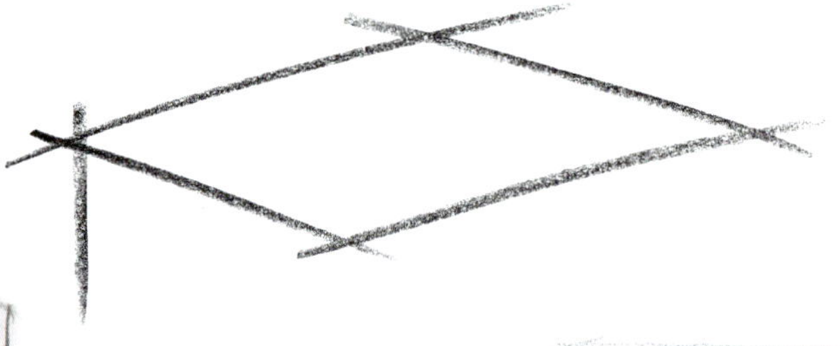

❺ Tracez une ligne verticale sous le coin avant gauche.

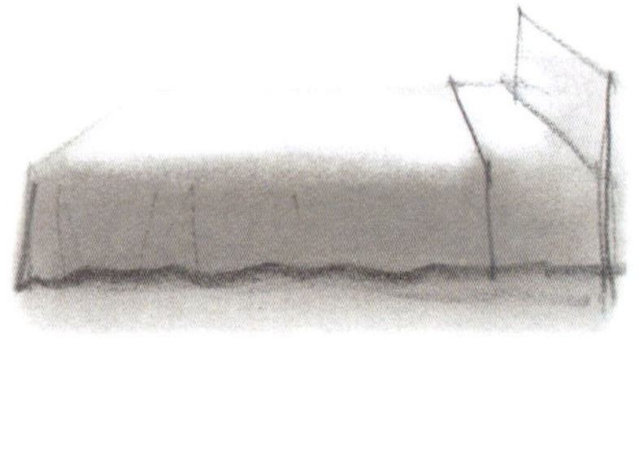

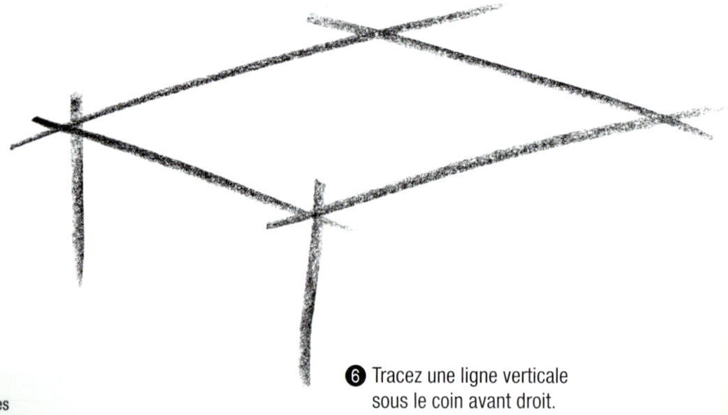

❻ Tracez une ligne verticale sous le coin avant droit.

En secondes

0 30 60 90

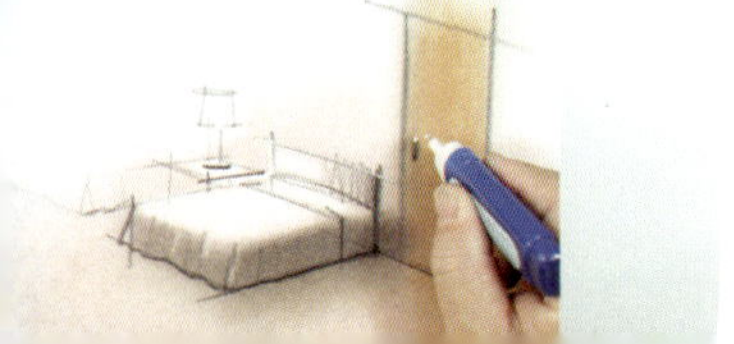

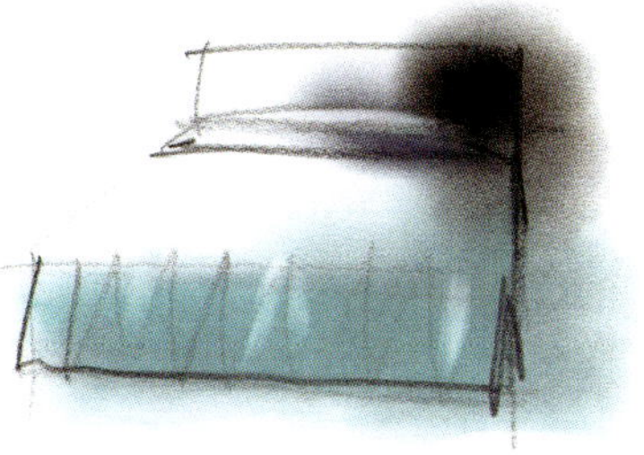

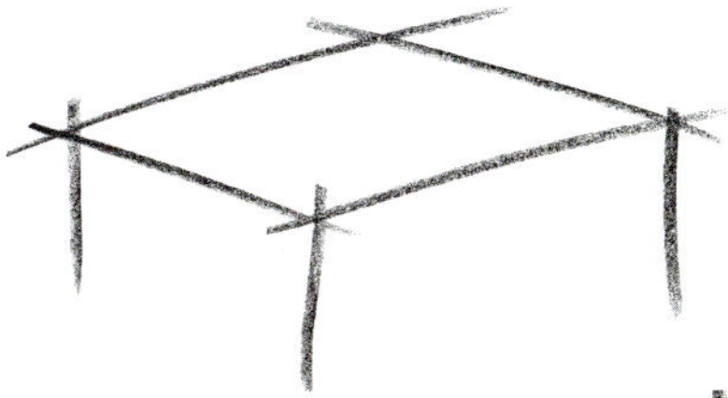

❼ Tracez une ligne verticale sous le coin arrière droit. À ce stade, le croquis ressemble à une table basse.

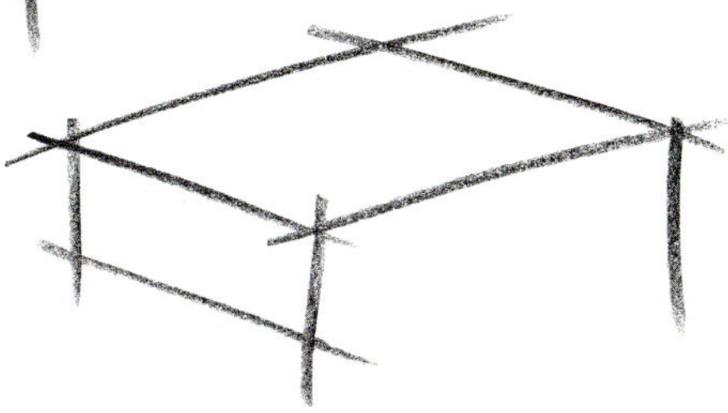

❽ Toujours au même rythme, tracez la base avant du lit parallèlement au sommier.

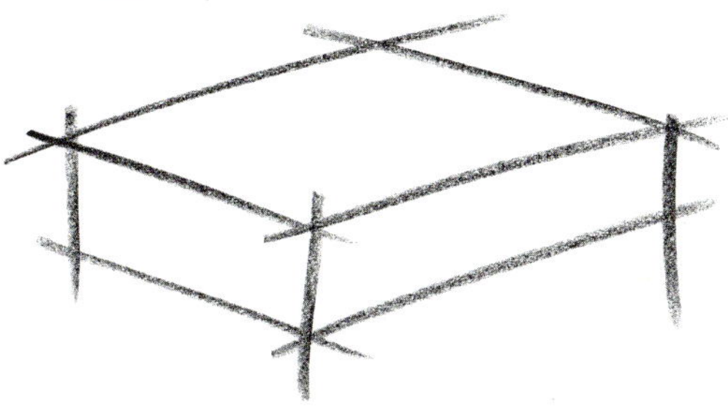

❾ En ajoutant le côté de la base, vous obtenez le croquis d'une boîte.

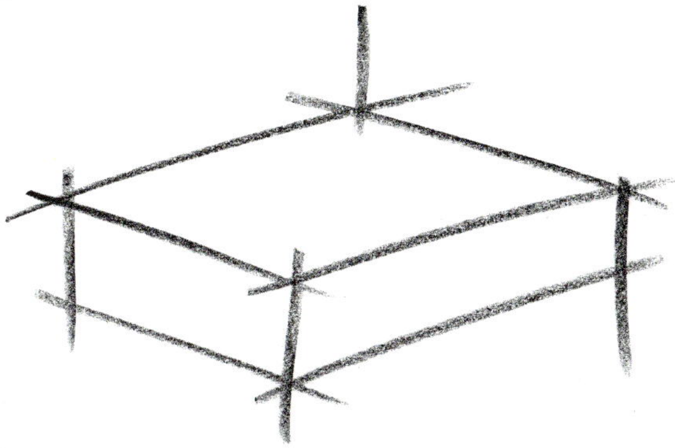

❿ Pour commencer la tête de lit, tracez une ligne verticale au-dessus du coin arrière gauche.

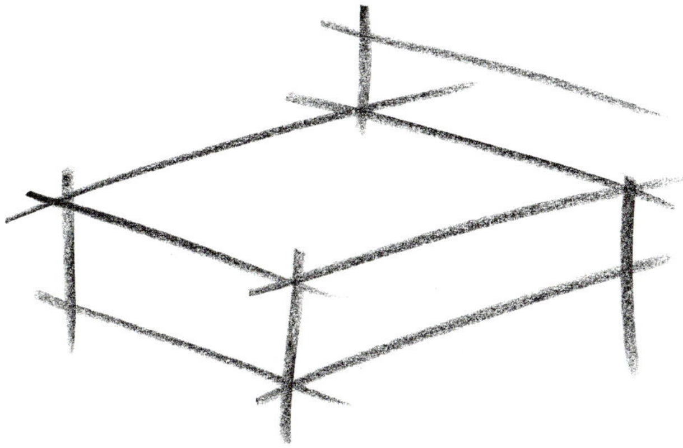

⓫ Tracez le haut de la tête parallèlement au sommier.

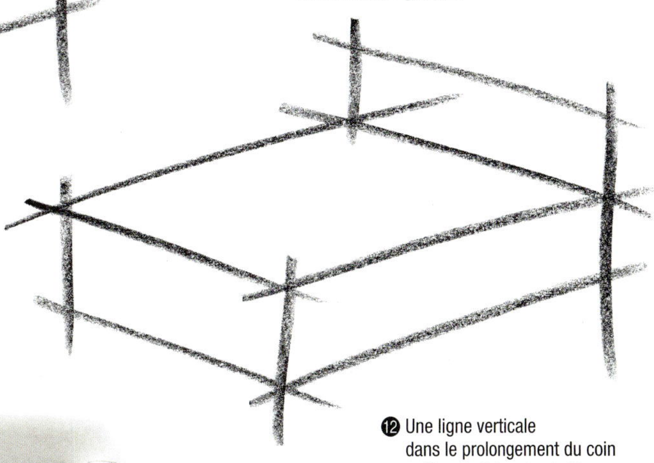

⓬ Une ligne verticale dans le prolongement du coin arrière droit termine le lit.

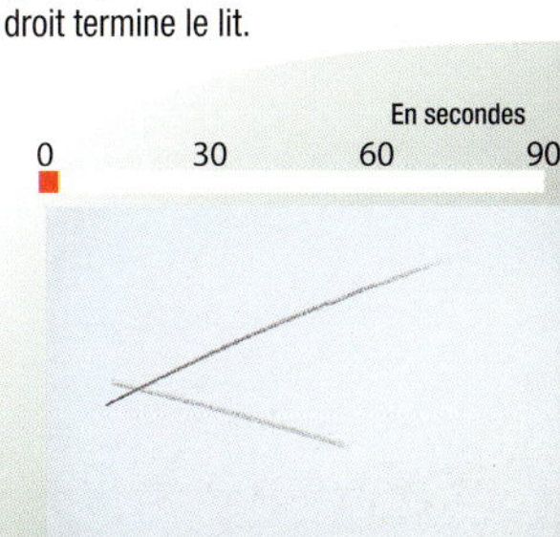

Dessiner un canapé

Le principe s'apparente à celui mis en œuvre pour dessiner un lit standard. La forme de base ressemble à une boîte basse et allongée, avec un dossier ajouté sur l'un des grands côtés. Ce dessin doit vous prendre une dizaine de secondes.

❶ Tracez rapidement une ligne oblique.

❷ Ajoutez une ligne oblique pour former le premier angle.

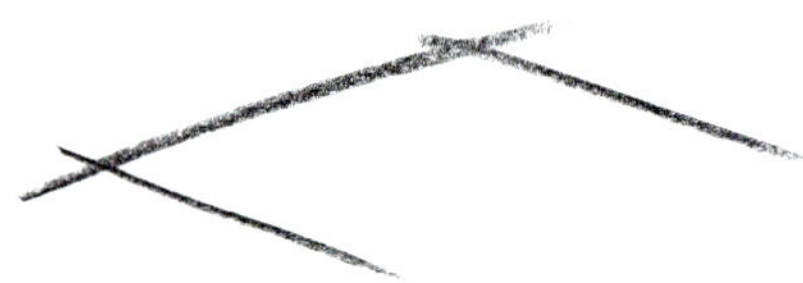

❸ Continuez en maintenant un rythme de travail rapide.

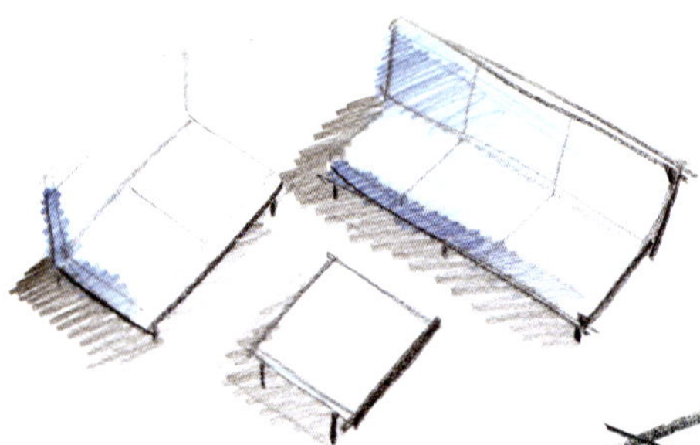

❹ Les quatre lignes de l'assise doivent se croiser en dépassant des angles.

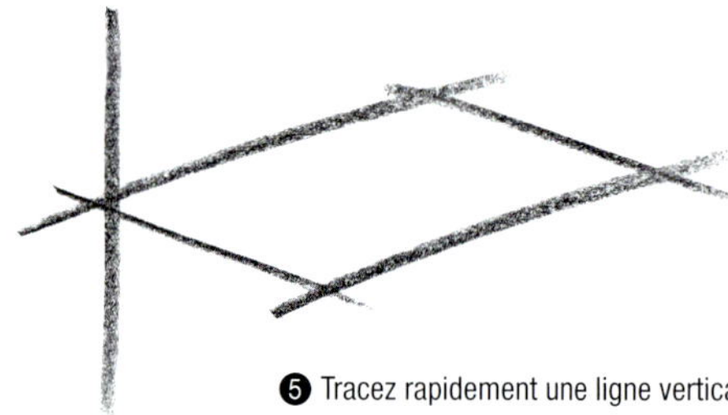

❺ Tracez rapidement une ligne verticale.

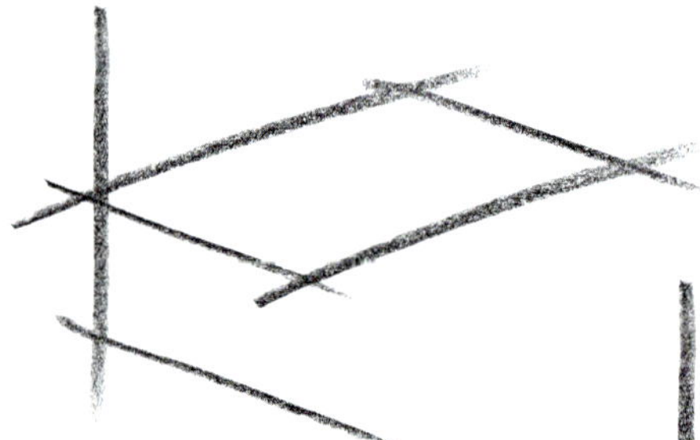

❻ Tracez la base en vérifiant les proportions de l'ensemble.

❼ Ajoutez une deuxième ligne verticale.

En secondes
0 30 60 90

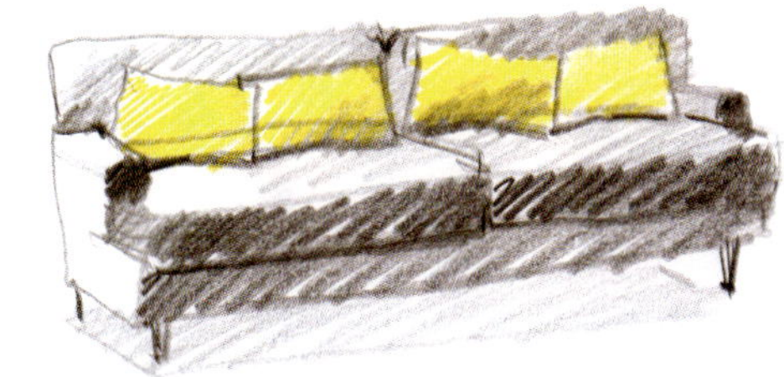

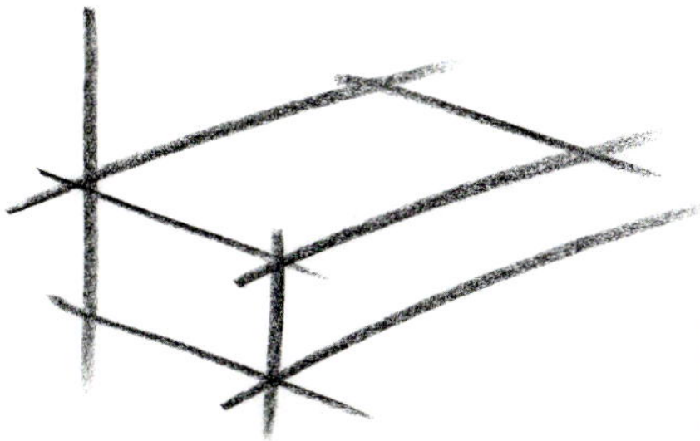

❽ Continuez en travaillant toujours au même rythme.

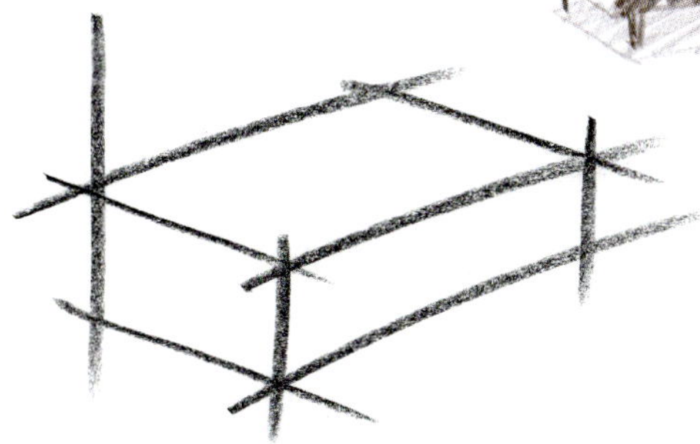

❾ Les lignes verticales doivent elles aussi dépasser des angles.

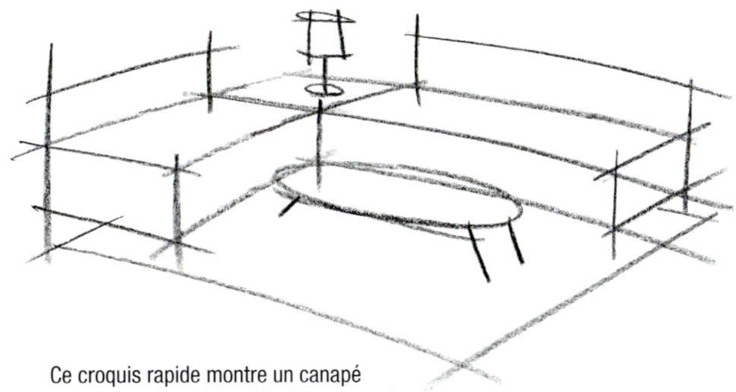

Ce croquis rapide montre un canapé et une chauffeuse installés dans un angle.

❿ Assurez-vous que le haut du dossier est parallèle à l'assise.

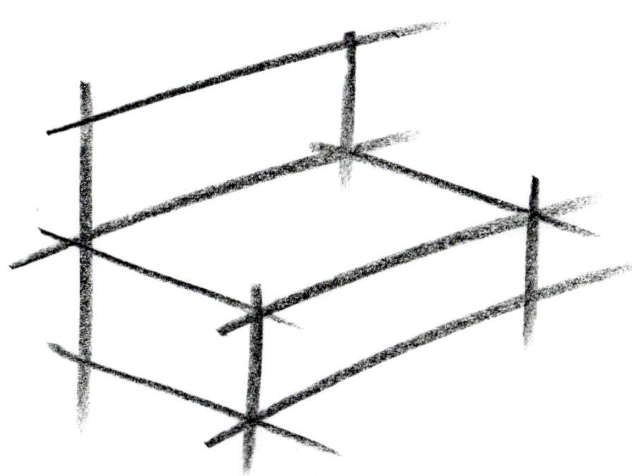

⓫ Le canapé est terminé. Utilisez le même principe pour dessiner une chauffeuse ou un fauteuil, en modifiant les proportions.

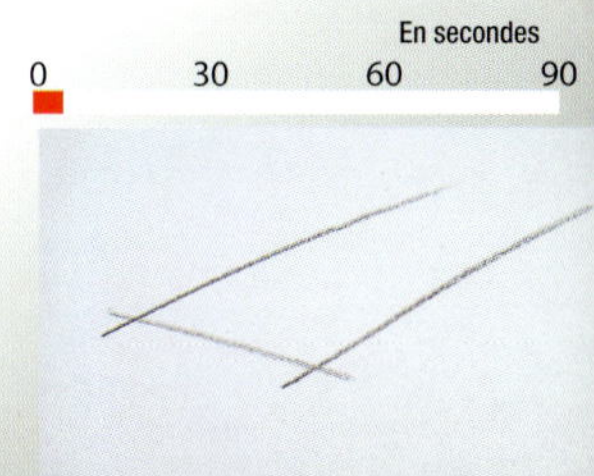

Dessiner un élément de cuisine

Un élément de cuisine standard comprend un plan de travail, un évier et une table de cuisson. Omettez les portes des placards, les tiroirs et leurs boutons. Attendez d'avoir affiné le projet avec votre client pour les représenter. Le croquis doit rester basique, ouvert à toutes possibilités de modifications ultérieures. Exercez-vous à le réaliser en une quinzaine de secondes.

❶ Tracez rapidement une ligne oblique.

❷ Ajoutez une ligne oblique pour former le coin avant gauche du plan de travail.

❸ Continuez en maintenant un rythme de travail rapide.

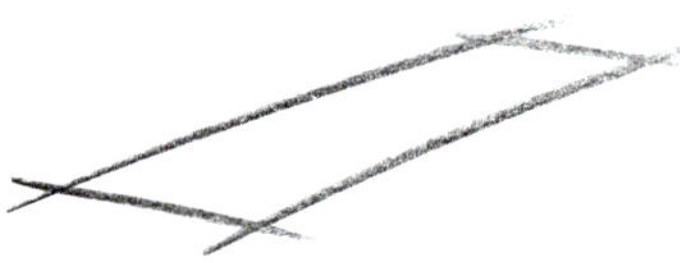

❹ Entrecroisez vivement les lignes en les faisant dépasser des angles.

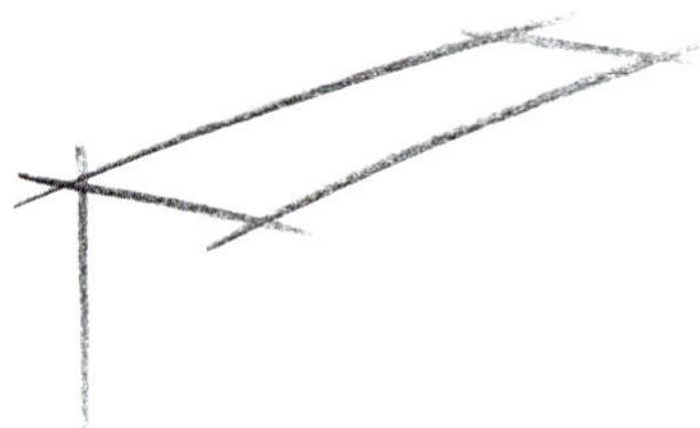

❺ Tracez une ligne verticale sous le coin avant gauche.

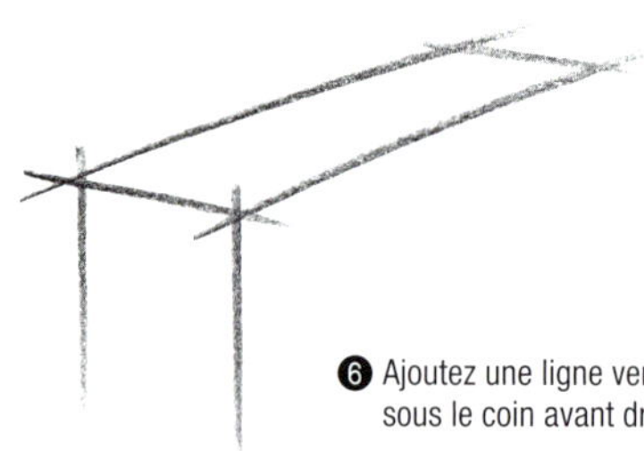

❻ Ajoutez une ligne verticale sous le coin avant droit.

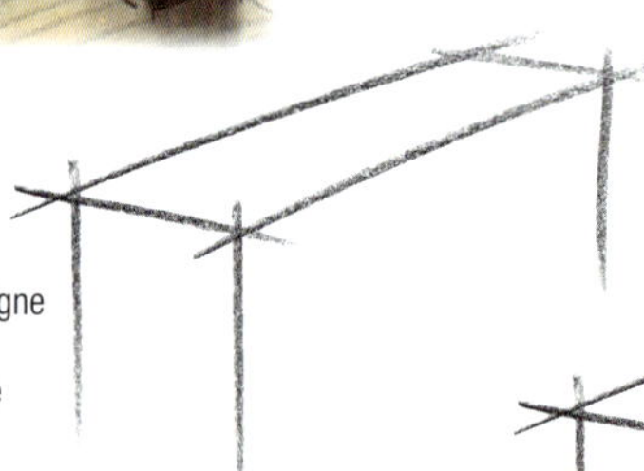

❼ Avec une troisième ligne verticale, le croquis ressemble à ce stade à une longue table.

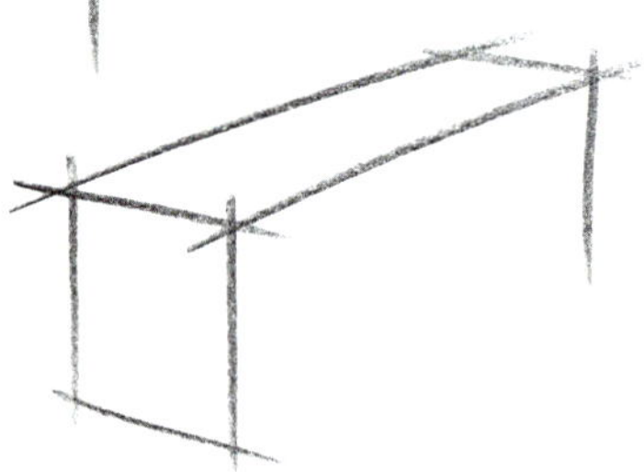

❽ Commencez à tracer la base de l'élément. Travaillez vite, mais gardez un trait souple.

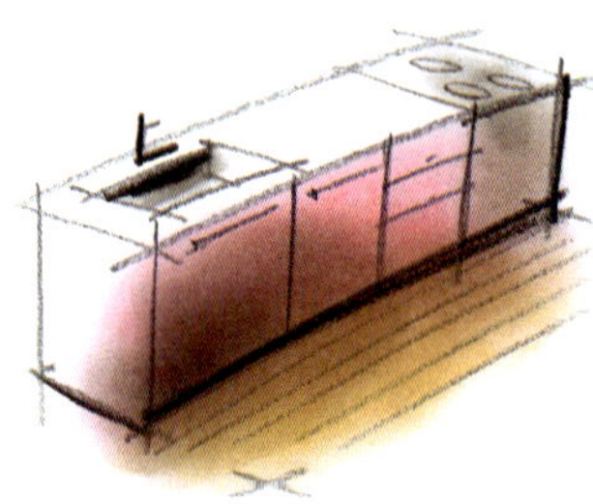

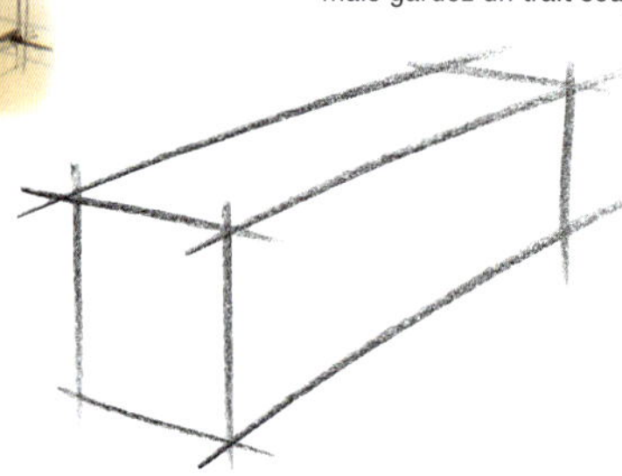

❾ La forme générale de l'élément est terminée. Elle ressemble à une boîte allongée.

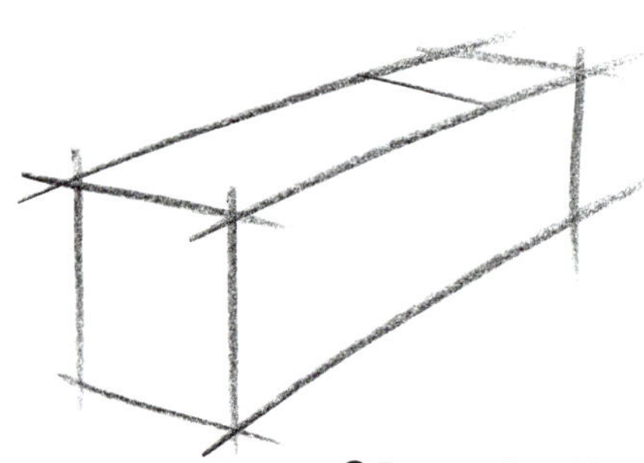

❿ Tracez une ligne oblique délimitant la table de cuisson.

En secondes

0 30 60 90

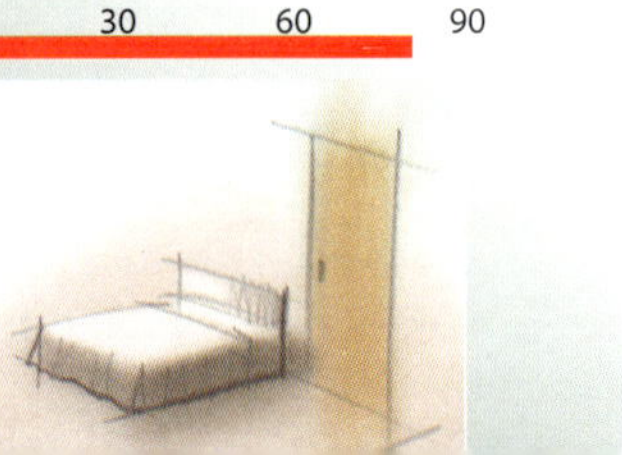

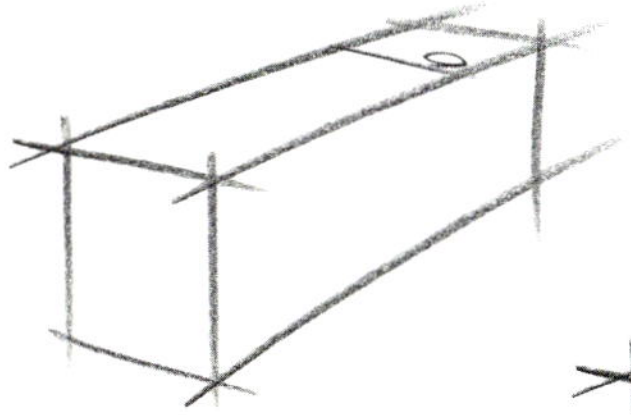

11 Dessinez une première plaque.

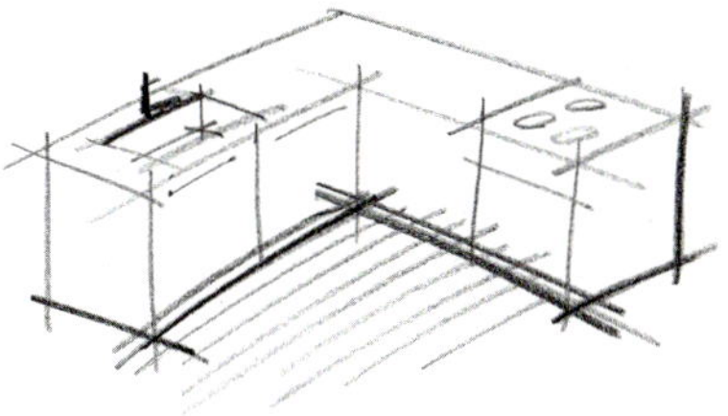

Utilisez le même principe pour dessiner des éléments d'angle.

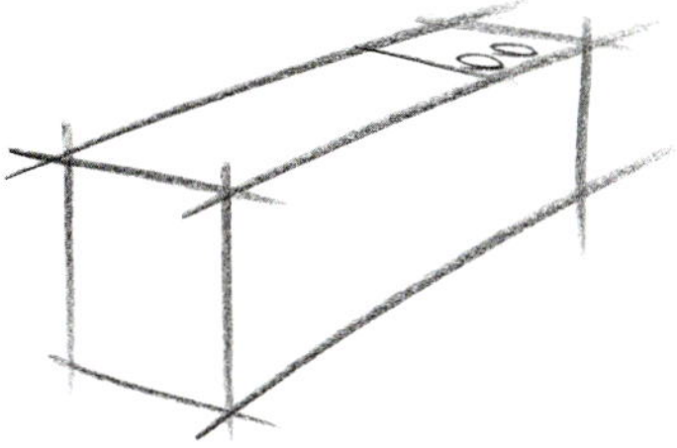

12 Dessinez une deuxième plaque.

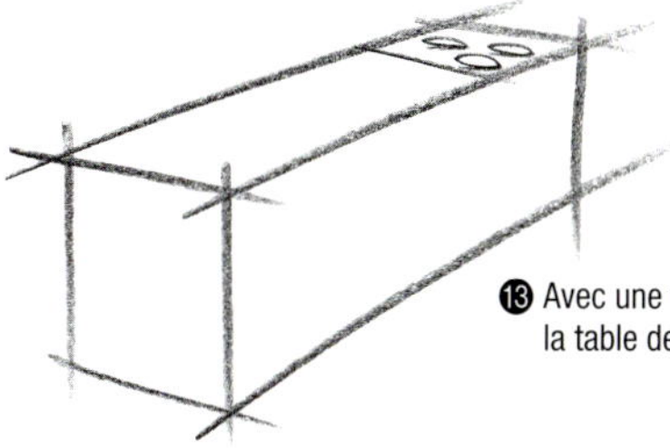

13 Avec une troisième plaque, la table de cuisson est terminée.

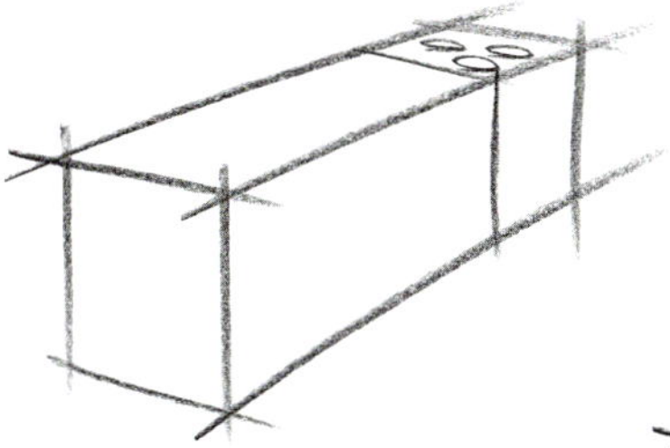

14 Tracez une ligne verticale à l'aplomb de la table de cuisson.

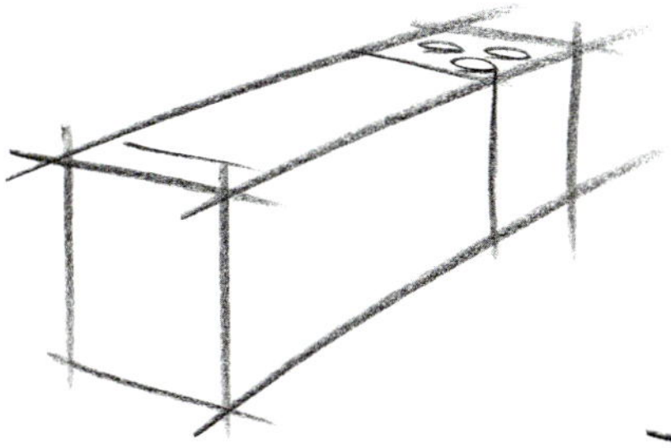

15 Commencez à dessiner l'évier.

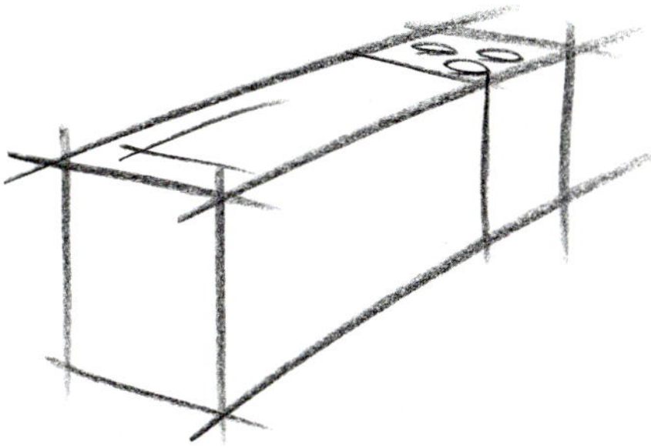

16 Continuez à dessiner l'évier en veillant à ses proportions.

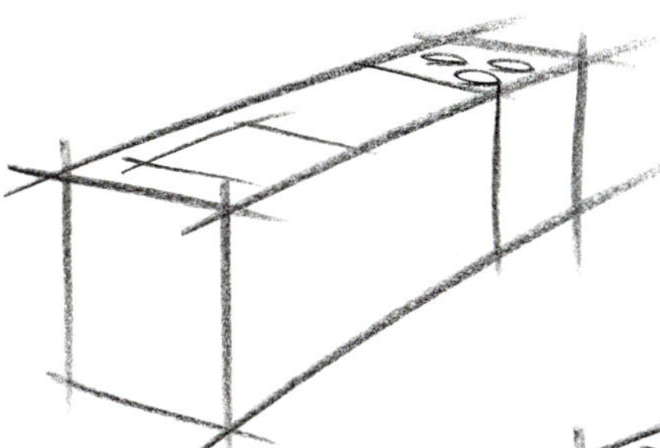

17 Continuez en maintenant votre rythme de travail.

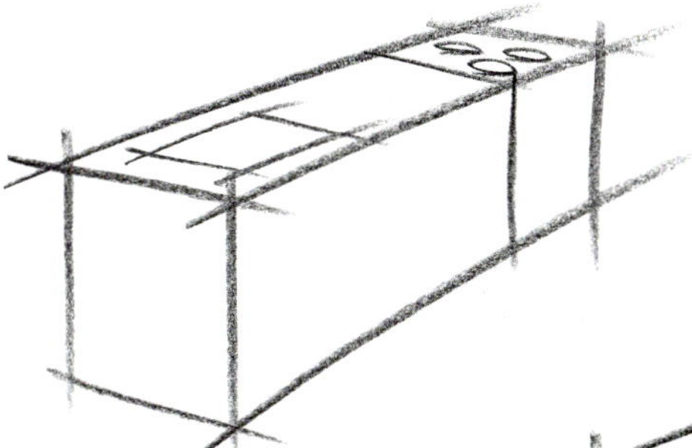

18 L'évier est terminé.

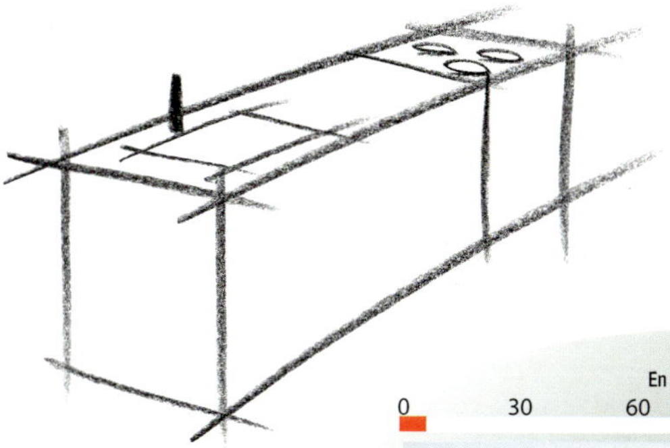

19 Un petit trait vertical épais suffit à représenter le robinet.

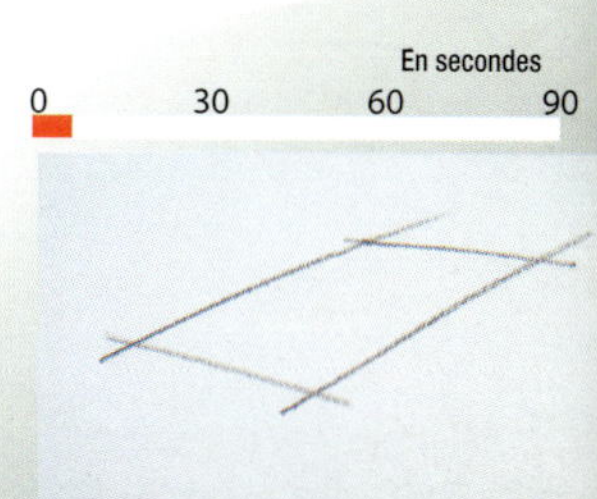

Dessiner un module de salle de bains

Un module standard comprend un meuble de rangement avec une vasque intégrée et son robinet, surmonté d'un miroir. Schématisez votre croquis autant que possible. Vous devez le réaliser en une quinzaine de secondes.

❶ Tracez rapidement une ligne oblique figurant le haut du miroir.

❷ Tracez une ligne verticale pour former le coin supérieur gauche.

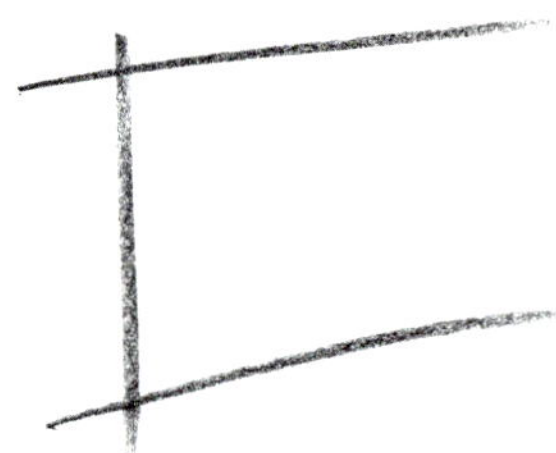

❸ Continuez en maintenant un rythme rapide.

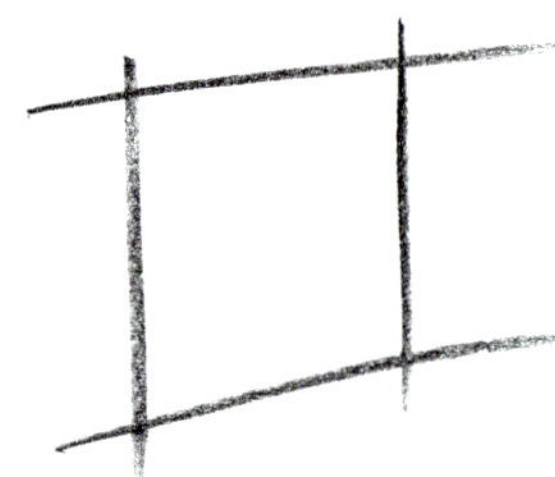

❹ Fluides et rapides, les lignes doivent dépasser des angles. Le miroir est terminé.

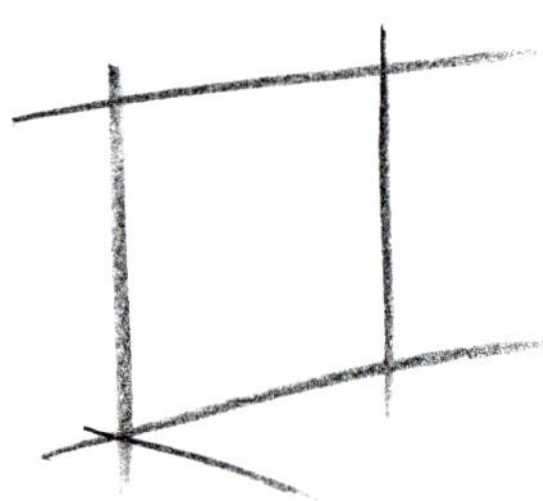

❺ Commencez le dessus du meuble en traçant rapidement une ligne oblique.

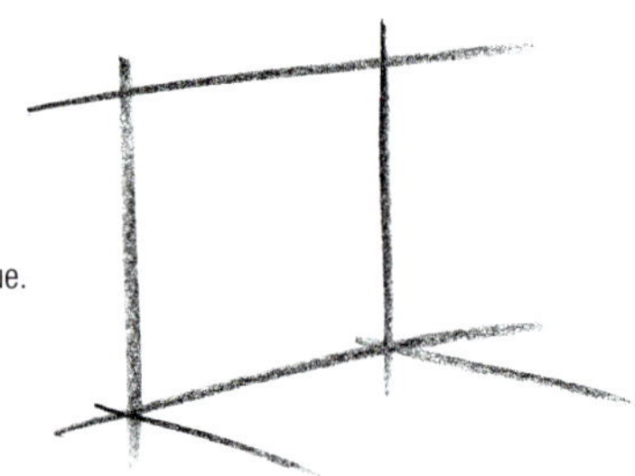

❻ Ajoutez une ligne oblique parallèle à la précédente.

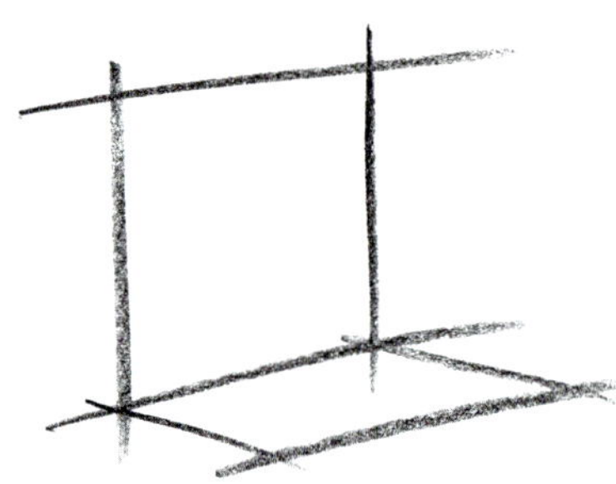

❼ Le dessus du meuble est terminé.

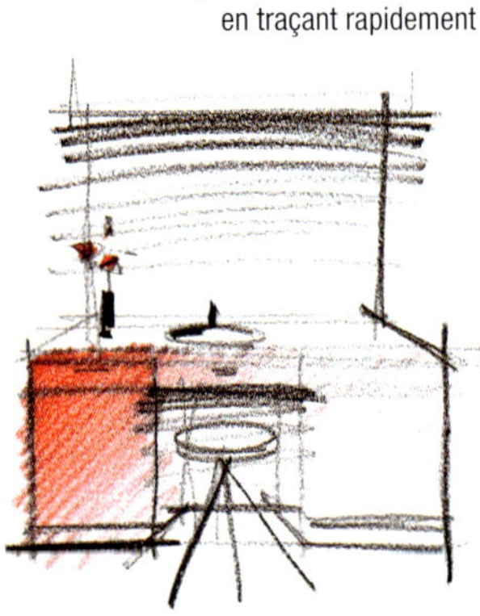

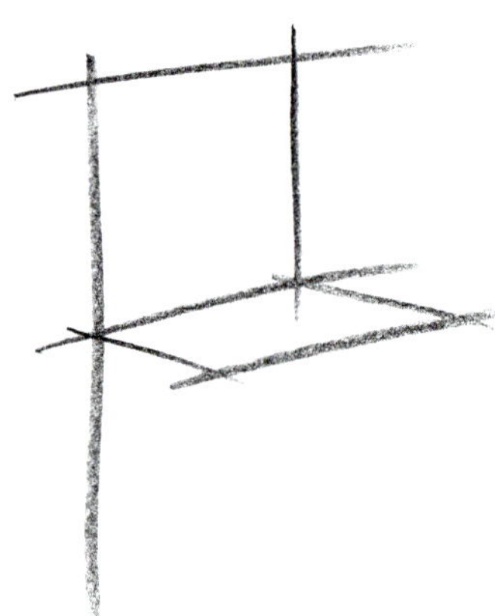

❽ Tracez une ligne verticale dans le prolongement du miroir.

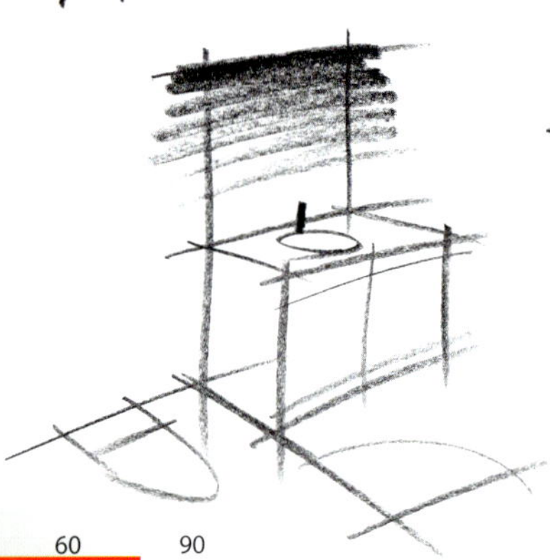

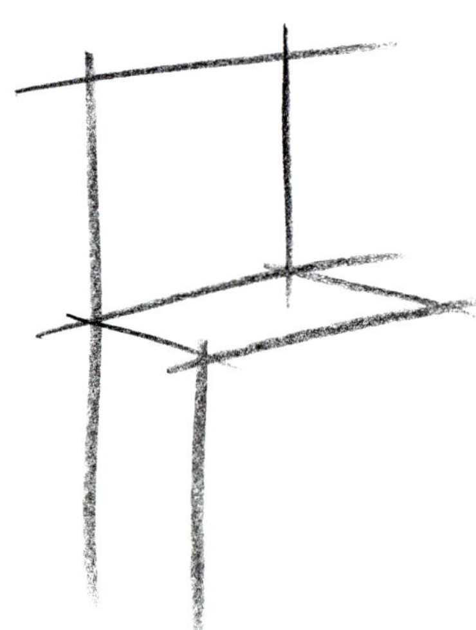

❾ Ajoutez une deuxième ligne verticale.

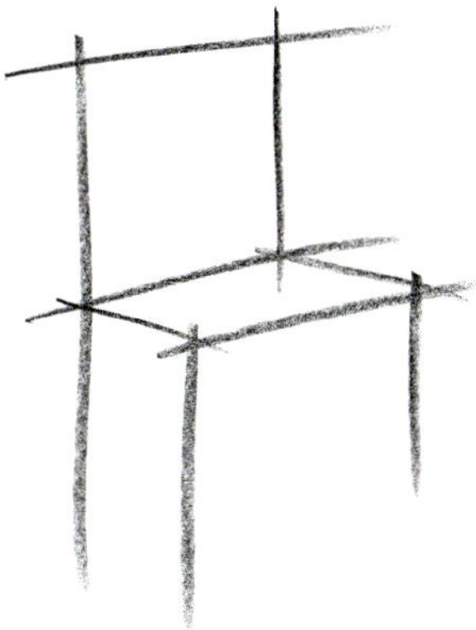

❿ Avec une troisième ligne verticale, le croquis ressemble à une chaise.

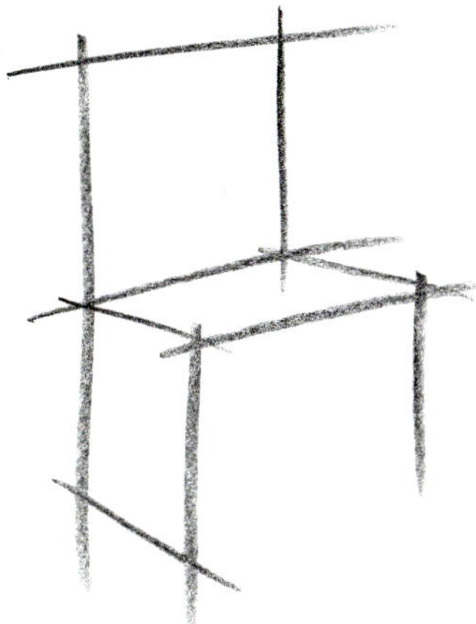

⓫ Continuez à travailler rapidement.

⓬ Le meuble est terminé.

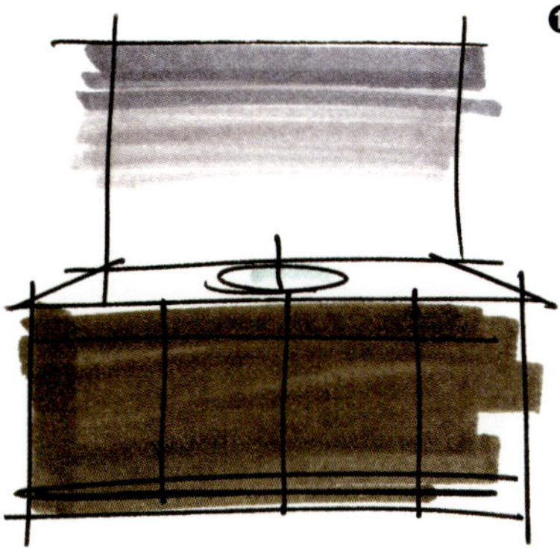

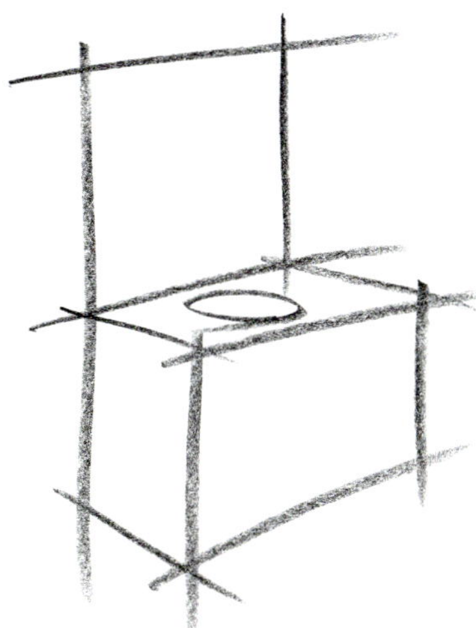

⓭ Dessinez l'ovale de la vasque.

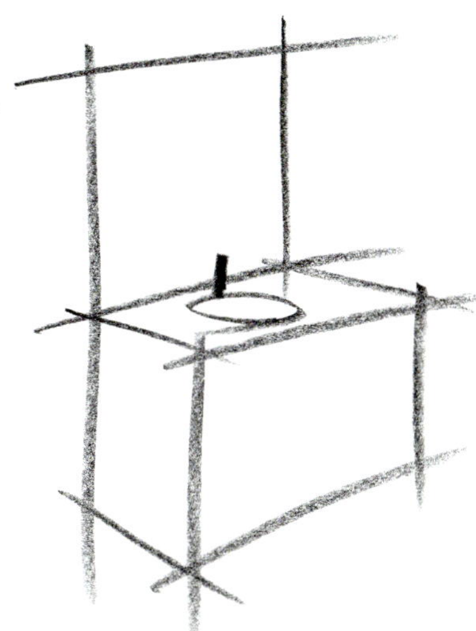

⓮ Ajoutez un petit trait épais pour figurer le robinet. Vous représenterez les portes du meuble dans un dernier temps.

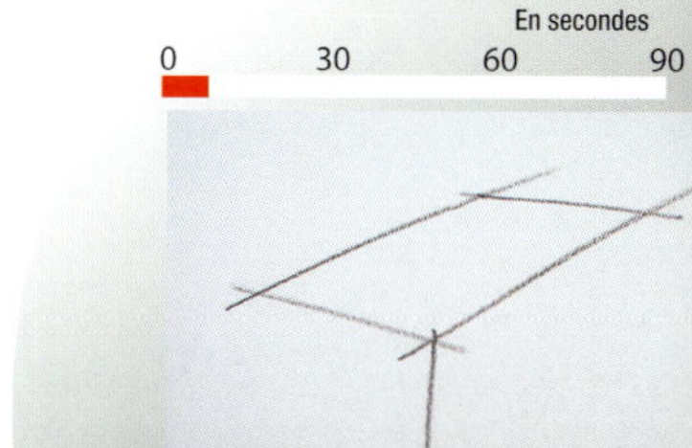

Dessiner une baignoire

Pour un croquis rapide, la forme d'une baignoire ressemble à une boîte de mouchoirs en papier. Dessinez-la en une dizaine de secondes.

❶ Tracez rapidement une ligne oblique.

❷ Entrecroisez une ligne oblique pour former le coin avant gauche.

❸ Continuez en travaillant rapidement.

❹ Entrecroisez souplement les lignes en les laissant dépasser des angles.

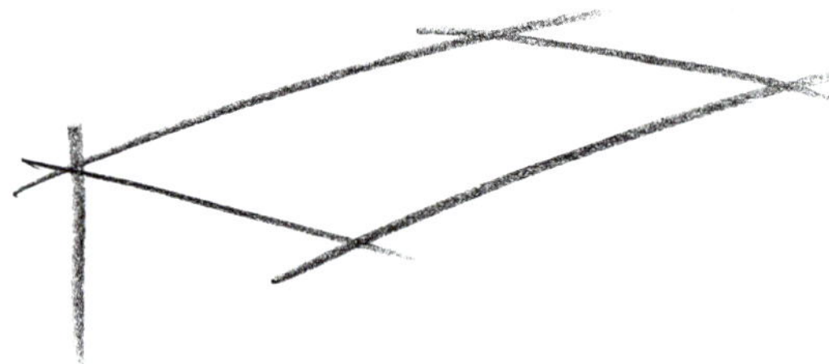

❺ Tracez une ligne verticale sous le coin avant gauche.

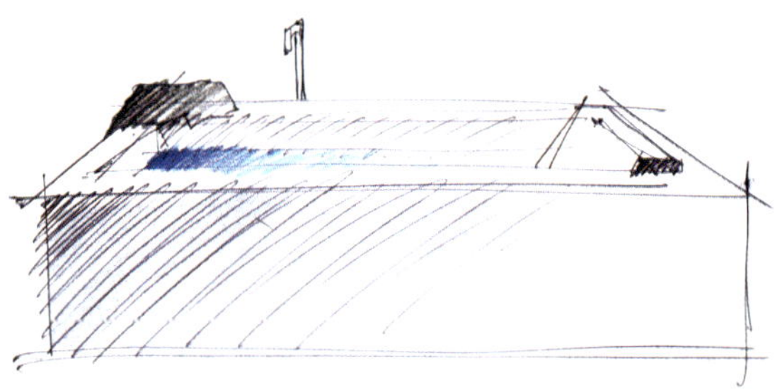

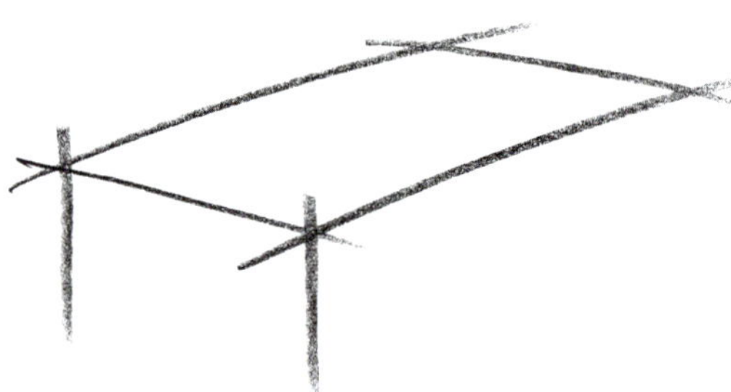

❻ Ajoutez une ligne verticale sous le coin avant droit.

En secondes

0 30 60 90

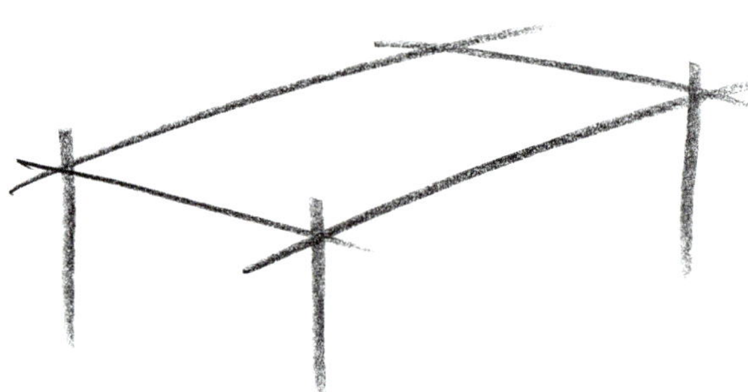

❼ Avec une troisième ligne verticale, le croquis ressemble à une table basse.

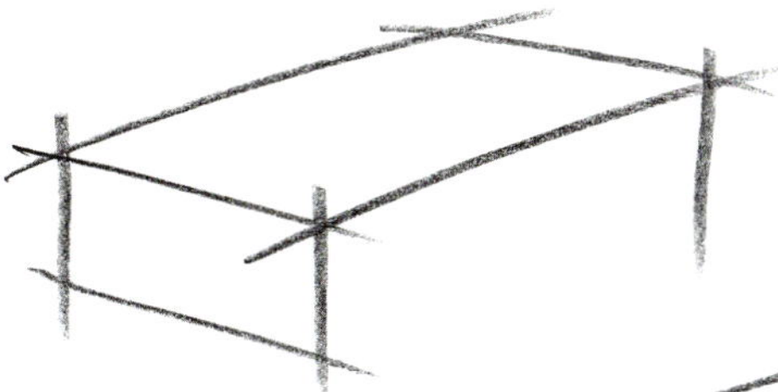

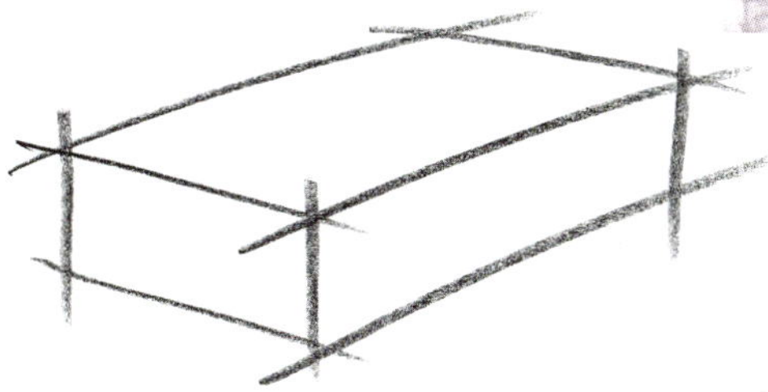

❽ Commencez à dessiner rapidement la base de la baignoire.

❾ À ce stade, vous obtenez la forme d'une boîte allongée.

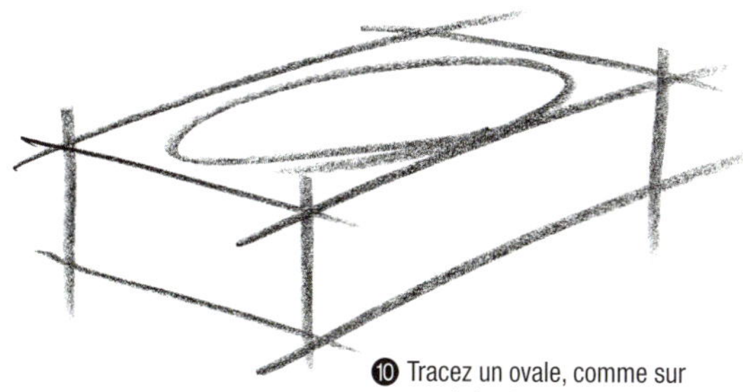

❿ Tracez un ovale, comme sur une boîte de mouchoirs en papier.

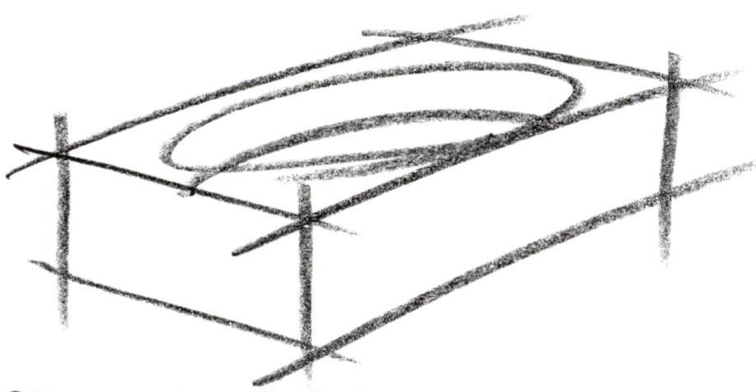

⓫ Tracez une courbe parallèle à l'ovale pour suggérer le niveau de l'eau.

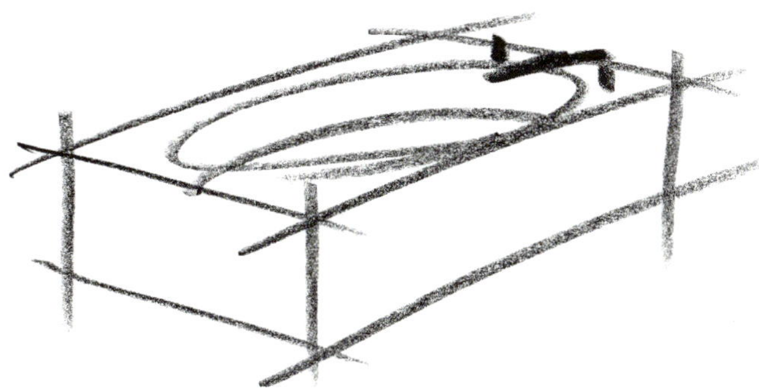

⓬ Esquissez le robinet avec des traits plus denses.

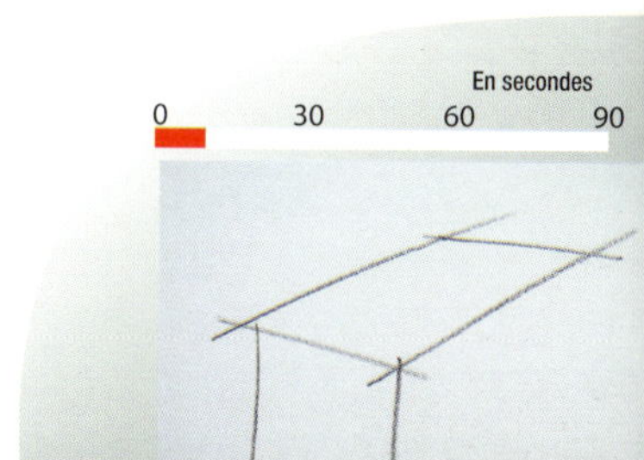

Dessiner un rideau

Les rideaux permettent de créer un équilibre visuel dans une pièce. Vous devez travailler rapidement tout en suggérant la fluidité et la souplesse de l'étoffe. Dessiner un rideau doit vous prendre une dizaine de secondes.

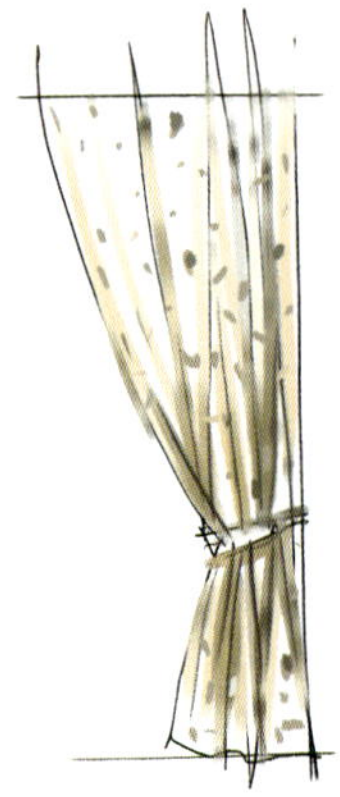

❶ Tracez la fenêtre.

❷ Esquissez l'embrasse : elle est située à peu près au tiers de la hauteur de la fenêtre.

❸ Dessinez rapidement la partie du rideau située au-dessus de l'embrasse.

❹ Esquissez un pli.

❺ Ajoutez d'autres plis, mais sans perdre de temps.

❻ Les lignes du rideau doivent déborder souplement de la fenêtre.

❼ Dessinez rapidement la partie inférieure du rideau.

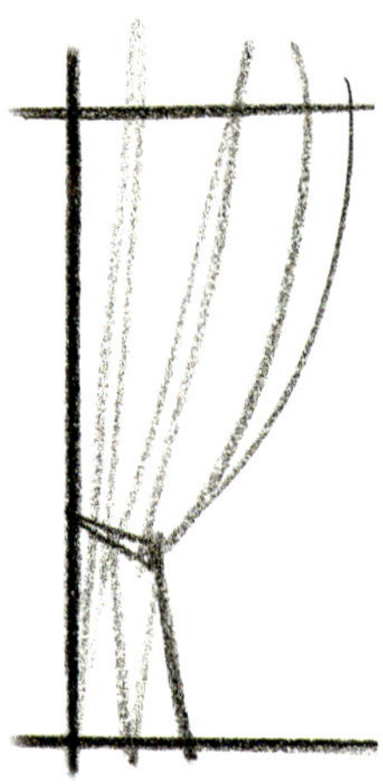

❽ Le rideau de gauche est terminé. Procédez de même pour dessiner celui de droite.

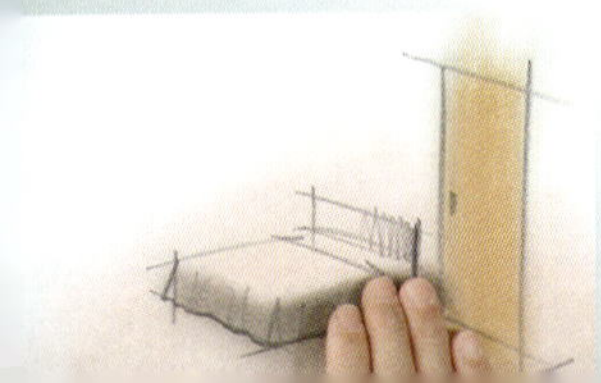

Chapitre 4

Le dessin d'avant-projet

Un croquis est efficace s'il enrichit la communication avec votre client. Vous maintenez le dialogue avec ce dernier tout en dessinant, et vous parvenez ainsi à donner corps au projet.

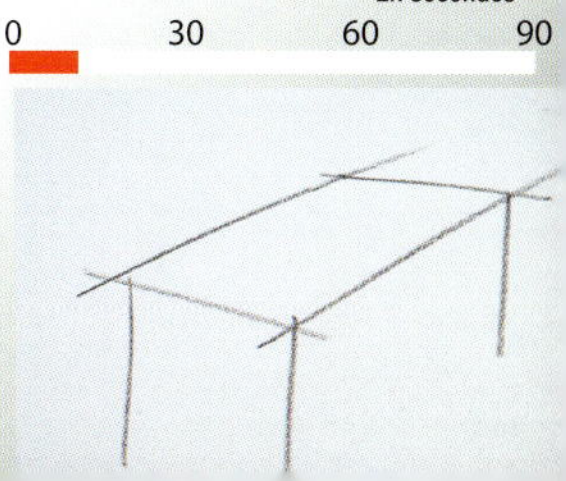

Dessiner en perspective

Lorsque vous engagez le dialogue avec votre client en étudiant un plan, allez plus loin en transformant ce dernier en un espace à trois dimensions. Le projet prend immédiatement de la réalité sous les yeux de votre interlocuteur.

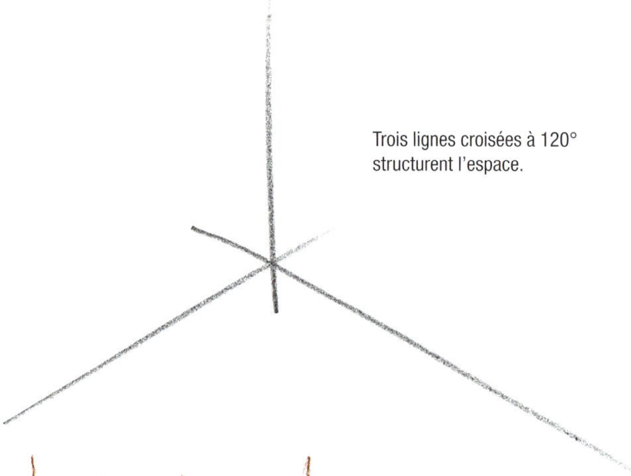

Trois lignes croisées à 120° structurent l'espace.

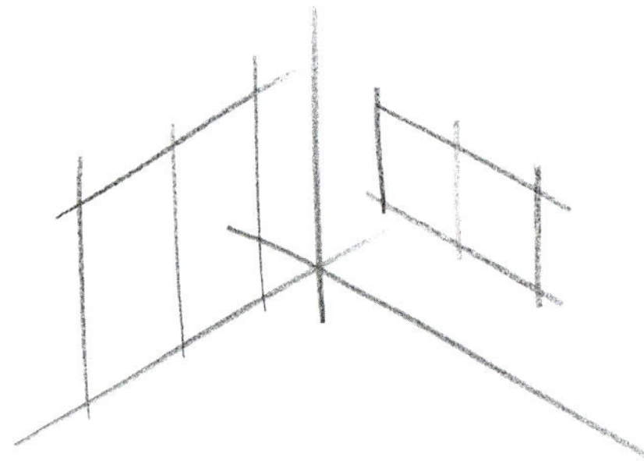

Ébauche d'un espace structuré par trois lignes croisées à 120°.

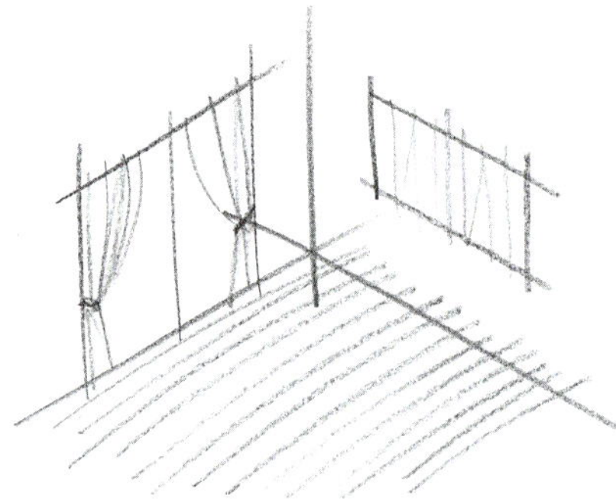

Quelques lignes suggérant les rideaux et le parquet ajoutent du réalisme au dessin.

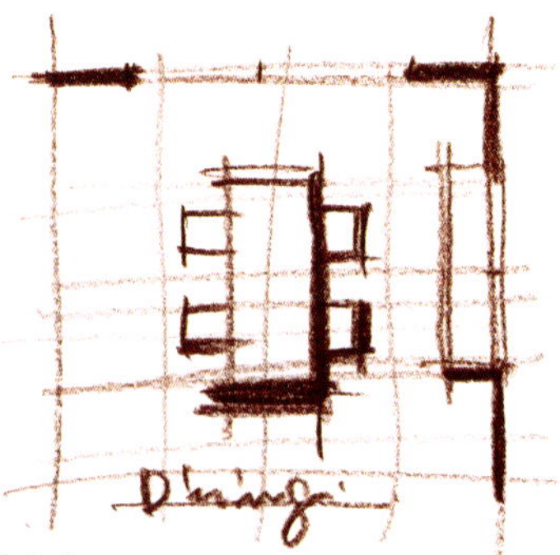

Salle à manger

❶ Le point de départ est un plan simple sur lequel on a ébauché une table entourée de chaises et un buffet.

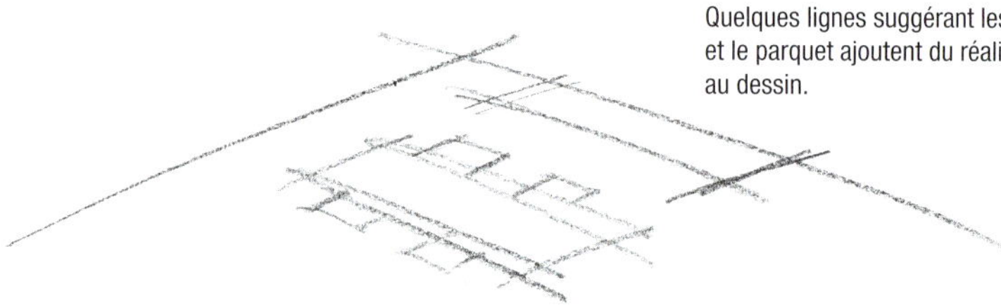

❷ Dessinez le plan en perspective en vous servant de l'original comme référence.

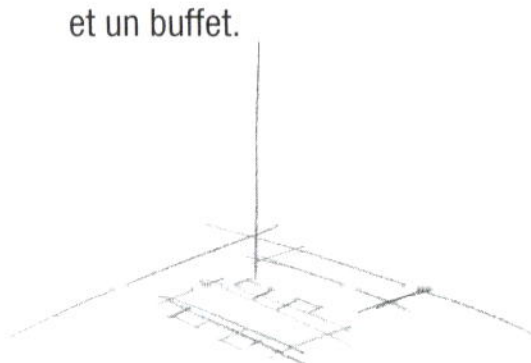

❸ Tracez une ligne verticale dans l'angle.

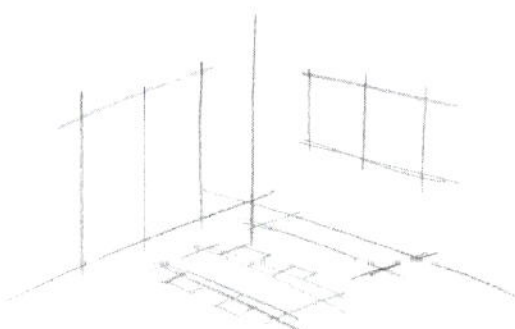

❹ Ajoutez la fenêtre et la porte-fenêtre.

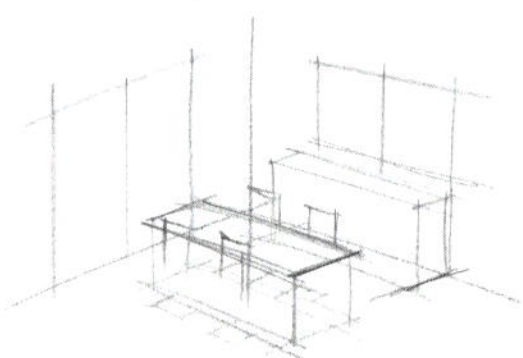

❺ À partir de leur forme sur le plan, élevez les meubles en perspective.

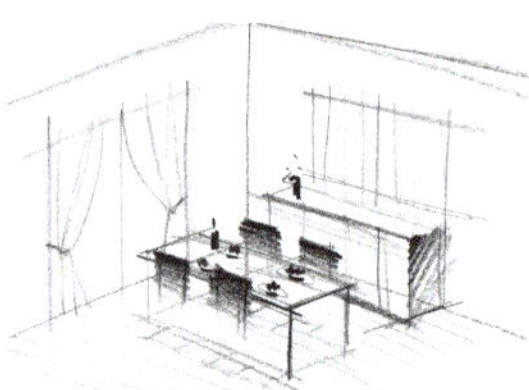

❻ Dessinez les rideaux et détaillez un peu les meubles.

❼ Pour terminer, posez des ombres et des reflets (ici, on a travaillé au crayon à papier).

En secondes

0 30 60 90

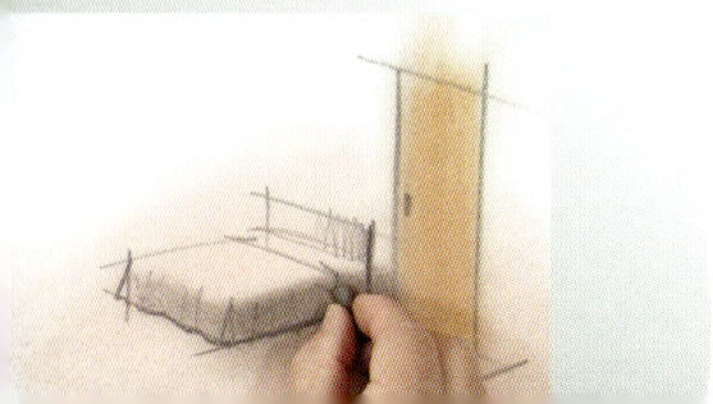

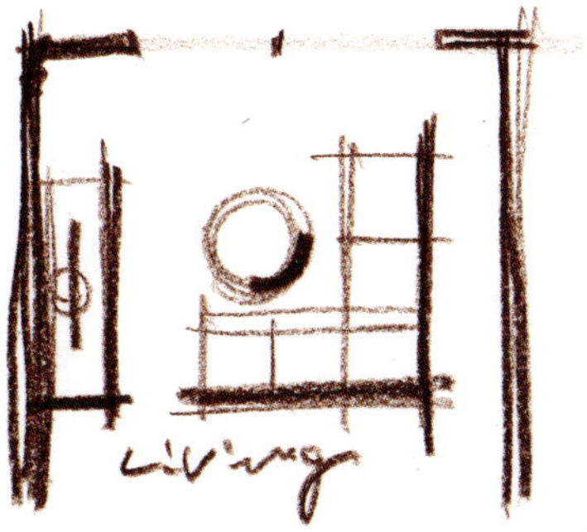

Salon de home cinéma

❶ Dessinez un plan sommaire, puis ébauchez quelques meubles : un canapé d'angle, une table basse, un meuble de télévision.

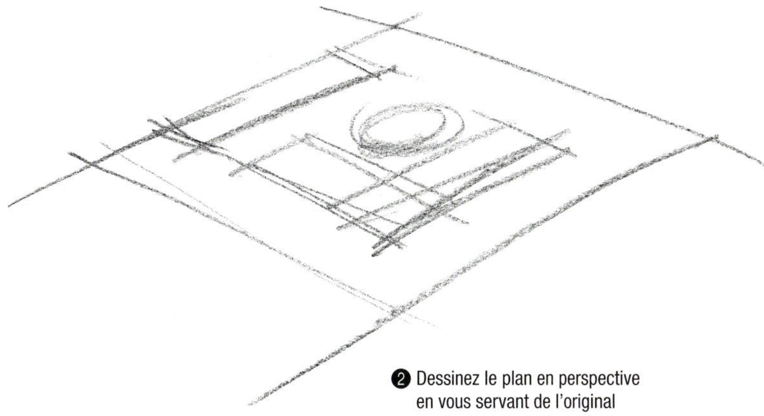

❷ Dessinez le plan en perspective en vous servant de l'original comme référence.

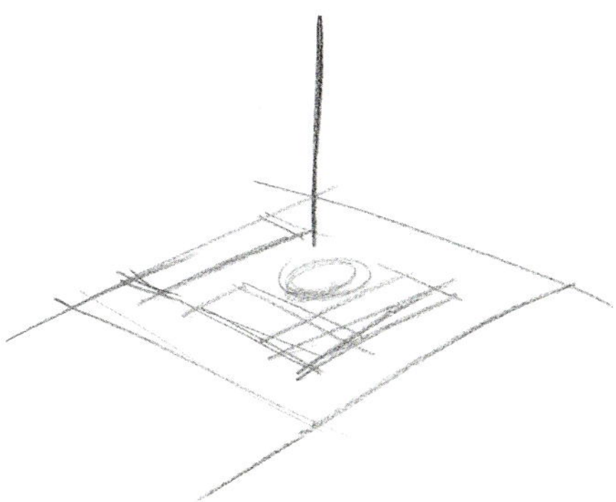

❸ Tracez une ligne verticale dans l'angle arrière.

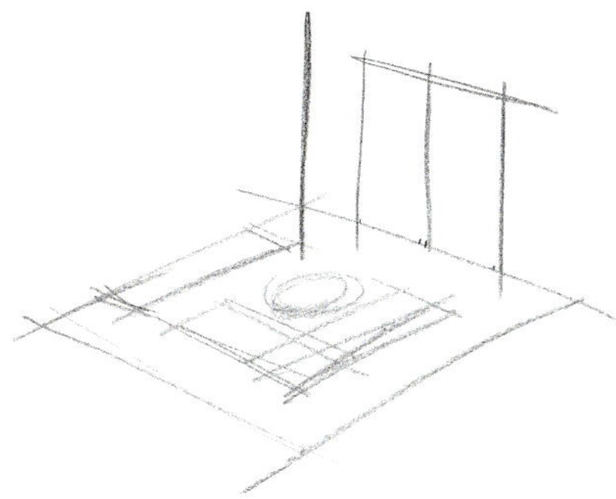

❹ Dessinez la porte vitrée coulissante.

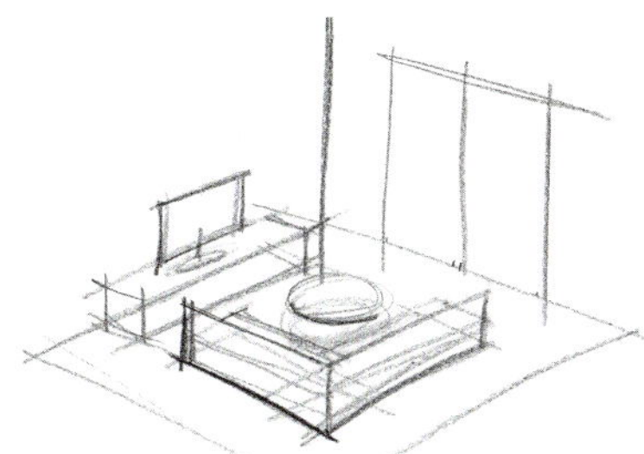

❺ Élevez les meubles en perspective. Dessinez le téléviseur.

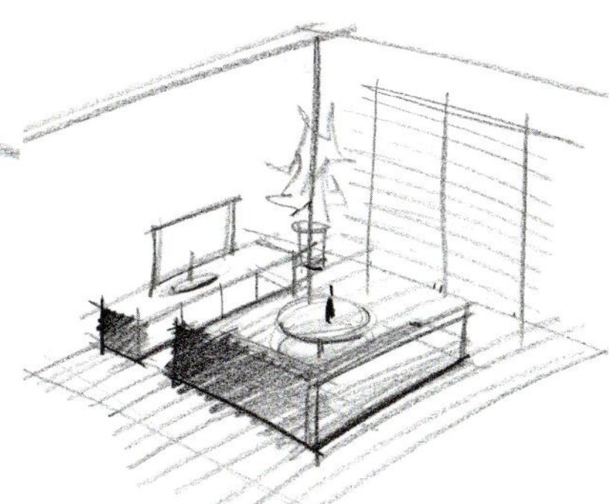

❻ Tracez les lames du store et du plancher. Détaillez les meubles et ombrez-les. Esquissez une plante verte.

❼ Ajoutez des ombres sur le sol. Posez quelques touches de couleur (ici, on a utilisé des crayons).

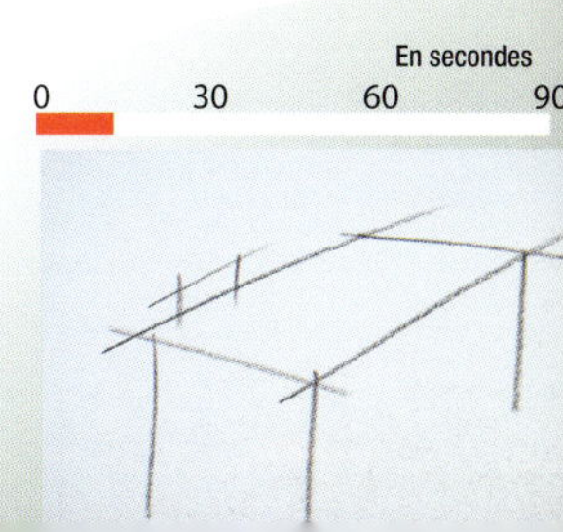

Cuisine 1

❶ Tracez un plan simple de la pièce. Ébauchez un élément de cuisine et, dans son prolongement, une table entourée de chaises.

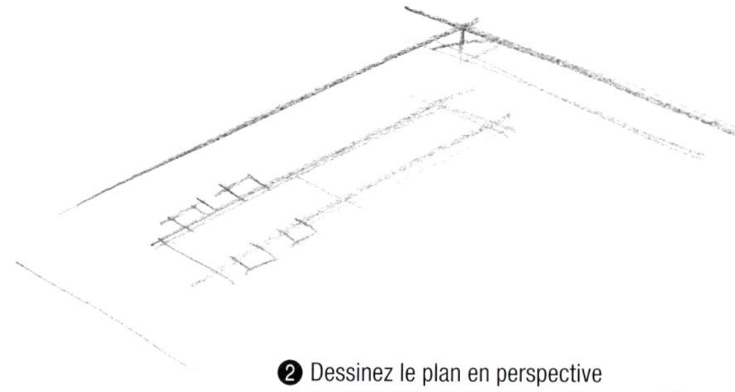

❷ Dessinez le plan en perspective en vous servant de l'original comme référence.

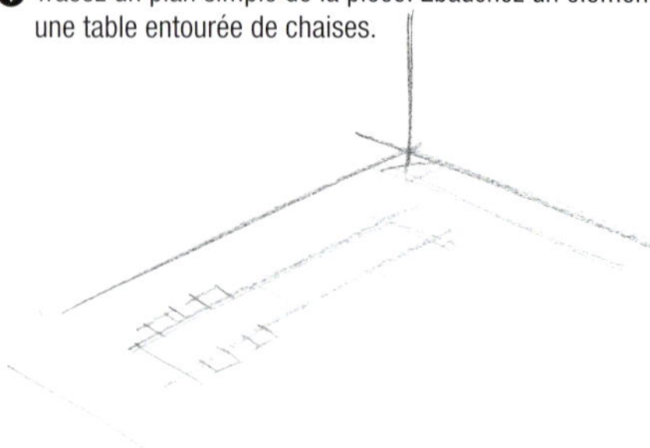

❸ Tracez une ligne verticale dans l'angle.

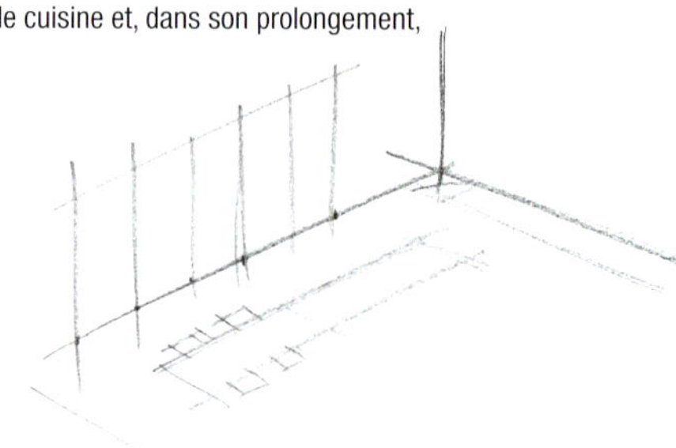

❹ Dessinez la porte vitrée coulissante.

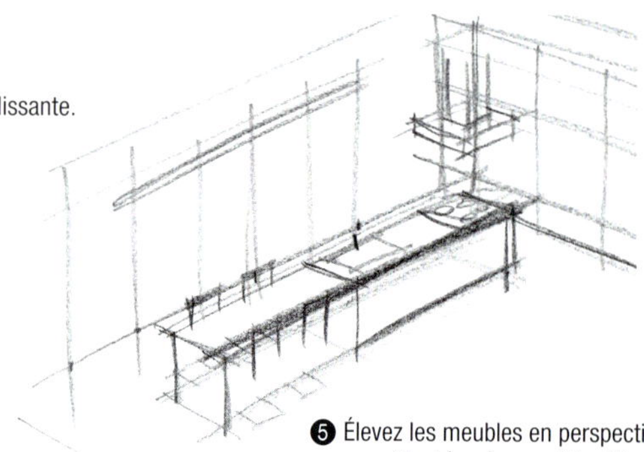

❺ Élevez les meubles en perspective, en veillant à préserver l'équilibre de la composition. Ajoutez la hotte.

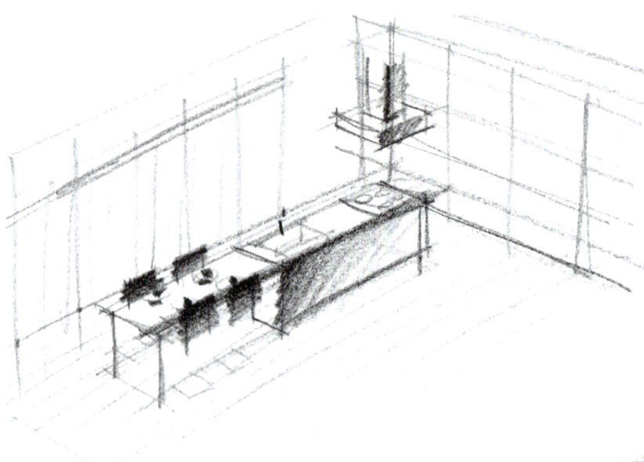

❻ Suggérez les rideaux et les lames du parquet. Ombrez les meubles et la hotte.

❼ Détaillez le mur du fond. Posez des ombres sur le sol. Ajoutez quelques détails en couleur (ici, on a travaillé au crayon à papier et aux crayons de couleur).

En secondes

0 30 60 90

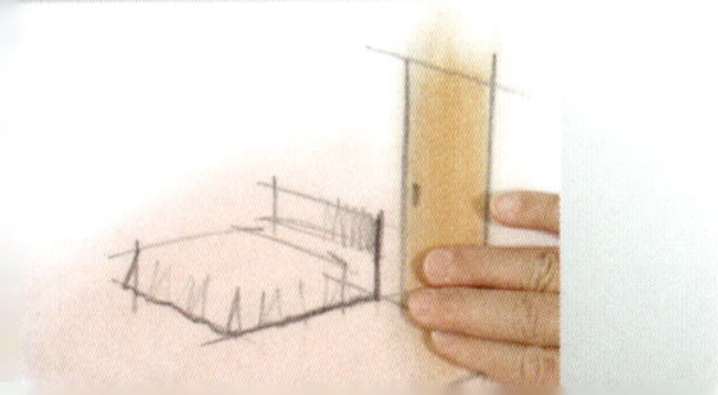

Cuisine 2

❶ Sur ce plan, la table est placée perpendiculairement à l'élément de cuisine.

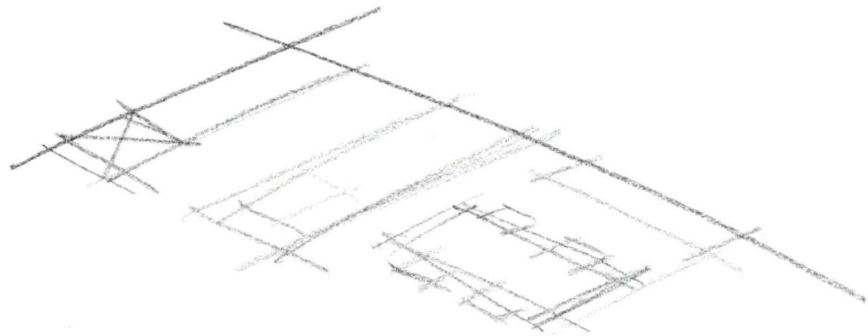

❷ Dessinez le plan en perspective en vous servant de l'original comme référence.

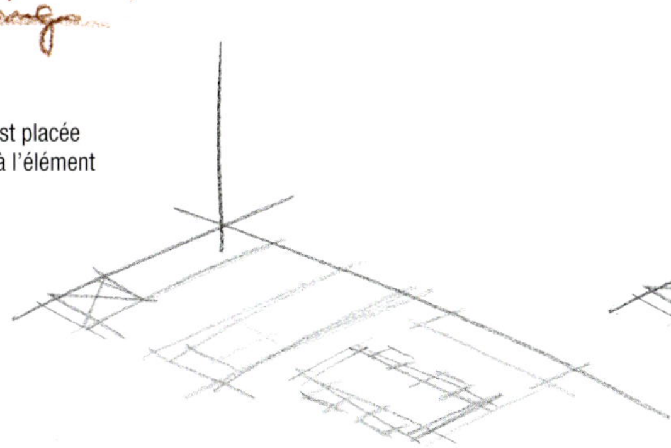

❸ Tracez une ligne verticale dans l'angle.

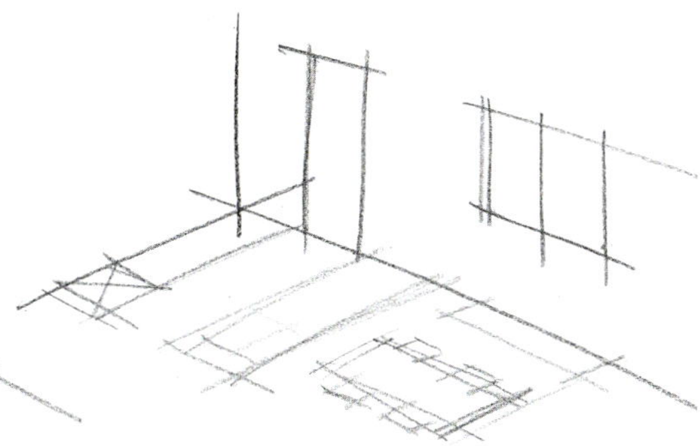

❹ Dessinez la porte et la fenêtre.

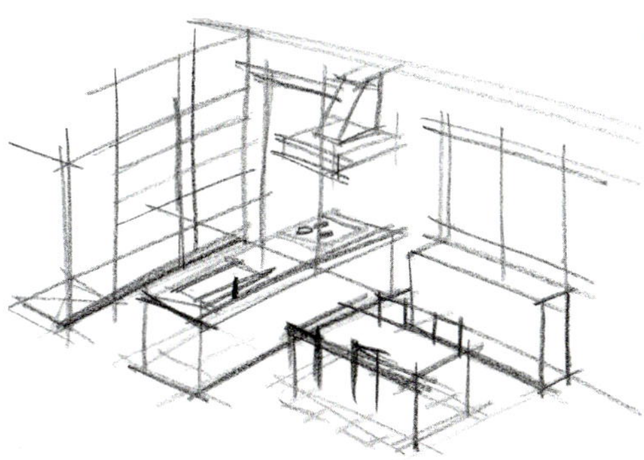

❺ Élevez les meubles en perspective. Dessinez la hotte.

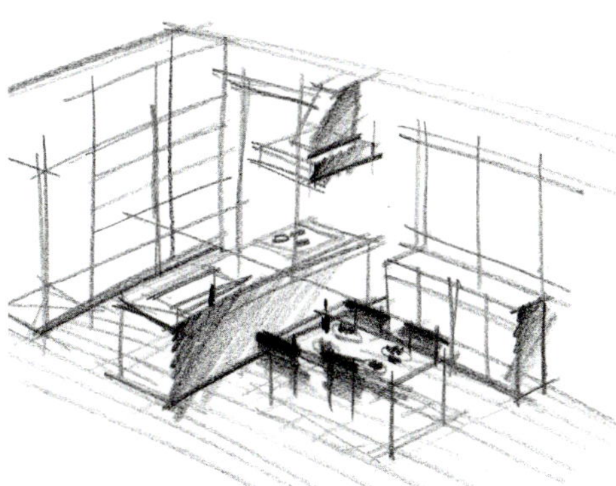

❻ Ajoutez des ombres de façon à donner de la vie au croquis.

❼ Détaillez les meubles et posez des ombres avec des crayons de couleur, mais sans surcharger la composition.

En secondes

0 30 60 90

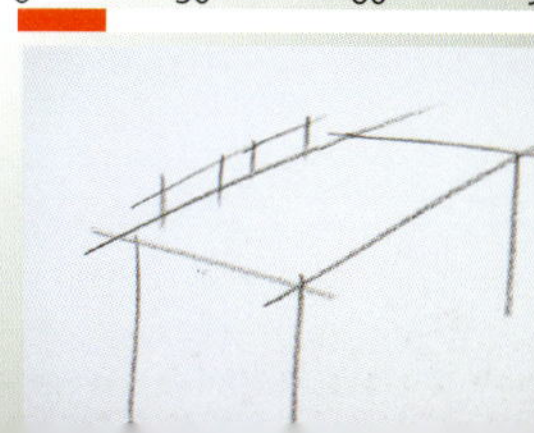

La perspective centrale

C'est le procédé le plus simple pour représenter des espaces intérieurs en trois dimensions. Travaillez à partir d'un quadrillage tracé à la règle. Bien entendu, cette structure ne doit pas être réalisée devant un client. Elle permet juste de vous exercer. Une fois que vous maîtriserez le principe de la perspective centrale, vous pourrez l'appliquer à main levée et donner ainsi plus de réalisme à vos croquis.

❶ Pour figurer le mur arrière, tracez un rectangle mesurant 14 cm x 9 cm (3,89 m x 2,50 m à taille réelle).

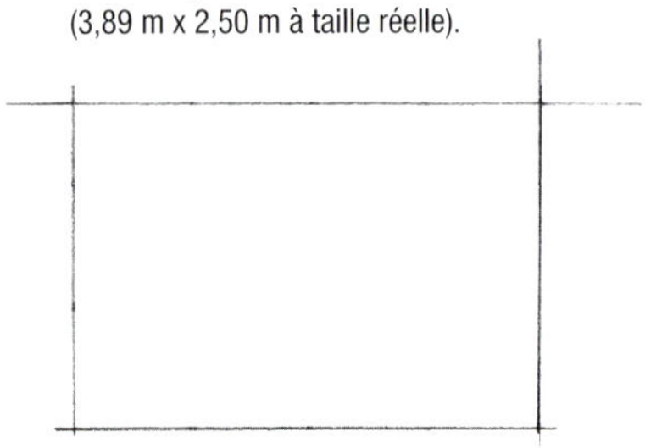

❷ Tracez trois lignes verticales espacées de 3,5 cm (environ 97 cm à taille réelle).

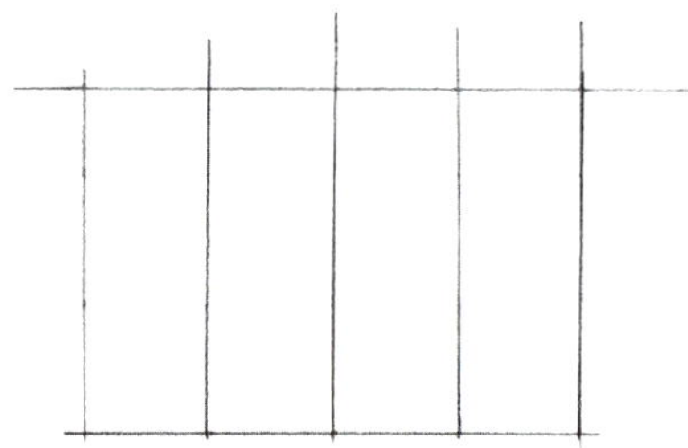

❸ En partant du bas (ligne arrière du sol), tracez deux lignes horizontales espacées de 3,5 cm.

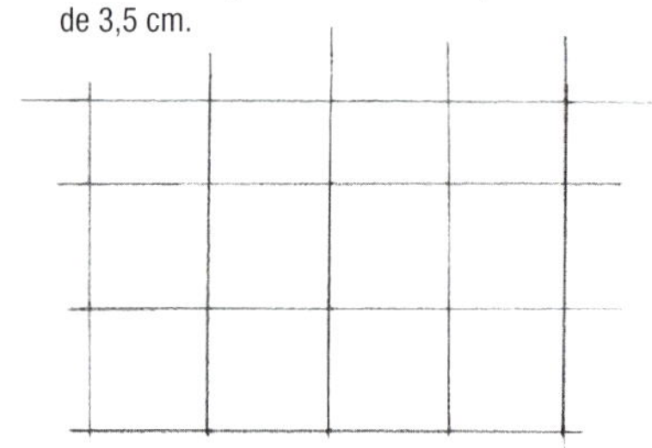

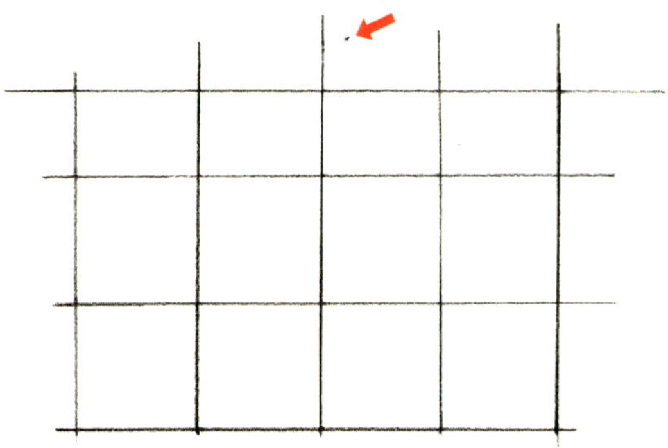

❹ Placez le point de fuite (indiqué ci-dessus par la flèche rouge) un peu au-dessus du mur, au centre de la largeur.

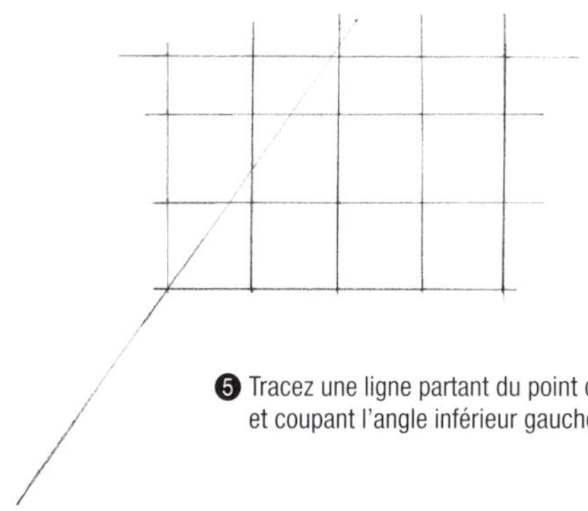

❺ Tracez une ligne partant du point de fuite et coupant l'angle inférieur gauche du mur.

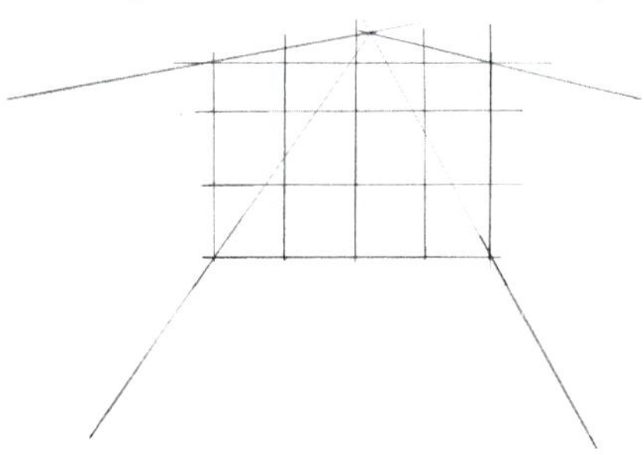

❻ Répétez l'étape 5 vers les trois autres coins. Vous définissez ainsi la largeur du sol et la hauteur des murs latéraux.

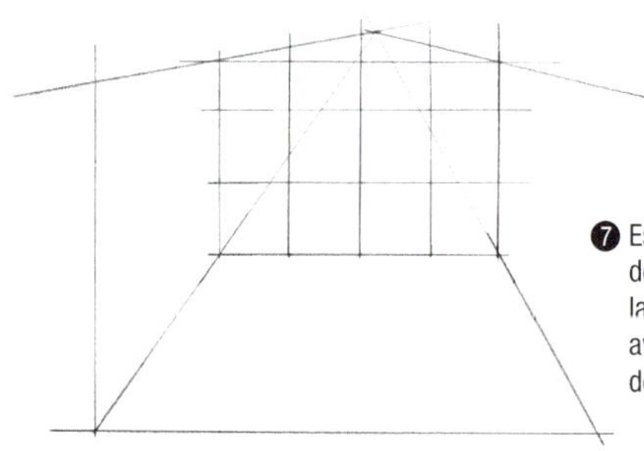

❼ Estimez au jugé la profondeur de la pièce et tracez en conséquence la ligne avant du sol. Élevez la ligne avant du mur de gauche à l'aplomb de cette ligne.

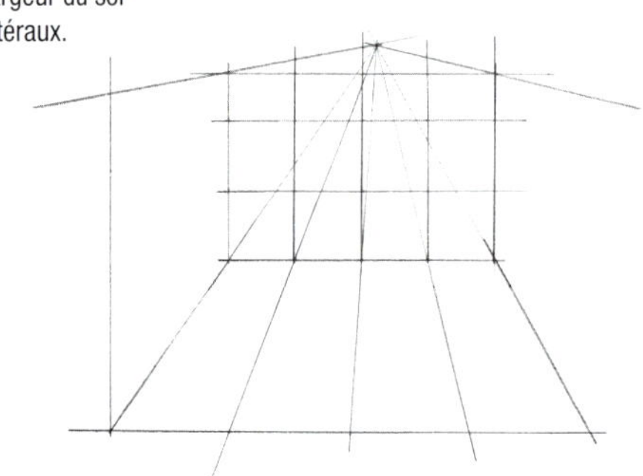

❽ Tracez des lignes de fuite coupant la base des lignes verticales du mur arrière et prolongez-les vers l'avant.

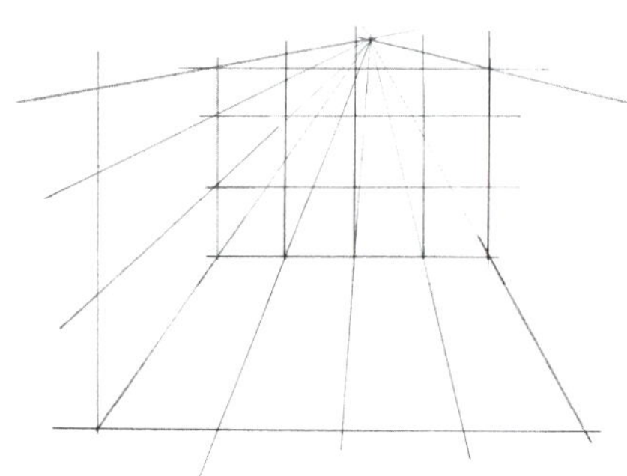

❾ Tracez des lignes de fuite coupant l'extrémité gauche des lignes horizontales du mur arrière et prolongez-les sur le mur de gauche.

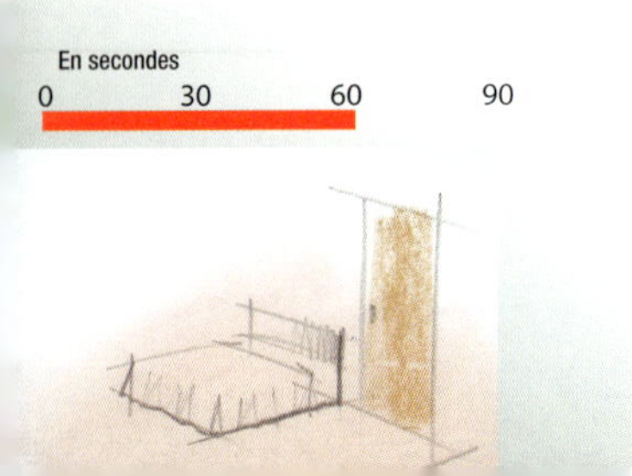

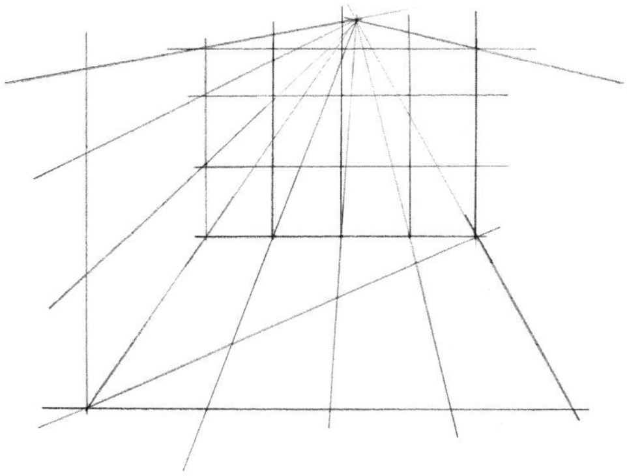

⑩ Sur le sol, tracez la diagonale reliant le coin avant gauche et le coin arrière droit.

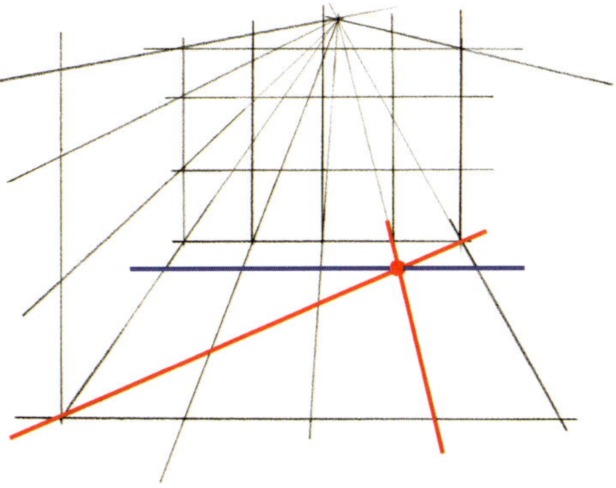

⑪ Repérez le point d'intersection de la diagonale et de la ligne de fuite située le plus à droite sur le sol (en rouge ci-dessus). Tracez à ce niveau une ligne parallèle au plan (en bleu).

⑫ Répétez l'étape 11 sur la ligne de fuite suivante. Le point d'intersection de cette ligne de fuite et de la diagonale correspond au centre de la pièce.

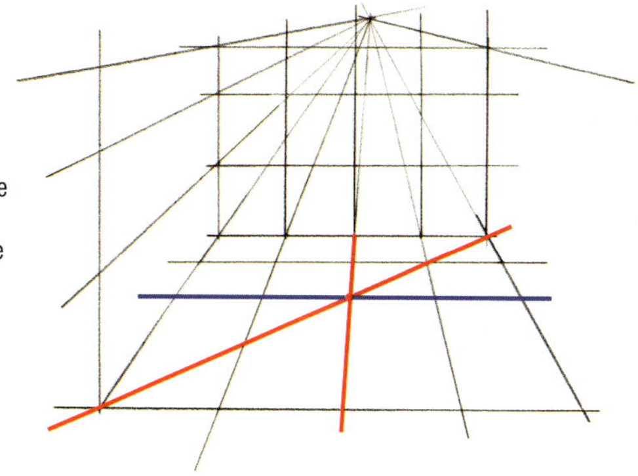

⑬ Procédez de la même façon sur la dernière ligne de fuite.

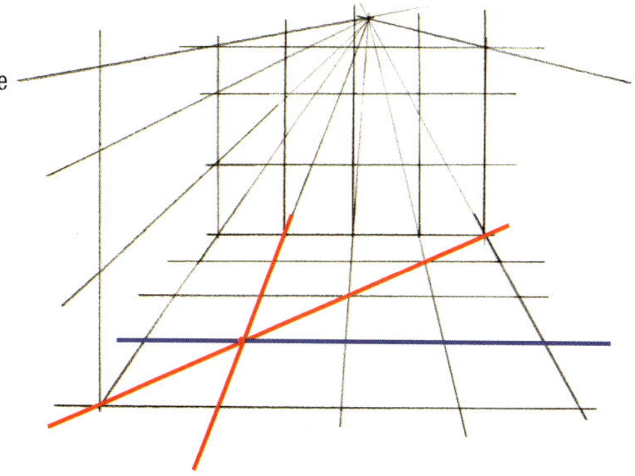

⑭ Sur le mur de gauche, tracez une ligne verticale à l'aplomb de chaque ligne horizontale du sol.

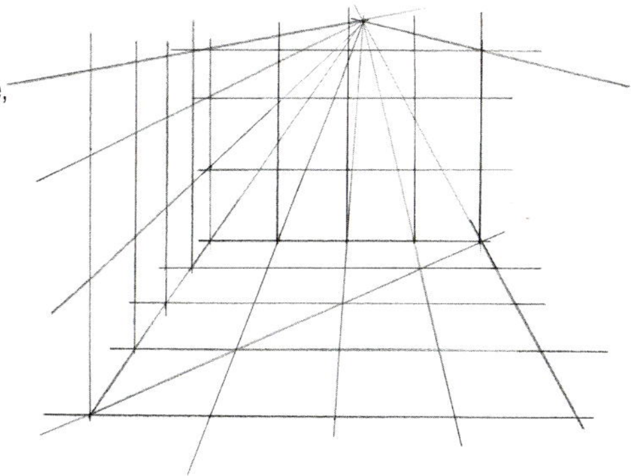

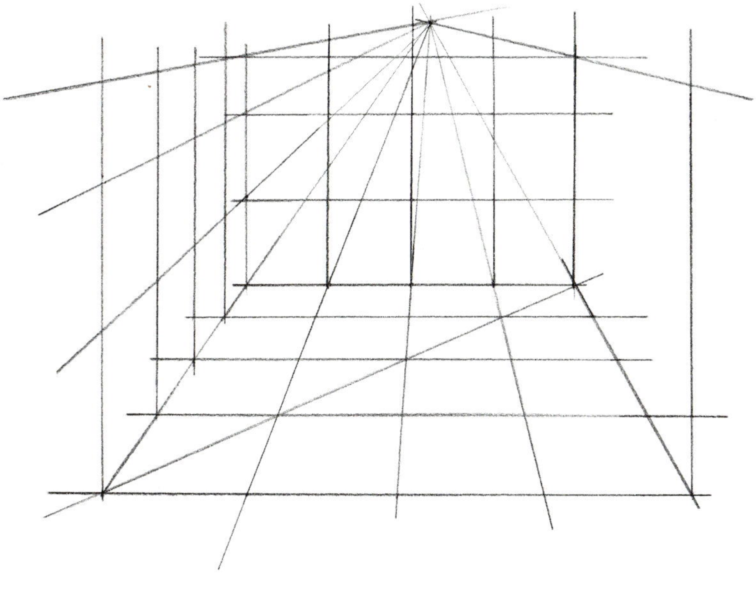

⑮ Tracez une ligne verticale définissant l'avant du mur de droite. Si besoin est, ajoutez les lignes de fuite sur ce mur.

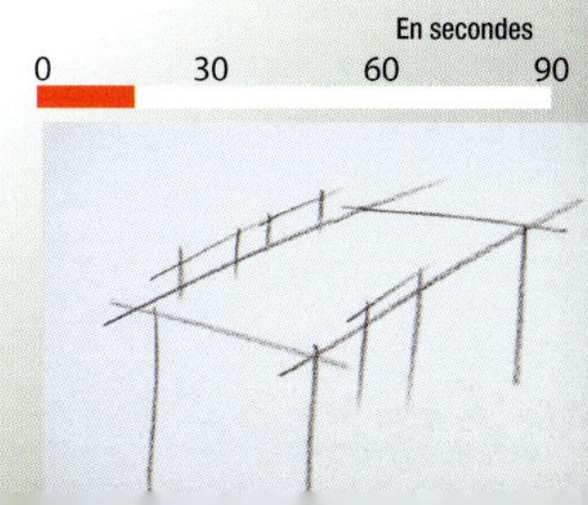

Exercice 1 : salle de séjour

❶ Définissez l'espace en appliquant la méthode expliquée pages 76-77, mais en travaillant à main levée. Placez le point de fuite un peu-dessus du mur arrière, à une hauteur correspondant à 2,70 m-3 m en taille réelle.

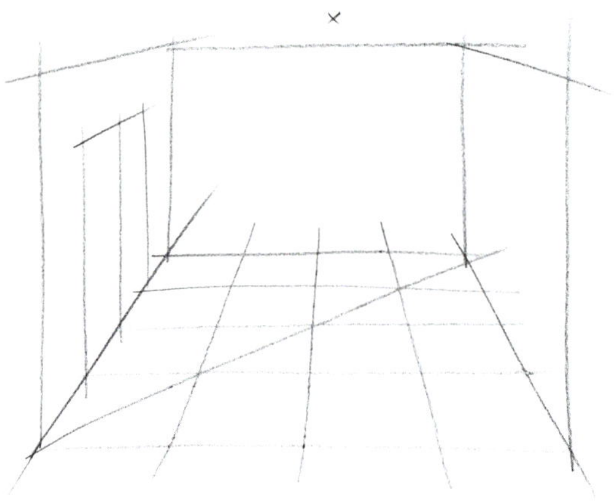

❷ Positionnez les meubles en reportant les indications fournies par le quadrillage du plan (en rouge sur l'illustration ci-dessous, à gauche).

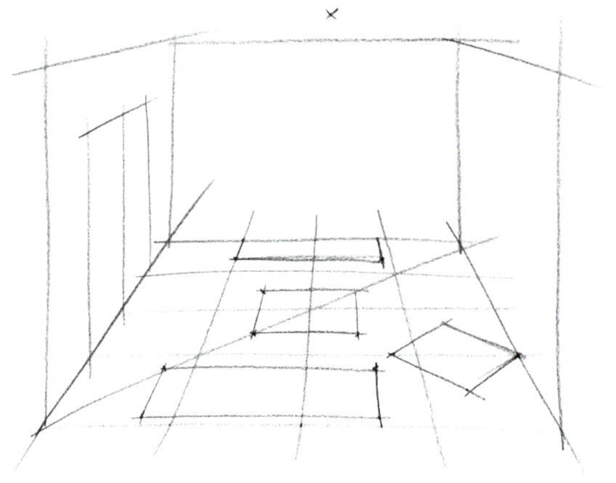

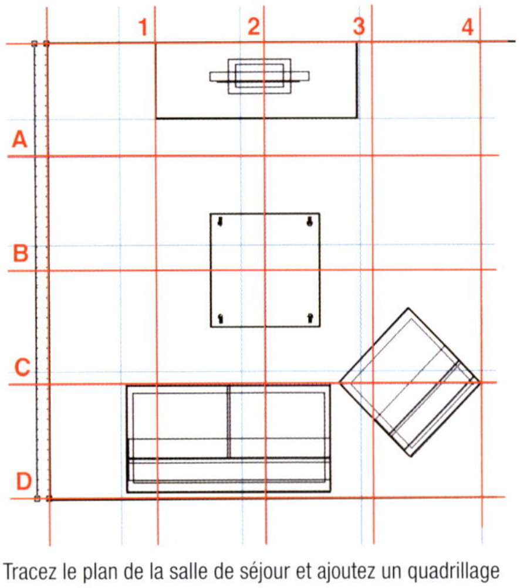

Tracez le plan de la salle de séjour et ajoutez un quadrillage composé de cases carrées mesurant 3,5 cm de côté. La numérotation des lignes horizontales et verticales facilite le positionnement des meubles sur le dessin en perspective.

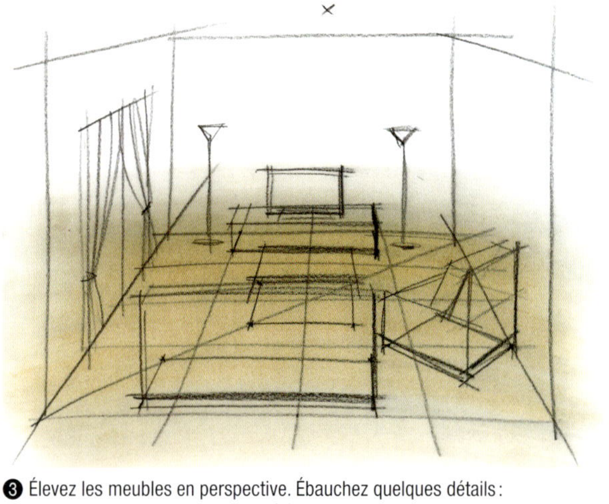

❸ Élevez les meubles en perspective. Ébauchez quelques détails : les rideaux, les lampadaires, le téléviseur... Coloriez le sol aux pastels.

❹ Coloriez les meubles et ombrez-les. Posez des rehauts sur le sol pour figurer la lumière entrant par la porte vitrée.

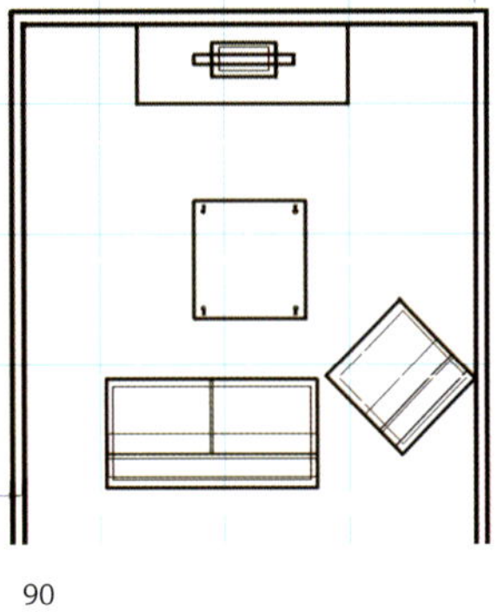

Plan précis de la salle de séjour servant de référence pour réaliser le dessin en perspective.

En secondes

0 30 60 90

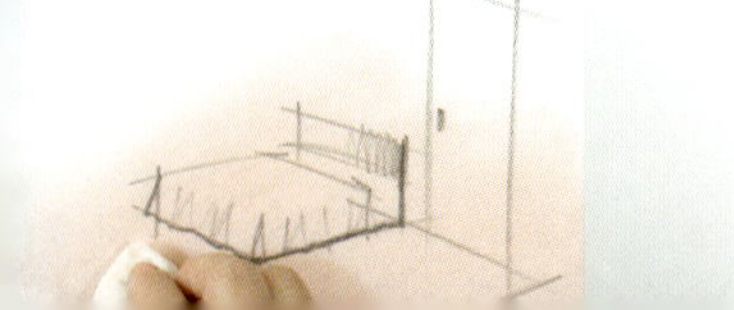

Exercice 2 : cuisine

❶ Définissez l'espace en appliquant la méthode expliquée pages 76-77, mais en travaillant à main levée. Placez le point de fuite à hauteur des yeux (environ 1,70 m en taille réelle).

❷ Positionnez les meubles en reportant les indications fournies par le quadrillage du plan (en rouge sur l'illustration ci-dessous).

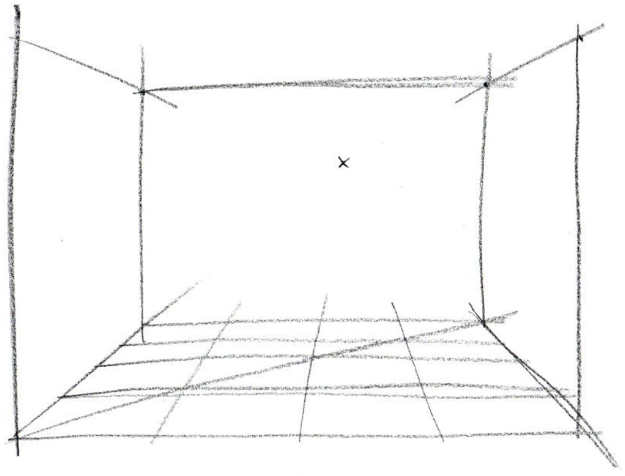

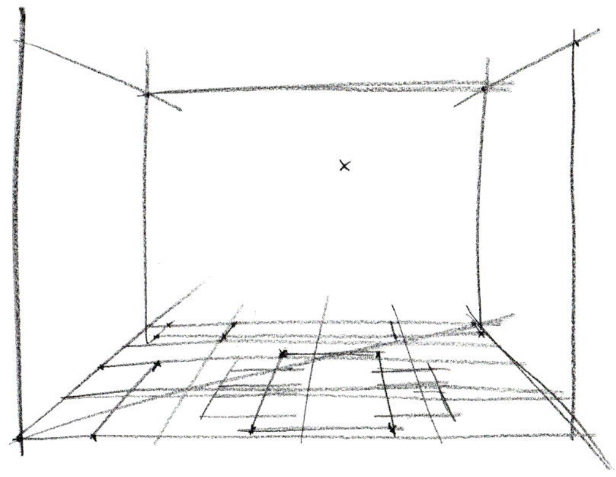

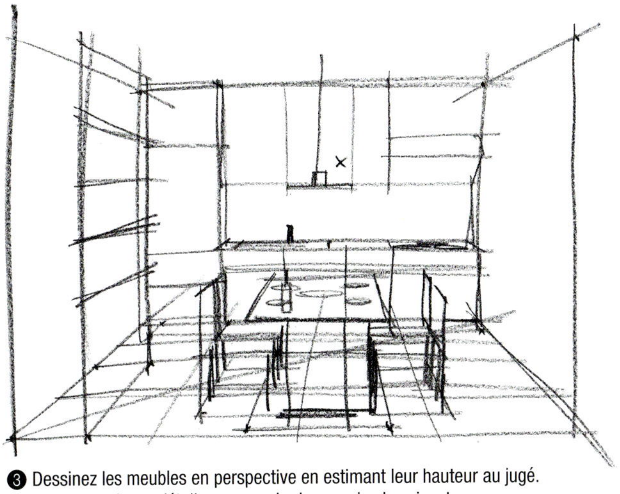

❸ Dessinez les meubles en perspective en estimant leur hauteur au jugé. Ajoutez quelques détails pour rendre le croquis plus vivant.

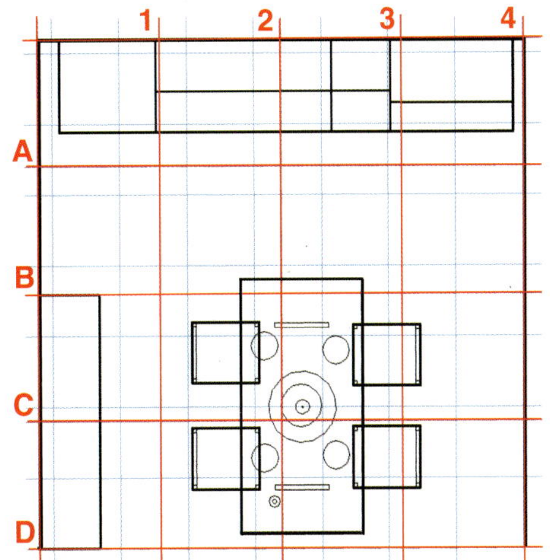

Tracez le plan de la cuisine et ajoutez un quadrillage composé de cases carrées mesurant 3,5 cm de côté. La numérotation des lignes horizontales et verticales facilite le positionnement des meubles sur le dessin en perspective.

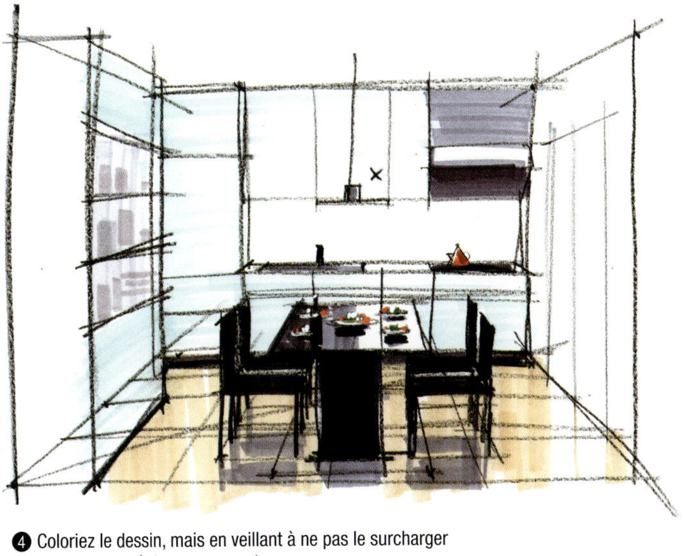

❹ Coloriez le dessin, mais en veillant à ne pas le surcharger (ici, on a utilisé des marqueurs).

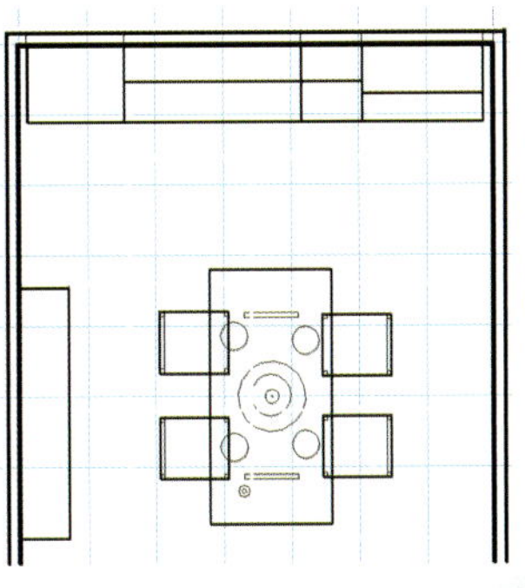

Plan précis de la cuisine servant de référence pour réaliser le dessin en perspective.

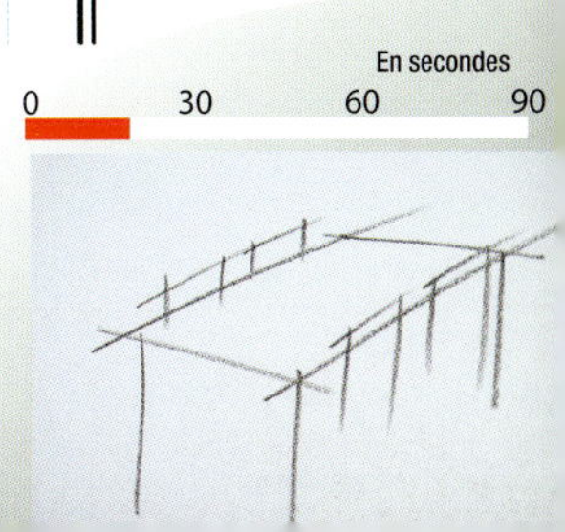

Exercice 3 : chambre

❶ Définissez l'espace en appliquant la méthode expliquée pages 76-77, mais en travaillant à main levée.
Placez le point de fuite un peu au-dessus du mur arrière, à une hauteur correspondant à 2,70 m-3 m en taille réelle.

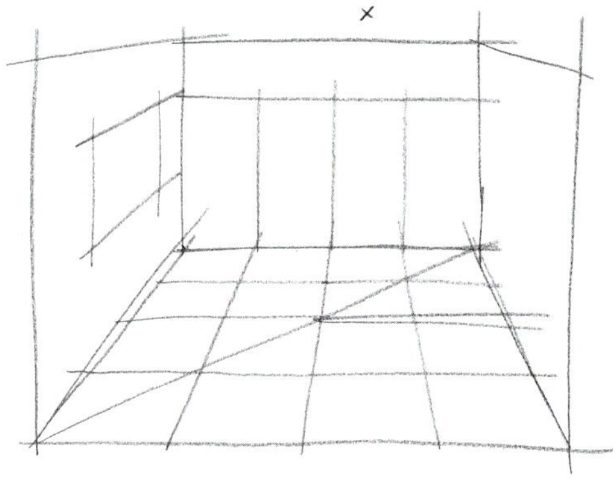

❷ Positionnez les meubles en reportant les indications fournies par le quadrillage du plan (en rouge sur l'illustration ci-dessous, à gauche).

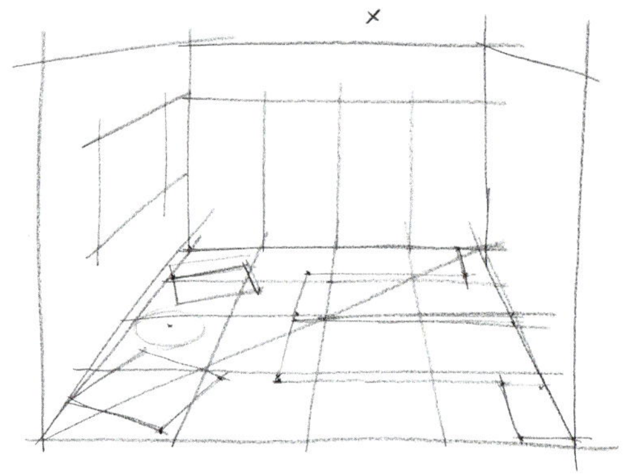

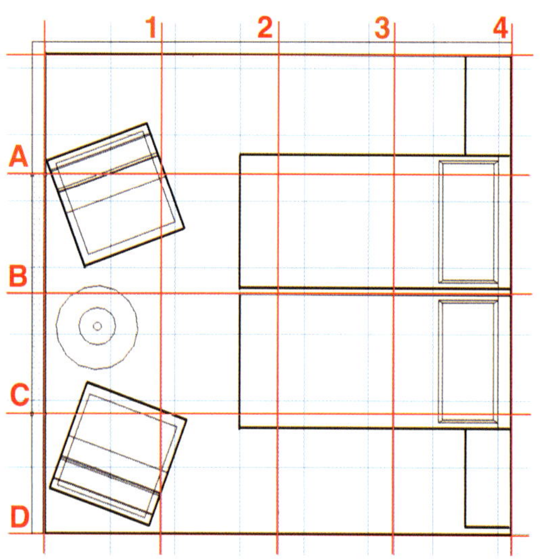

Tracez le plan de la chambre et ajoutez un quadrillage composé de cases carrées mesurant 3,5 cm de côté. La numérotation des lignes horizontales et verticales facilite le positionnement des meubles sur le dessin en perspective.

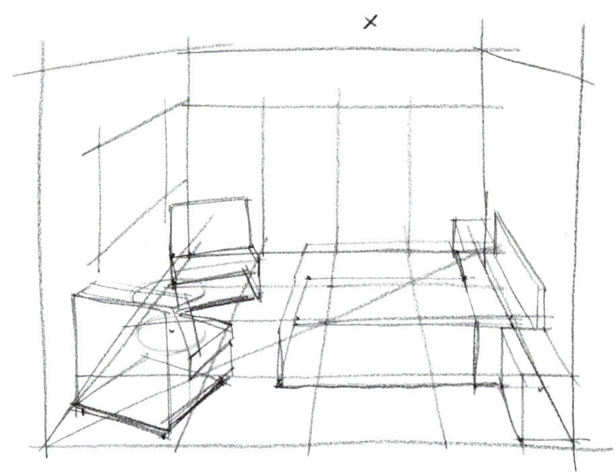

❸ Dessinez les meubles en perspective en estimant leur hauteur au jugé.

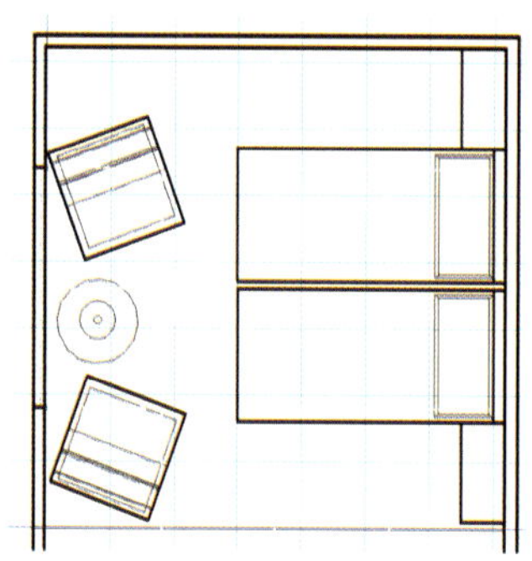

Plan précis de la chambre servant de référence pour réaliser le dessin en perspective.

❹ Ajoutez des touches de couleur et des ombres en veillant à équilibrer la composition (ici, on a utilisé des crayons de couleur).

En secondes
0 30 60 90

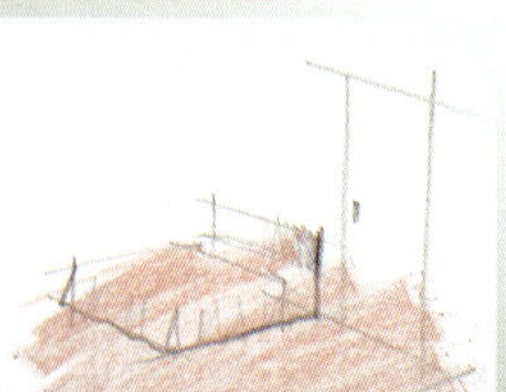

Choisir un point de vue

Le point de vue est un critère fondamental dans l'élaboration d'un dessin en perspective, car il affecte la vision du projet que vous donnez à votre client. Une même pièce peut dégager une atmosphère radicalement différente selon l'angle sous lequel elle est dessinée. Avant de choisir un point de vue, réfléchissez aux points forts que vous souhaitez valoriser.

Sur le plan, la flèche rouge indique le point de vue choisi : il s'agit d'une perspective centrale. Le point de fuite a été placé à hauteur des yeux, comme si l'observateur regardait droit devant lui, vers la porte-fenêtre située au centre du mur arrière. Ce point de vue permet de représenter cinq surfaces sur les six qui constituent la pièce : trois murs, le sol, le plafond. Il fournit par conséquent de très nombreuses indications. Comme elle n'exige qu'un point de fuite, cette solution ne pose pas de problème majeur. Il est facile d'apprendre à l'exécuter. Les dessins qui en résultent donnent une impression de calme et d'équilibre.

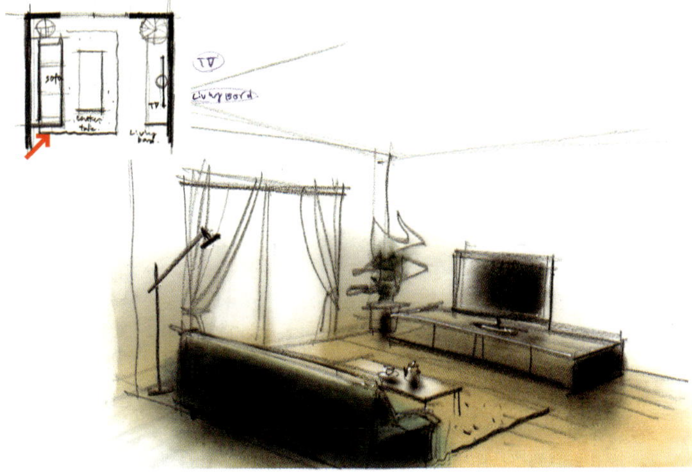

Sur le plan, la flèche rouge indique que le point de vue est en biais, de gauche à droite. Le point de mire est le meuble de télévision. On ne voit que quatre surfaces sur les six qui constituent la pièce : deux murs, le sol, le plafond. Le dessin est plus complexe à réaliser qu'une perspective centrale, car il nécessite deux points de fuite. En revanche, cette solution définit clairement l'usage de la pièce en focalisant l'attention sur le canapé et le téléviseur, et en souligne le caractère relaxant.

Sur le plan, la flèche rouge indique que le point de vue est en biais, de droite à gauche. Comme sur la solution précédente, on ne voit que quatre surfaces sur les six qui constituent la pièce : deux murs, le sol, le plafond. Ici, l'attention est attirée sur le canapé et les détails chaleureux qui l'entourent : coussins, tableau, table basse...

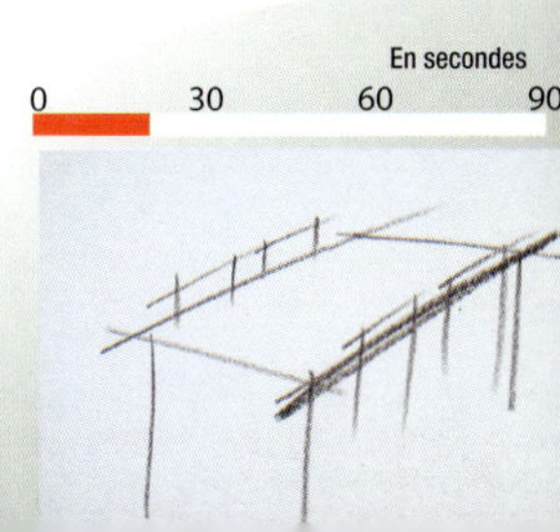

Application 1 : salle de séjour

Le point fort de cet exercice d'application consiste à focaliser l'attention sur la luminosité offerte par la porte-vitrée coulissante du fond. Vous devez parvenir à suggérer une sensation d'espace et de confort.

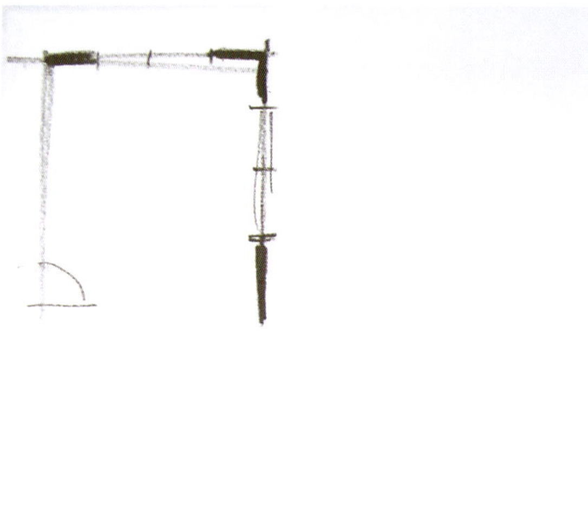

❶ Dessinez un plan simple lors d'une première rencontre avec votre client.

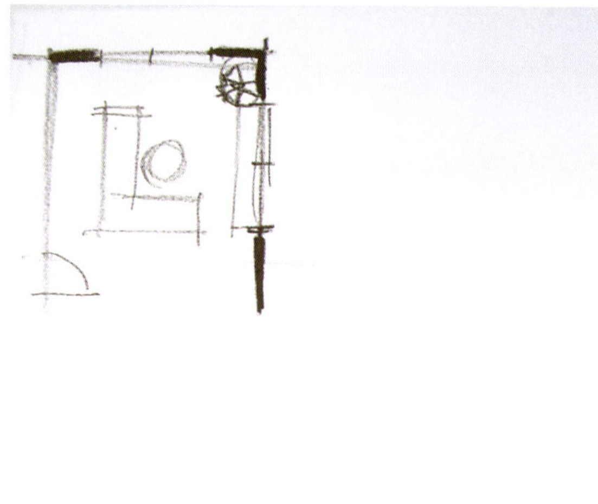

❷ Ébauchez les meubles sur le plan.

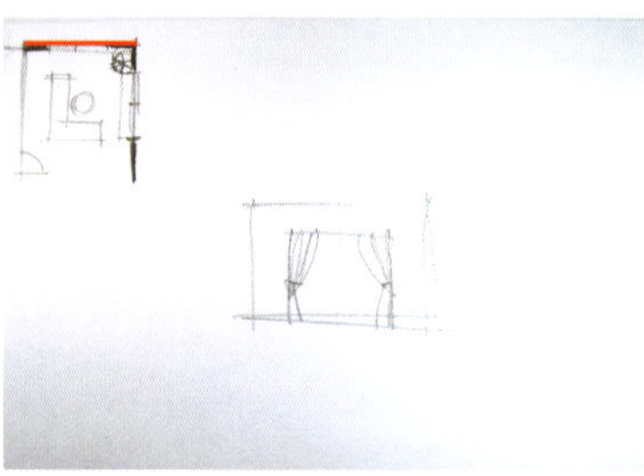

❸ En vous basant sur le plan, commencez à représenter l'espace en perspective centrale. Au centre de la composition, placez le mur arrière et sa porte-vitrée (en rouge sur le plan).

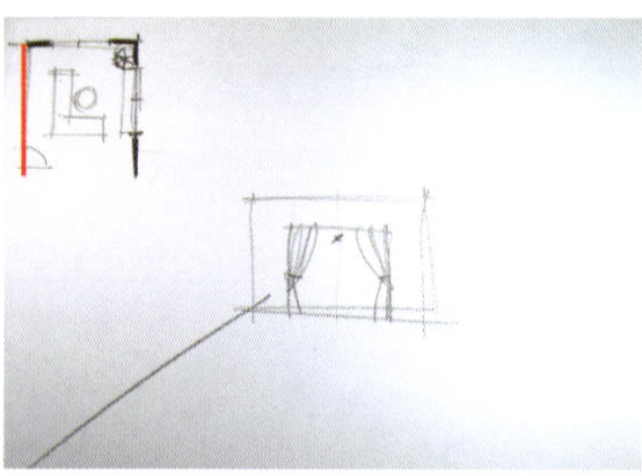

❹ Placez le pointe de fuite au centre de la porte-fenêtre, à hauteur des yeux. Tracez la base du mur de gauche (en rouge sur le plan).

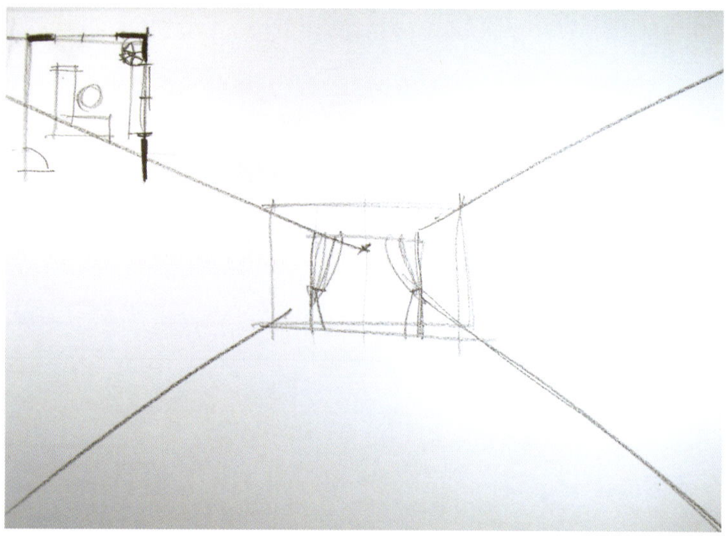

❺ Tracez les trois autres lignes de fuite permettant de définir la hauteur des murs, le sol et le plafond.

En secondes

0 30 60 90

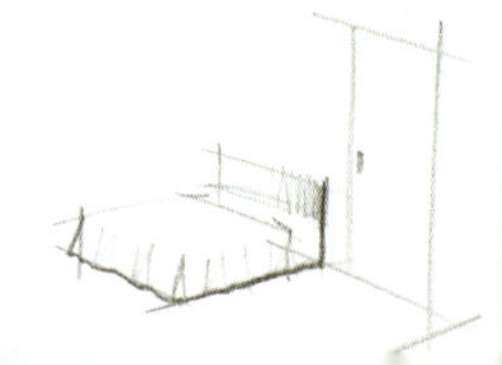

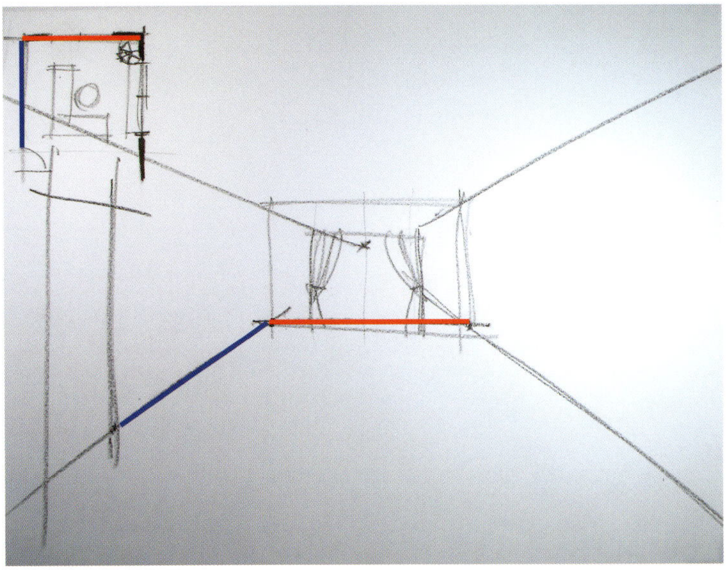

6 En vous reportant aux indications du plan, déterminez l'emplacement de la porte sur le mur de gauche (en bleu sur le plan). Sa hauteur est à peu près identique à celle de la porte-fenêtre du mur arrière (en rouge sur le plan). Dessinez la porte.

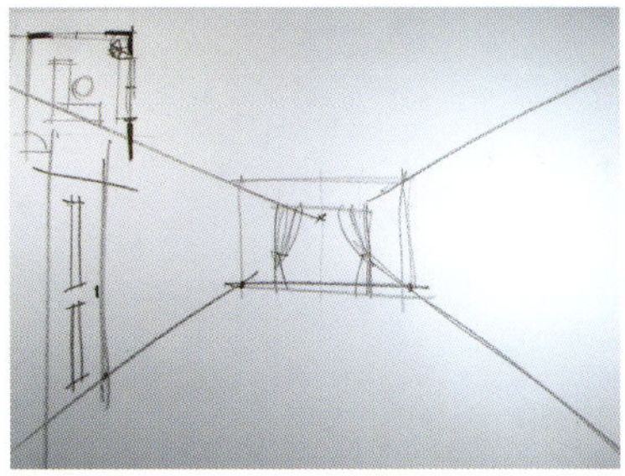

7 Esquissez les moulures de la porte.

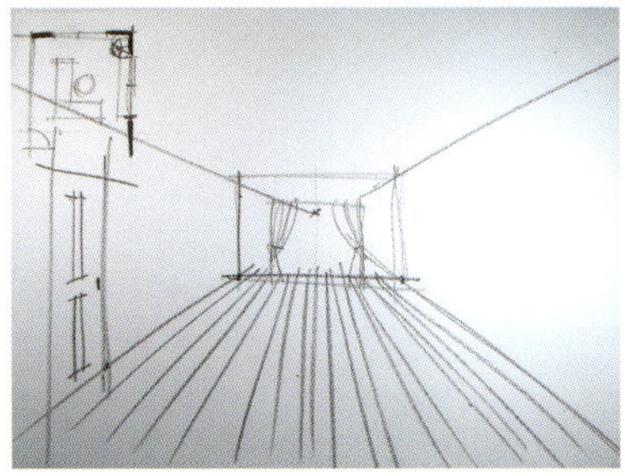

8 Tracez rapidement les lames du parquet.

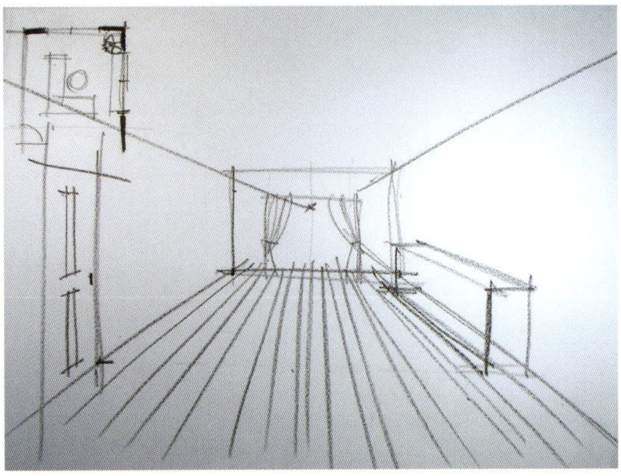

9 Dessinez le meuble de télévision.

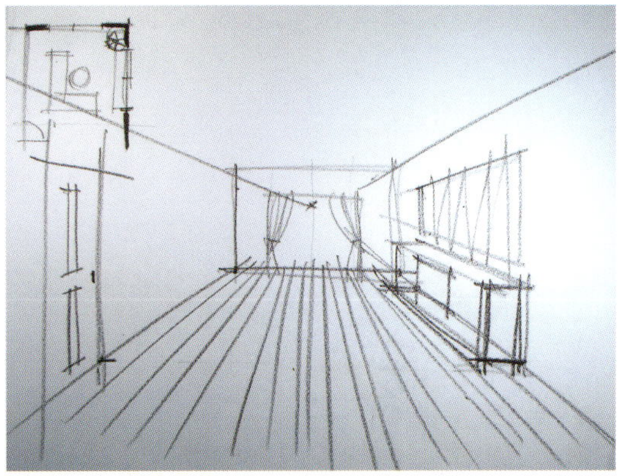

10 Ajoutez le téléviseur en le centrant sur la façade du meuble.

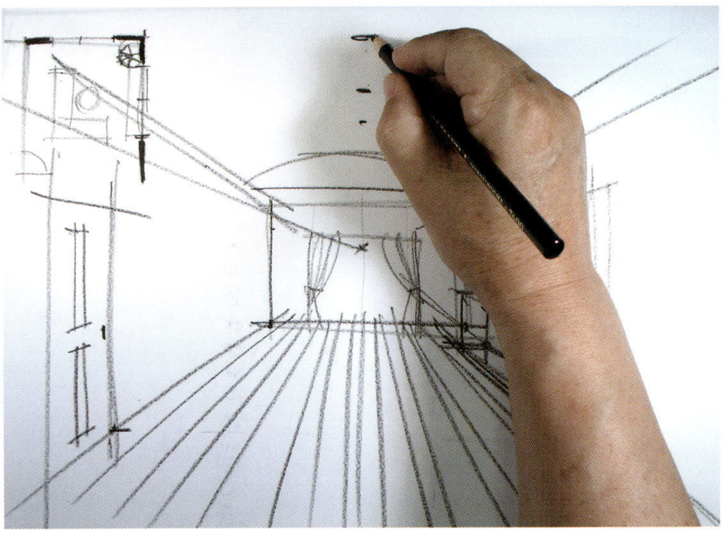

11 Dessinez les spots encastrés du plafond.

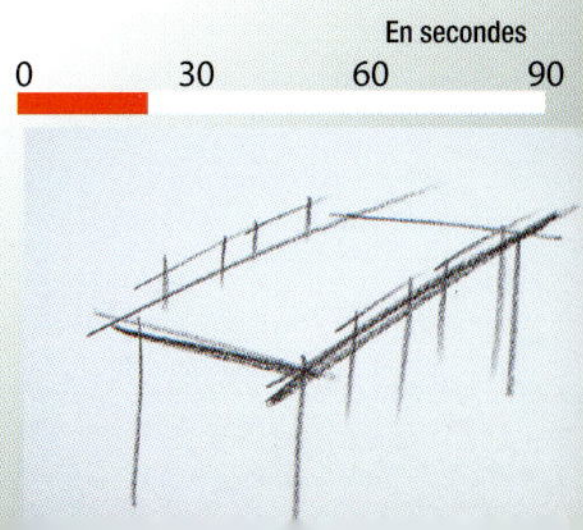

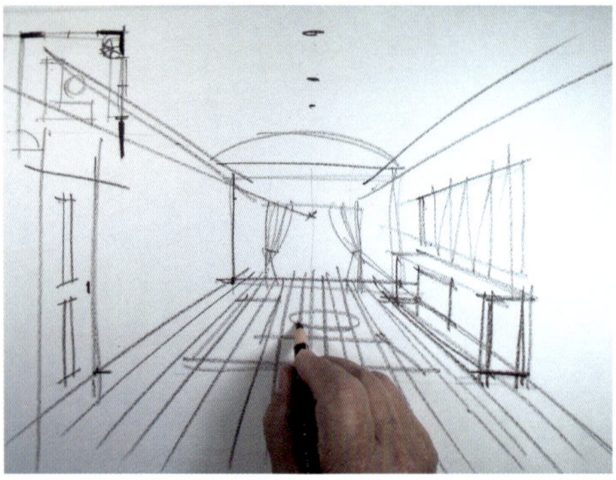

⓬ Sur le sol, tracez l'encombrement du canapé et de la table basse.

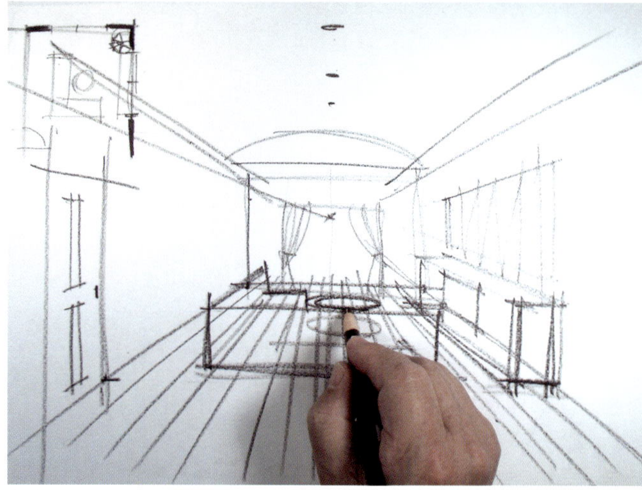

⓭ Élevez le canapé et la table en perspective.

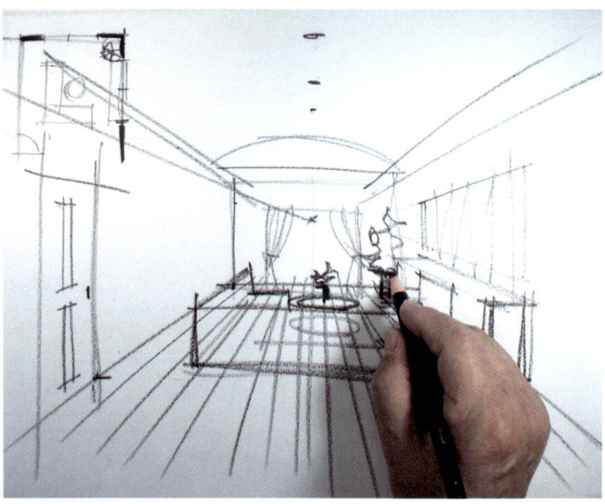

⓮ Ajoutez une plante verte par terre et un bouquet de fleurs sur la table.

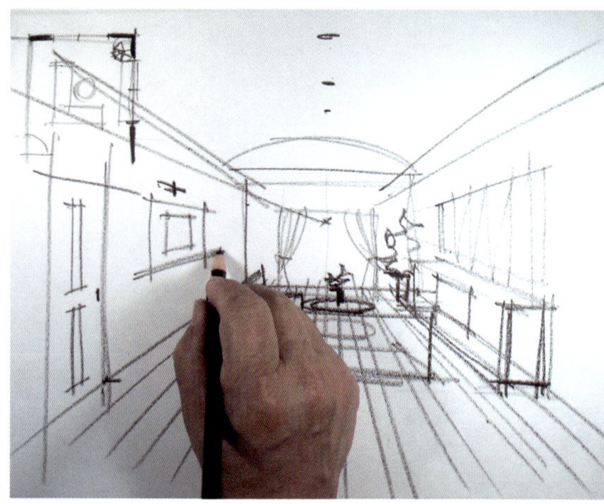

⓯ Afin d'équilibrer la composition, ajoutez un tableau sur le mur de gauche. Le dessin au trait est terminé.

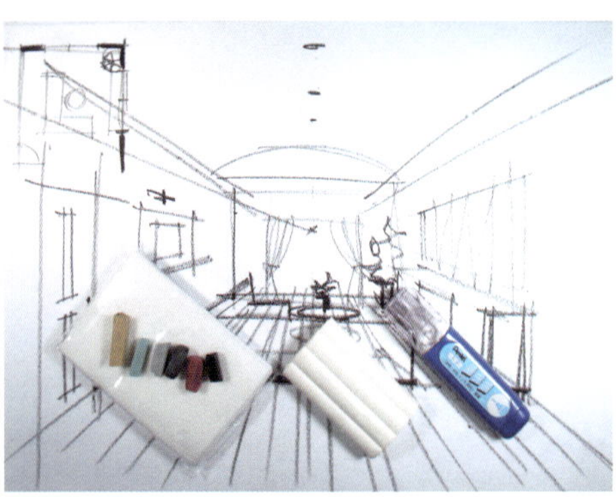

⓰ Munissez-vous des outils nécessaires à la mise en couleur : pastels, papier absorbant, gomme mie de pain, stylo correcteur.

⓱ Avec un pastel, posez de larges touches souples sur le sol.

En secondes
0 30 60 90

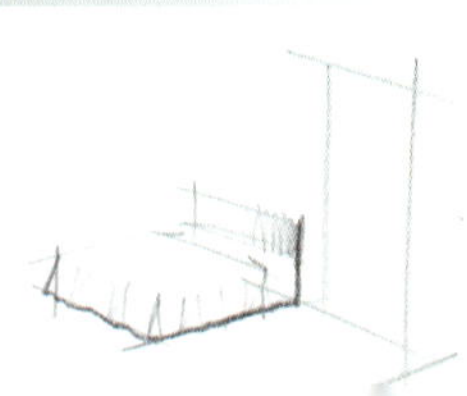

18 Estompez délicatement la couleur avec du papier absorbant.

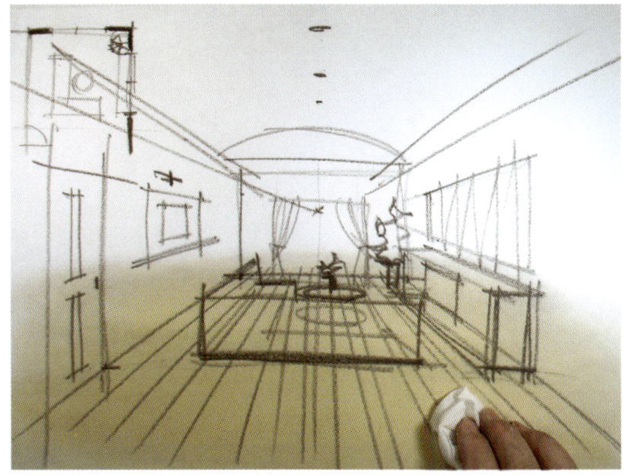

19 Pour obtenir un aplat régulier, effectuez de larges mouvements circulaires avec le papier.

20 Ombrez le meuble de télévision en utilisant la même teinte que sur le sol.

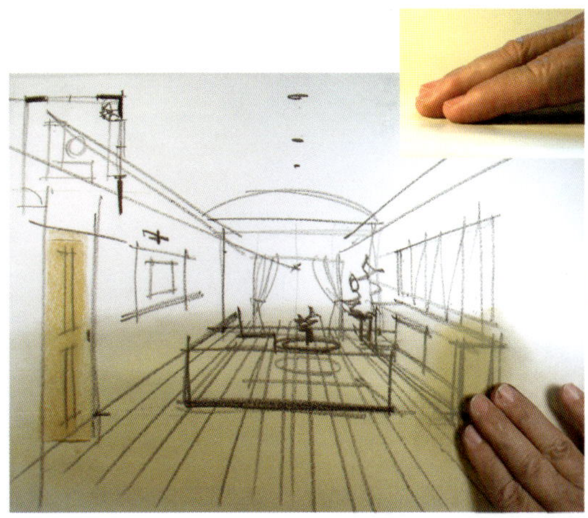

21 Estompez la couleur du meuble du bout des doigts. Vous obtenez une teinte plus soutenue qu'avec du papier absorbant.

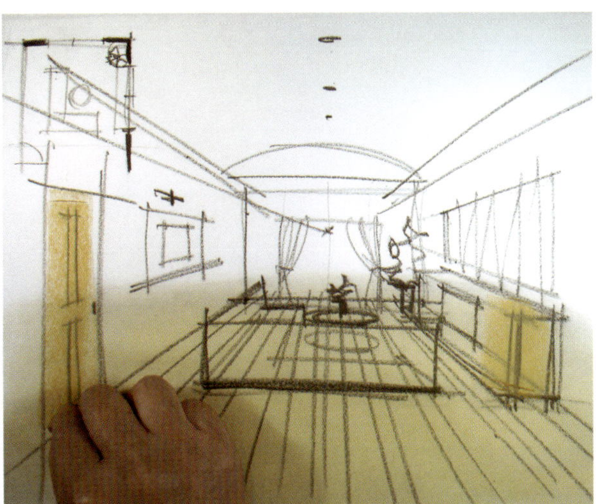

22 Coloriez la porte en employant toujours la même teinte.

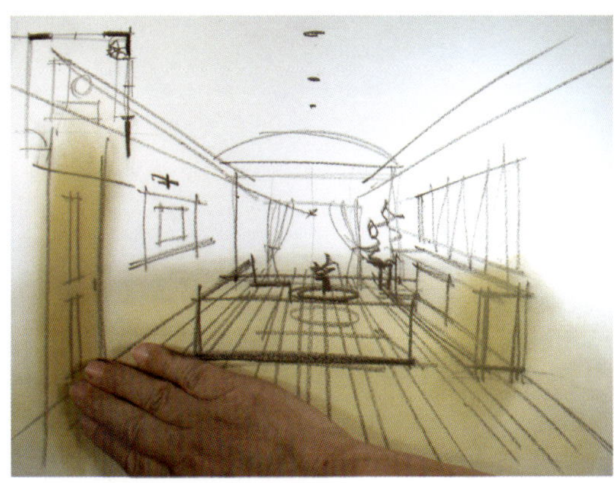

23 Estompez la couleur sur la porte sans hésiter à la faire déborder des contours.

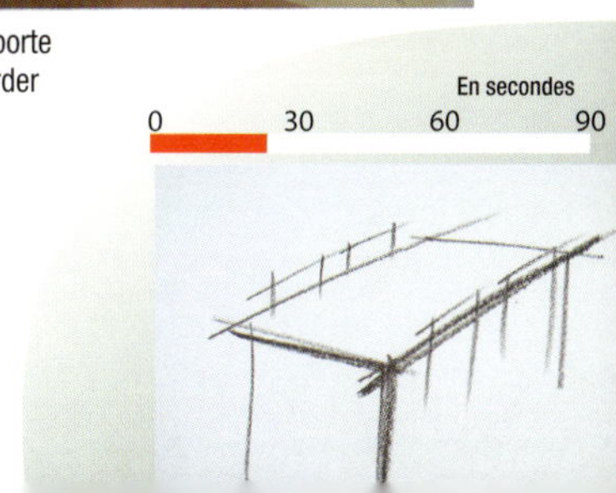

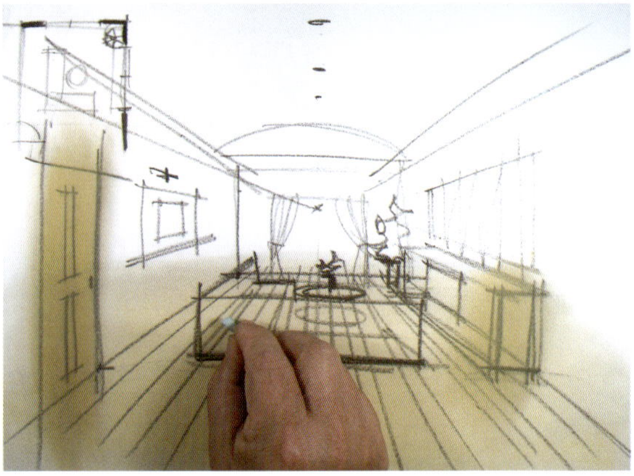

24 Coloriez le canapé avec un pastel clair.

25 Soulignez les plis des rideaux avec la même couleur que le canapé.

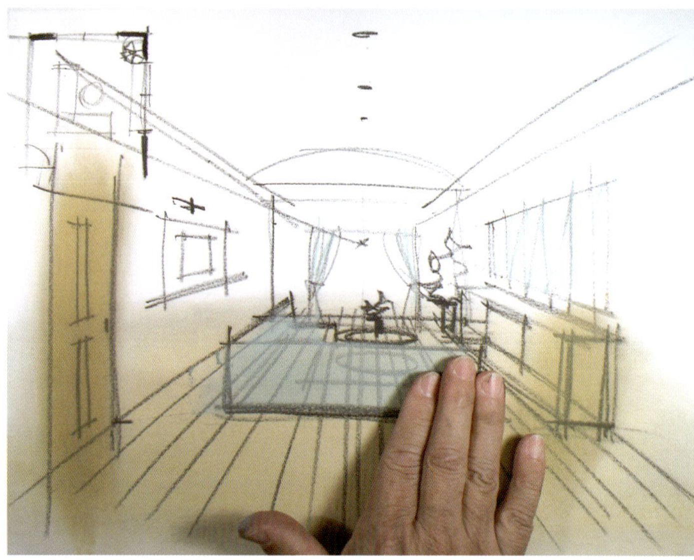

26 Estompez le dossier du canapé du bout des doigts en laissant la couleur déborder des contours.

27 Teintez le plafond avec un pastel gris pâle. Ne le coloriez pas entièrement, mais posez juste des touches sur la voûte.

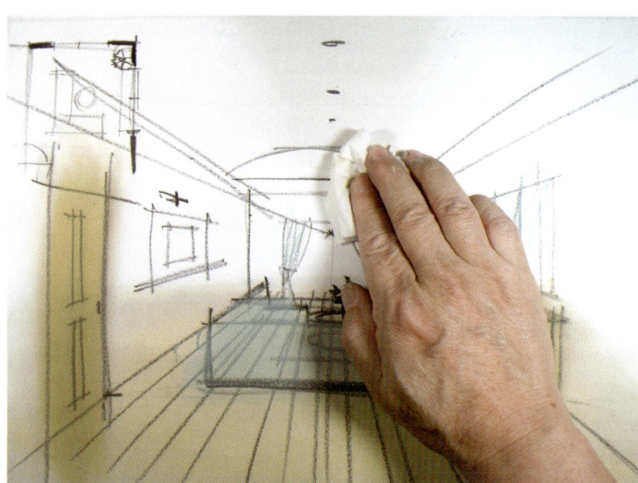

28 Estompez la couleur du plafond avec du papier absorbant.

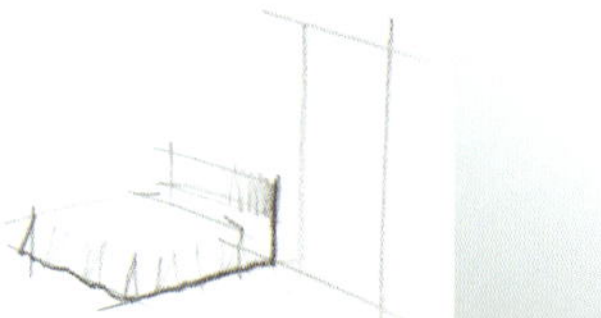

29 Posez des touches de couleur sur la plante verte et les fleurs.

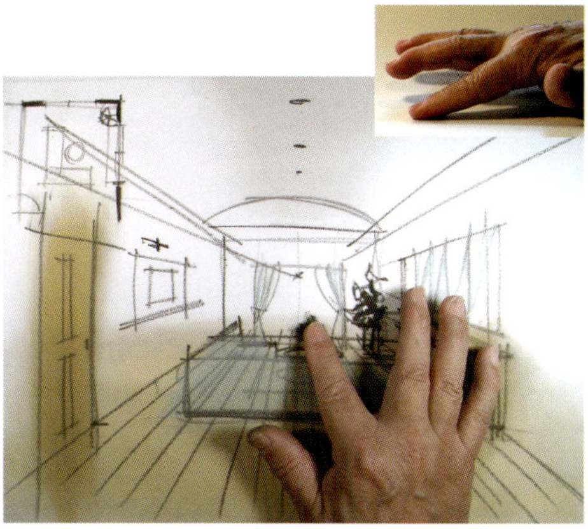

30 Avec le bout du doigt, estompez les touches posées à l'étape précédente.

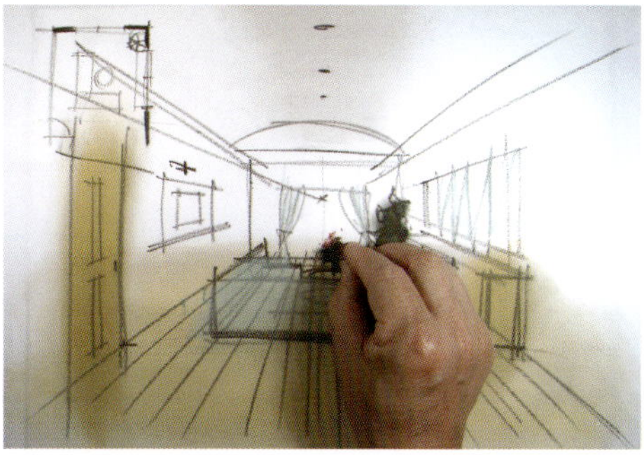

31 Détaillez les fleurs.

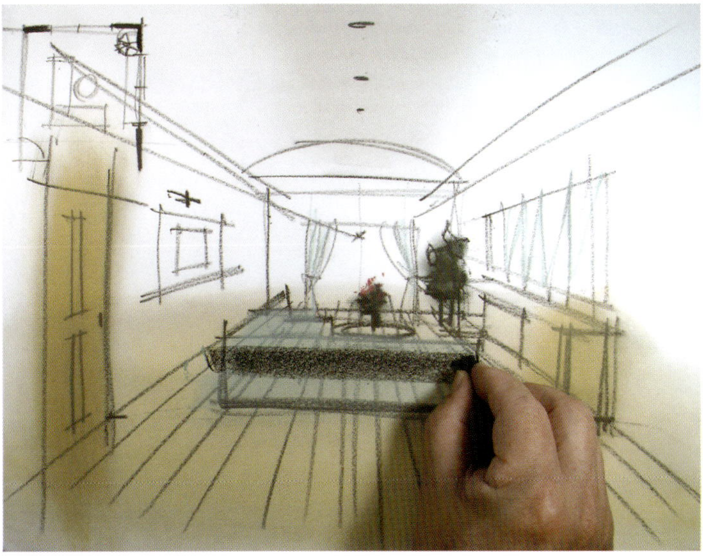

32 Ombrez le dossier du canapé avec un pastel noir.

33 Ajoutez des ombres noires sur le côté du meuble et sur le téléviseur.

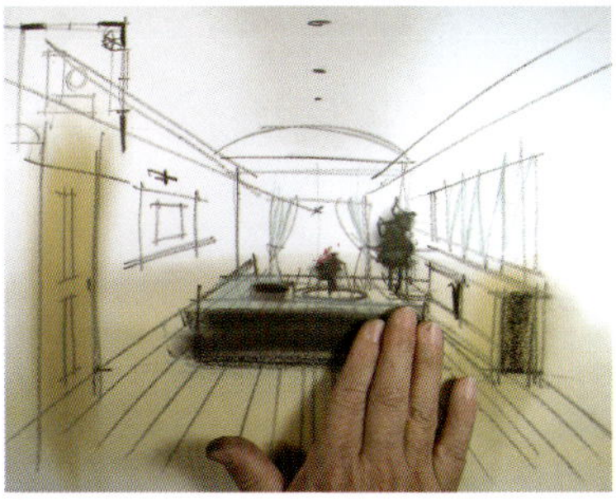

34 Estompez l'ombre du canapé du bout des doigts en les faisant dépasser des contours.

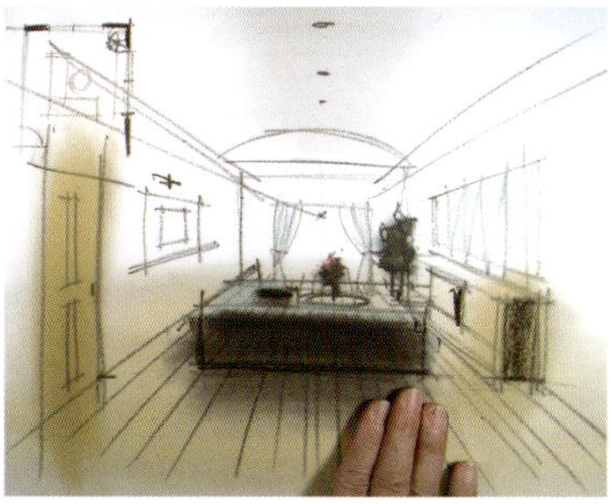

35 En utilisant toujours le pastel noir, figurez l'ombre du canapé sur le parquet, puis estompez-la.

En secondes

0 30 60 90

36 Estompez l'ombre du téléviseur du bout du doigt.

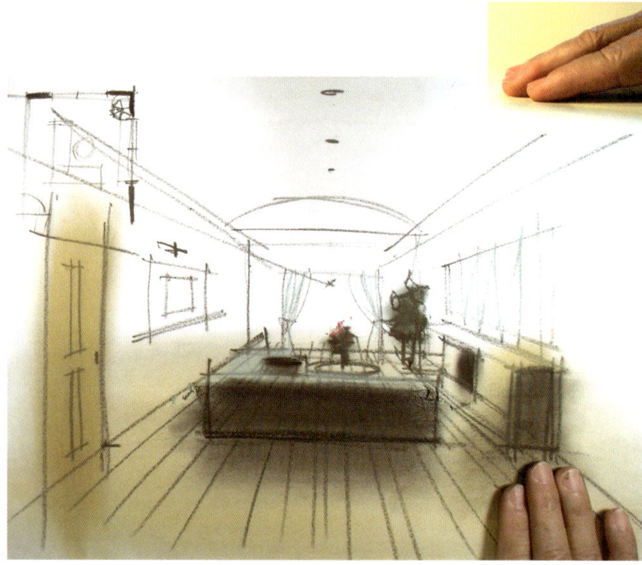

37 Sur le côté du meuble, estompez l'ombre du bout des doigts.

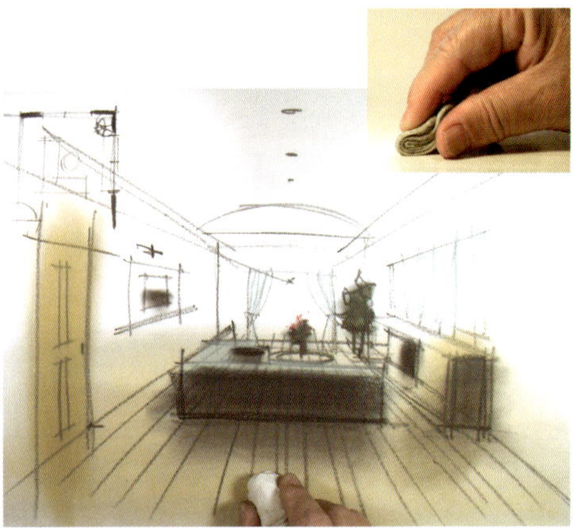

38 Sur le sol, retirez de la couleur avec la gomme mie de pain pour marquer les reflets de la surface.

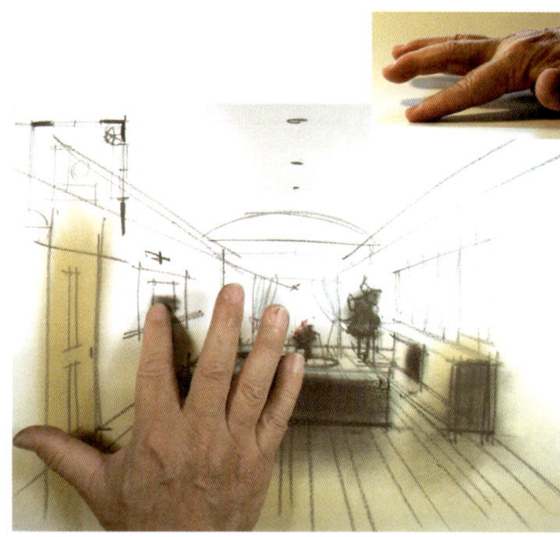

39 Frottez le bout du doigt sur le pastel noir, puis passez-le sur le tableau de façon à l'ombrer.

40 Avec la gomme mie de pain, retirez sur le sol une large zone de couleur pour représenter le reflet de la porte-fenêtre. Veillez à ne pas effacer l'ombre portée du canapé.

41 En utilisant toujours la gomme, créez d'autres reflets sur le sol et le meuble, en vous assurant de respecter la direction de la lumière.

En secondes
0 30 60 90

42 La mise en couleur est terminée. Tout en veillant à l'équilibre général, soulignez les endroits qui l'exigent avec un crayon à la cire noir.

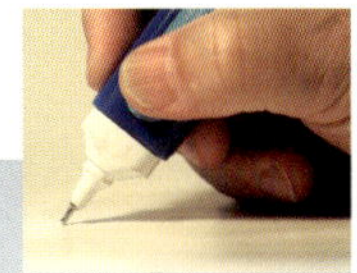

43 Utilisez un stylo correcteur pour poser des reflets vifs çà et là.

44 Sur le canapé, soulignez de blanc le haut du dossier. Employez le stylo correcteur avec parcimonie afin de préserver l'impact des rehauts.

45 Voici le résultat auquel vous devez tenter de parvenir. La clé du succès réside dans le soin accordé aux reflets de la porte-fenêtre et à l'ombre douce sur le dossier du canapé.

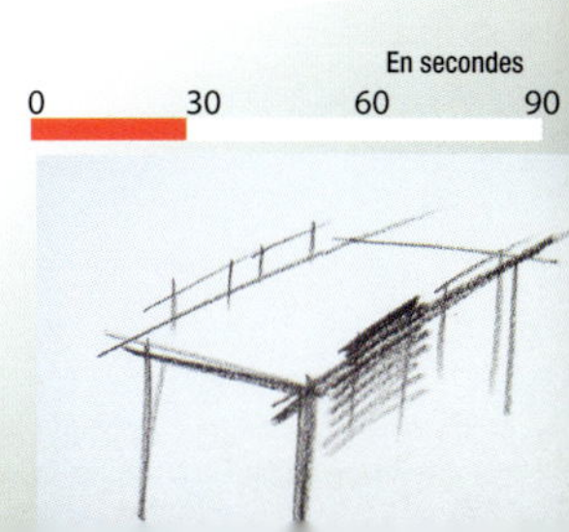

Application 2 : cuisine avec éléments en L

Cet exercice d'application repose sur une perspective centrale mais, contrairement au procédé classique, on commence par dessiner les meubles. Le point de fuite n'est placé qu'ensuite – il est même possible de s'en passer complètement. L'ensemble est exécuté à main levée, sans règle. L'objectif est de donner rapidement forme à l'idée du client, à la façon dont il souhaite aménager l'espace.

❶ Dessinez un plan simple montrant la disposition des meubles.

❷ En vous servant du plan comme référence, dessinez les formes de base des éléments en L du bas.

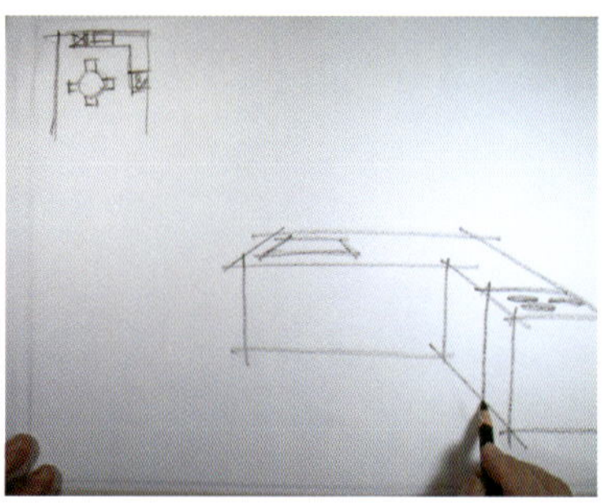

❸ Tracez l'évier et la table de cuisson.

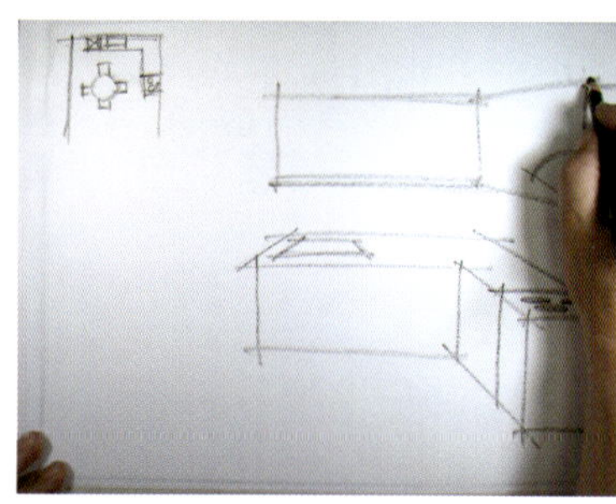

❹ Tracez les éléments du haut et la hotte. Contrôlez l'équilibre de l'ensemble à mesure que vous travaillez.

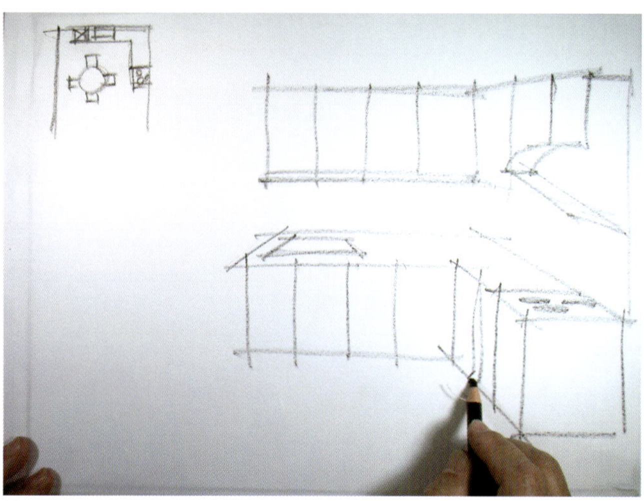

❺ Tracez les lignes verticales indiquant les portes. (Vous pouvez attendre d'avoir consulté votre client avant de les placer.)

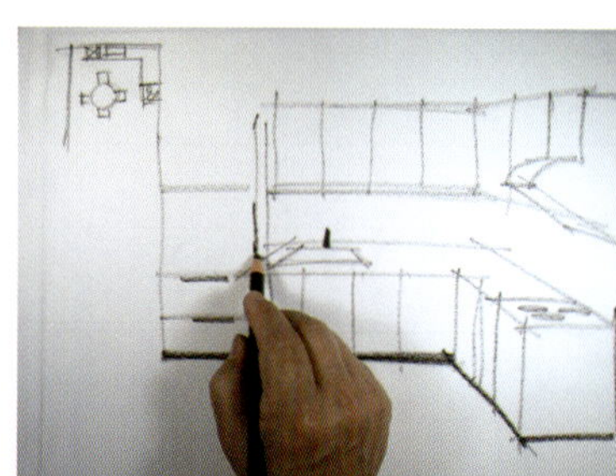

❻ Dessinez le réfrigérateur.

En secondes
0 30 60 90

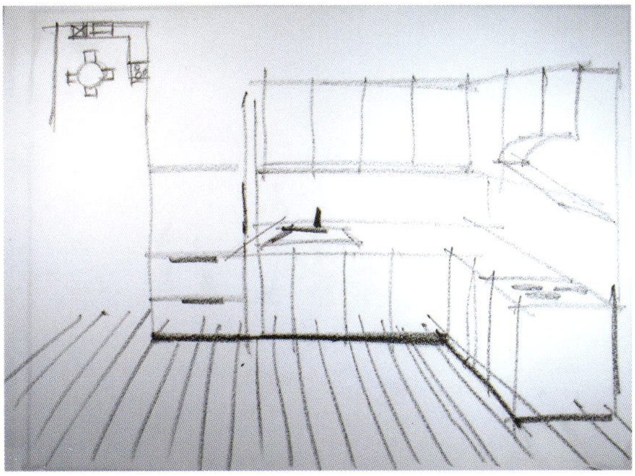

❼ En travaillant aussi vite que possible, esquissez les lames du parquet.

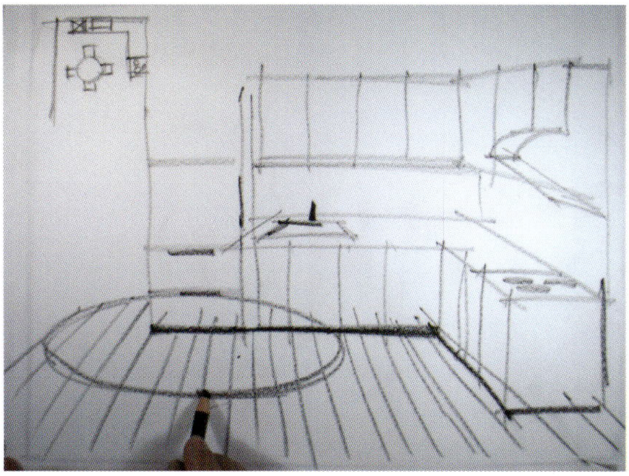

❽ Tracez une ellipse figurant la table.

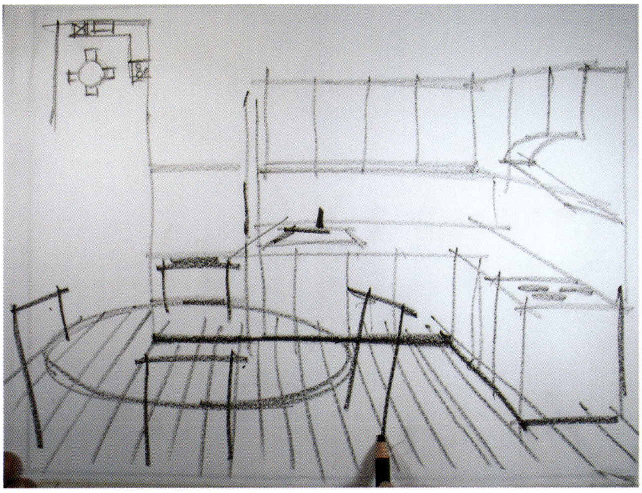

❾ Autour de la table, dessinez quatre chaises schématisées au maximum.

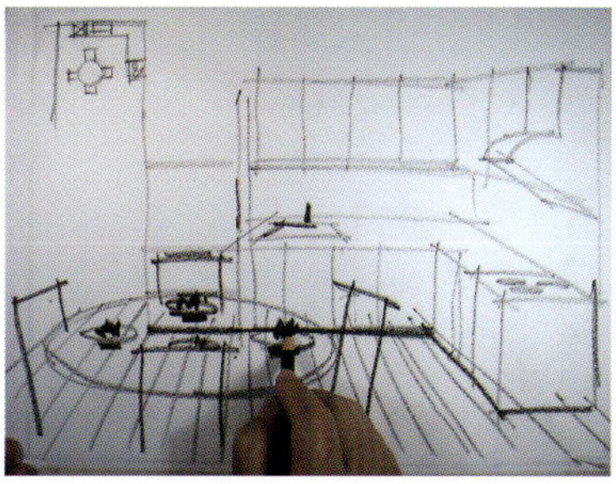

❿ Sur la table, ébauchez la vaisselle d'un repas à l'aide de traits vifs et épais.

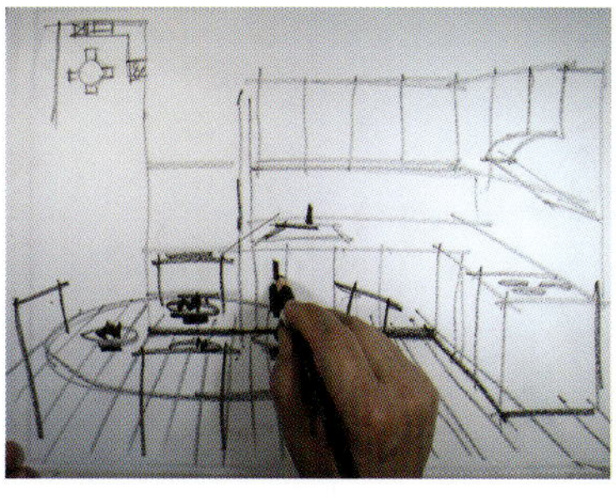

⓫ Ajoutez une bouteille de vin, elle aussi schématisée au maximum.

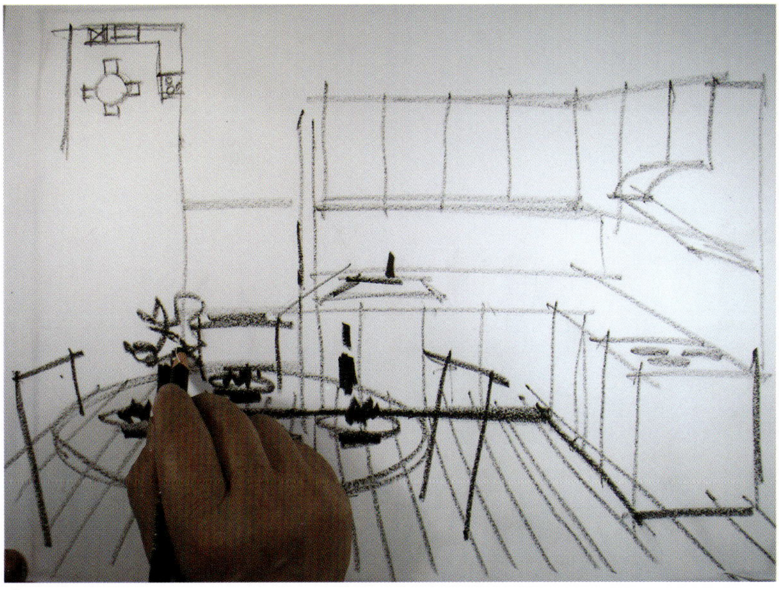

⓬ Esquissez un bouquet de fleurs dans un vase. La phase du dessin au trait est terminée.

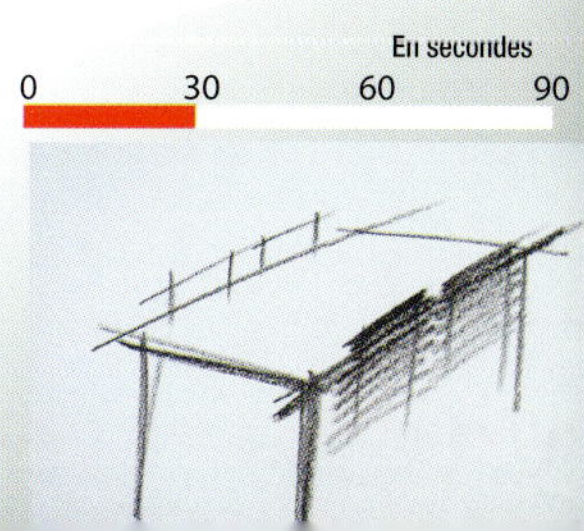

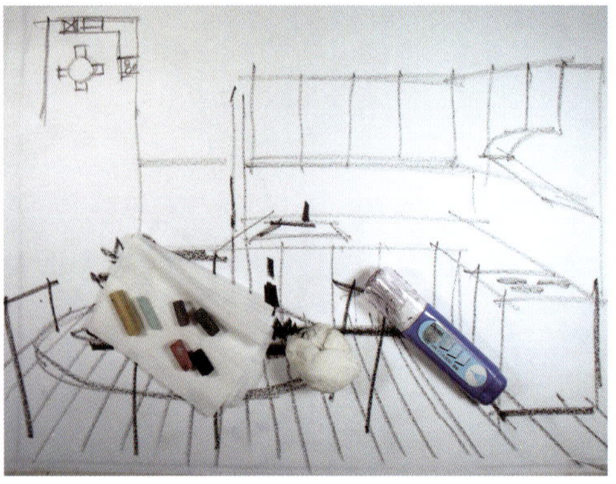

⓭ Le dessin au trait est terminé. Pour la mise en couleur, munissez-vous de pastels, de papier absorbant, d'une gomme mie de pain et d'un stylo correcteur.

⓮ Appliquez souplement des touches de couleur sur le parquet.

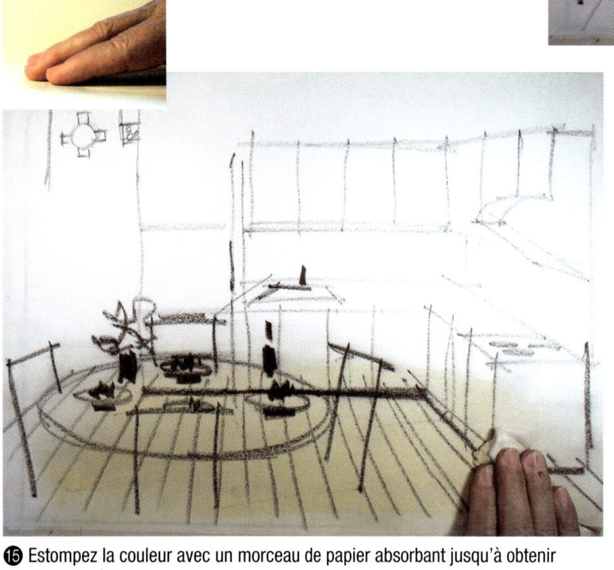

⓯ Estompez la couleur avec un morceau de papier absorbant jusqu'à obtenir un aplat régulier.

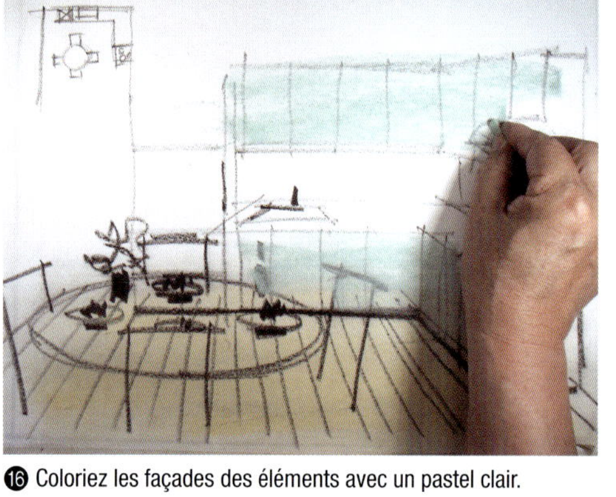

⓰ Coloriez les façades des éléments avec un pastel clair.

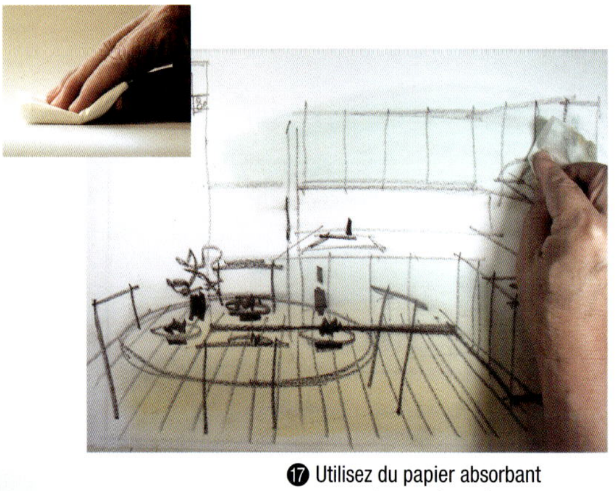

⓱ Utilisez du papier absorbant pour estomper la couleur des façades, en la laissant déborder des contours.

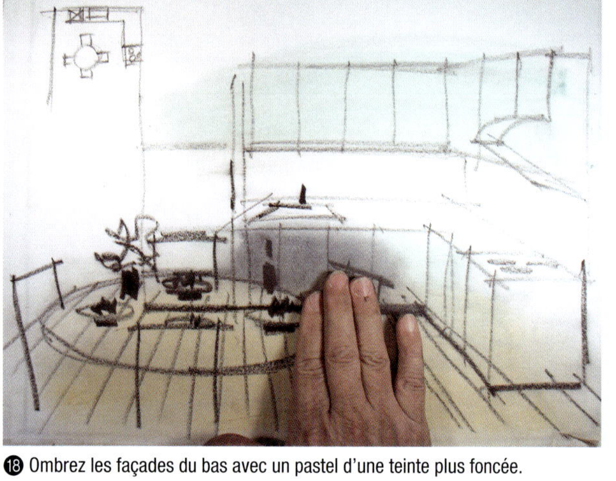

⓲ Ombrez les façades du bas avec un pastel d'une teinte plus foncée.

En secondes
0 30 60 90

⓳ Coloriez le plateau de la table, puis estompez la couleur du bout des doigts.

⓴ Coloriez le dossier des chaises avec une couleur vive.

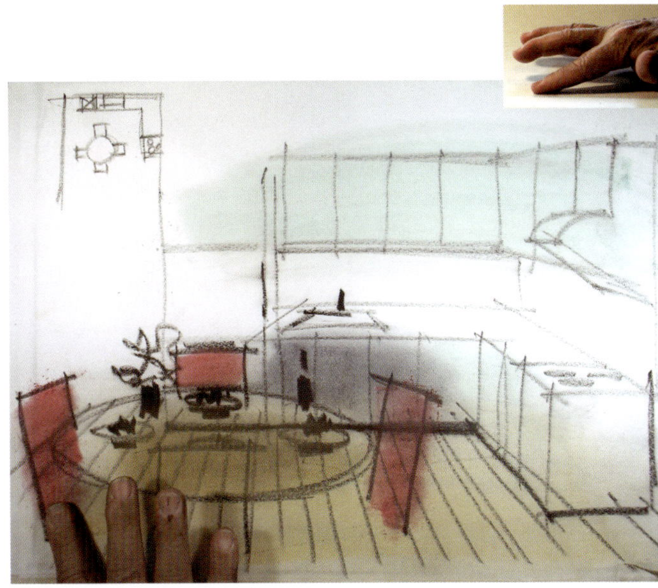

㉑ Estompez la couleur des dossiers du bout du doigt, sans hésiter à déborder des contours.

㉒ Sur les assiettes, figurez sommairement la nourriture en utilisant la même couleur que pour les chaises.

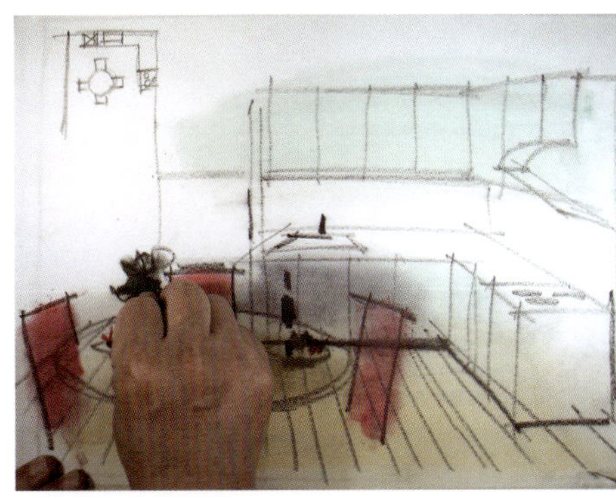

㉓ Coloriez le feuillage du bouquet de fleurs.

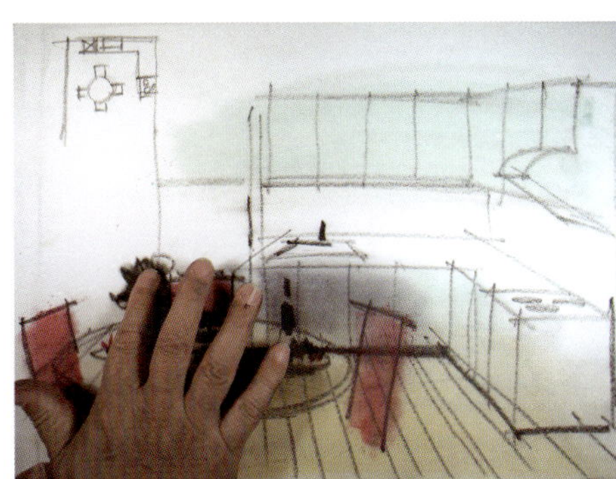

㉔ Estompez le feuillage du bout du doigt.

En secondes

0 30 60 90

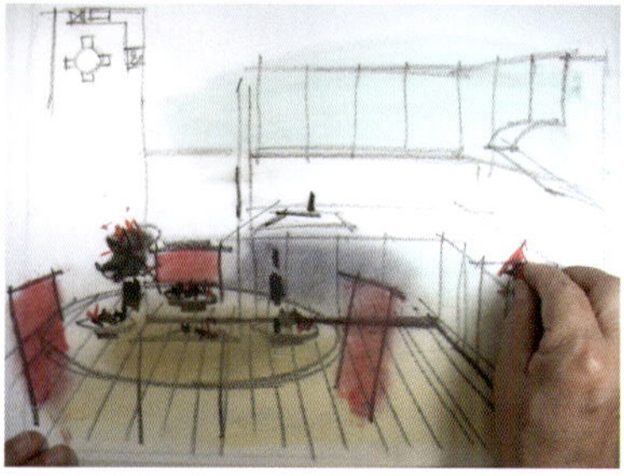

㉕ Afin d'équilibrer la composition, utilisez encore la couleur des chaises pour esquisser les fleurs et, sur les éléments du bas, une bouilloire.

㉖ Bien qu'aucun luminaire ne soit visible, induisez un éclairage au plafond, à l'aplomb de la table. Pour ce faire, avec un pastel noir, posez des ombres sur le côté des éléments et de la hotte, sur le dossier de la chaise située au premier plan, sur les objets disposés sur la table. Ce sont les ombres des éléments et de la chaise qui guident l'œil à travers la composition.

㉗ Sur le dossier de la chaise du premier plan, estompez l'ombre du bout des doigts.

En secondes
0 30 60 90

❷❽ Toujours dans le but de suggérer l'éclairage, posez des touches de pastel gris sous les éléments du haut, puis estompez-les avec les doigts.

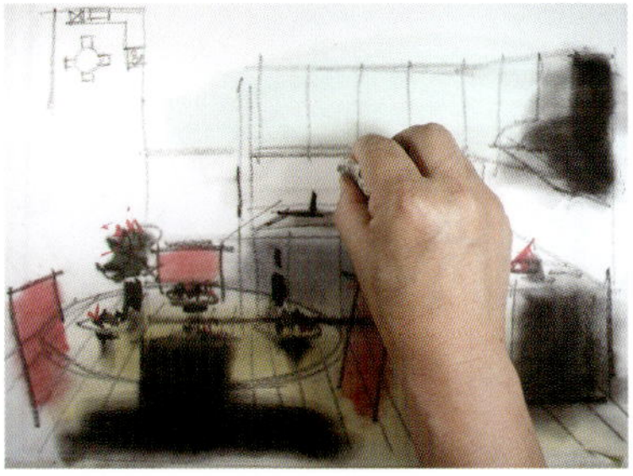

❷❾ Sur les touches grises de l'étape précédente, créez des reflets en retirant de la couleur avec la gomme mie de pain.

❸⓿ Utilisez aussi la gomme pour créer des reflets sur le parquet. Modulez l'effet de façon réaliste sur l'ensemble du dessin.

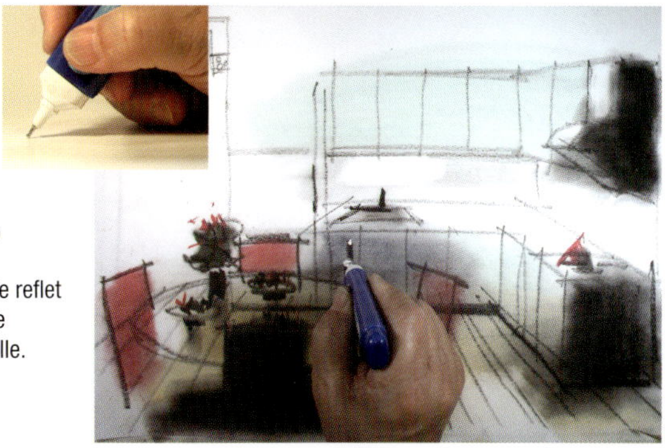

❸❶ Avec le stylo correcteur, symbolisez le reflet de la lumière sur la bouteille.

❸❷ De la même façon, mettez en relief la vaisselle et la nourriture.

❸❸ Rehaussez aussi le bouquet de fleurs et la tranche de la table.

❸❹ Pour finir, en pensant toujours à l'équilibre de la composition, soulignez les endroits qui l'exigent avec un crayon à la cire noir.

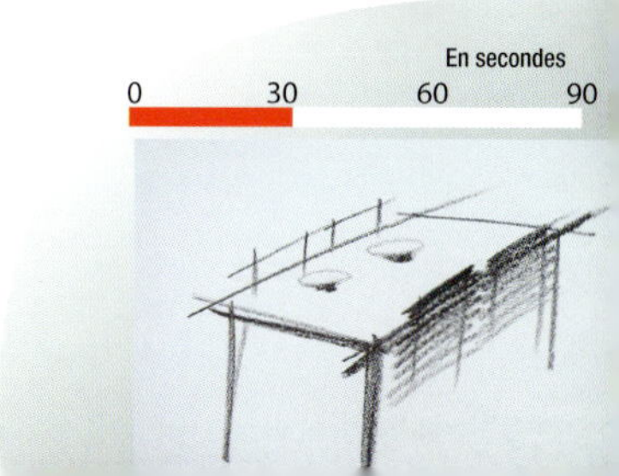

Application 3 : chambre, avec deux points de fuite

Face à un client, il est parfois plus facile de discuter d'un projet en commençant par dessiner le mobilier, puis en « construisant » l'espace autour. Cette solution permet plus facilement d'obtenir une composition équilibrée. Toutefois, votre dessin en perspective ne sera pas satisfaisant si vous n'avez pas une idée précise de la disposition des meubles. Aussi est-il utile de les situer au préalable sur un plan.

❶ Ébauchez la terrasse sur laquelle donne la chambre.

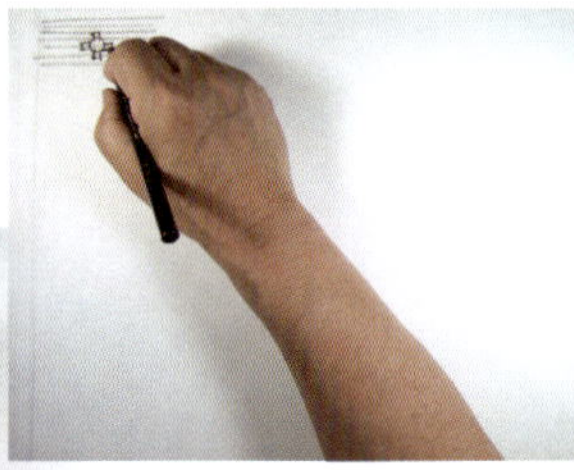

❷ En suivant les souhaits de votre client, tracez la table et les chaises de jardin.

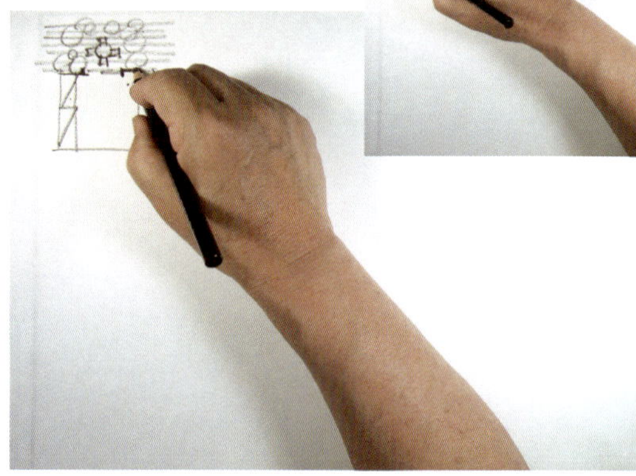

❸ Tracez le plan de la chambre et situez la porte-fenêtre.

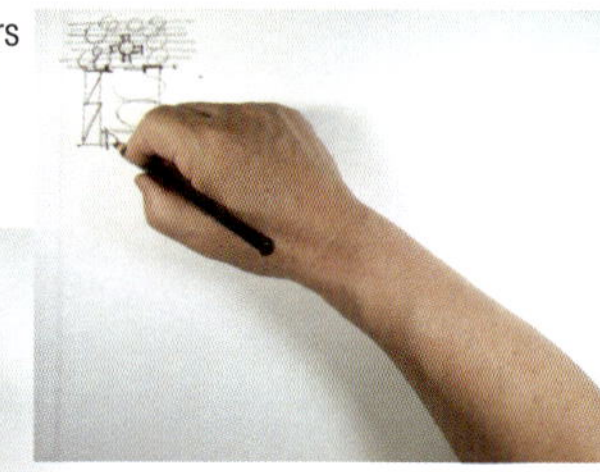

❹ En vous référant toujours au désir de votre client, placez les meubles de la chambre.

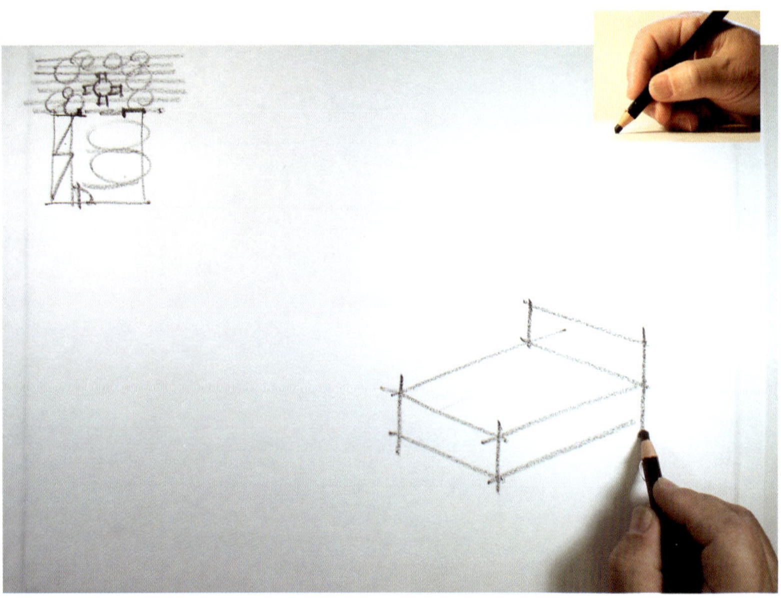

❺ Élevez le premier lit en perspective : aux yeux de votre client, son projet de chambre commence à prendre corps.

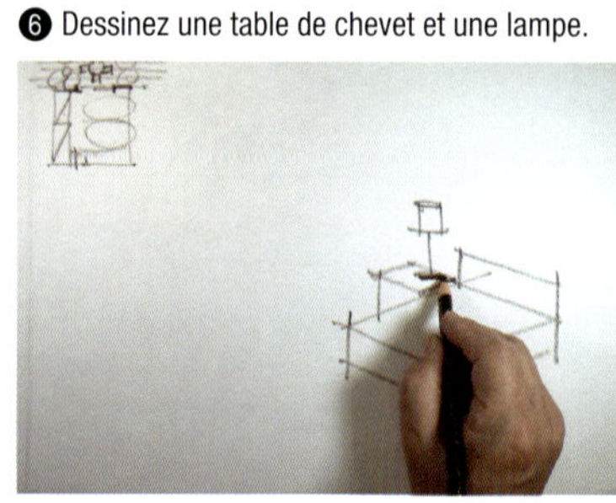

❻ Dessinez une table de chevet et une lampe.

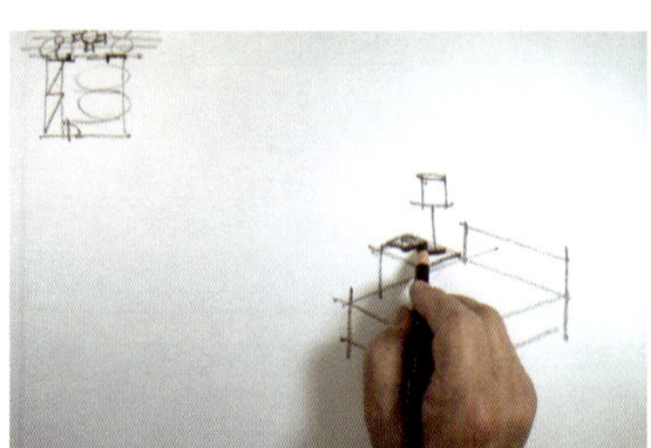

❼ Ajoutez un téléphone sur la table de chevet, mais sans trop le détailler.

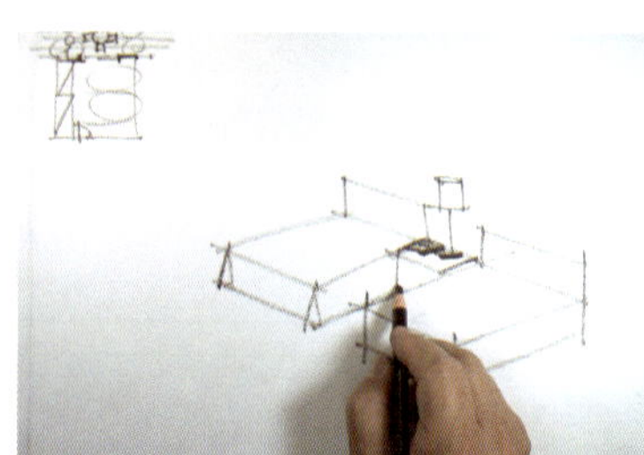

❽ Dessinez le second lit, en veillant l'équilibre général de la composition.

En secondes
0 30 60 90

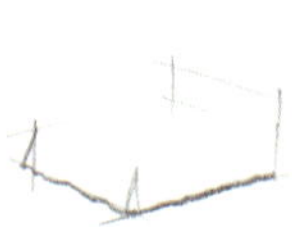

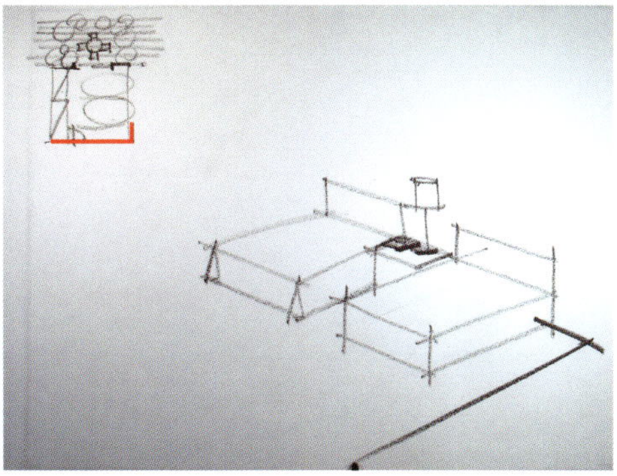

❾ Définissez le sol dans l'angle des murs avant (en rouge sur le plan) en traçant deux lignes aussi épaisses que possible.

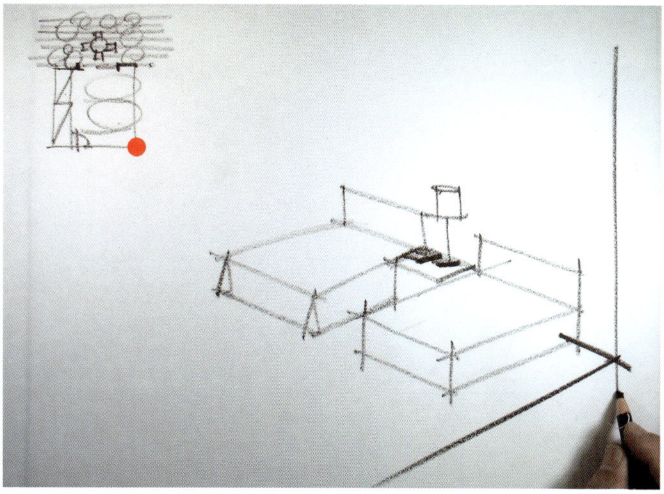

❿ Tracez une ligne verticale indiquant l'angle des murs (en rouge sur le plan).

⓫ Entre les lits, dessinez un tableau accroché au mur.

⓬ Ajoutez une applique au-dessus du tableau.

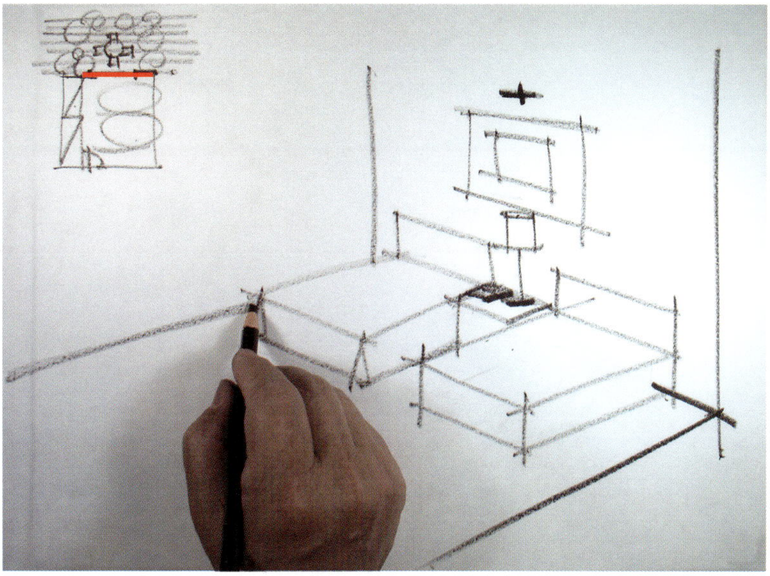

⓭ Tracez deux lignes définissant le mur arrière (en rouge sur le plan).

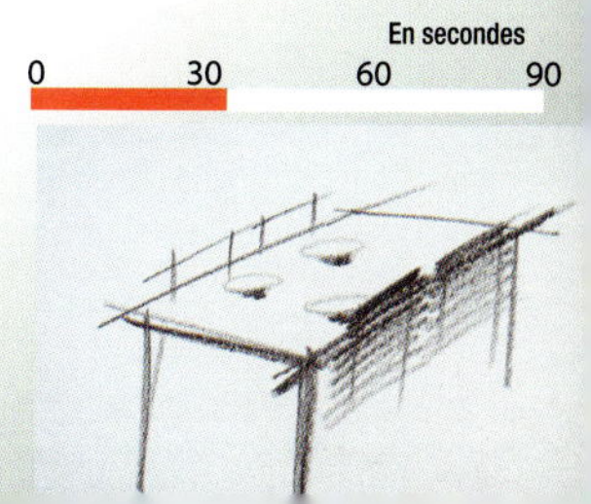

⓮ Tracez la porte-fenêtre coulissante sur le mur arrière.

⓯ Dessinez les rideaux et ébauchez rapidement leur plissé.

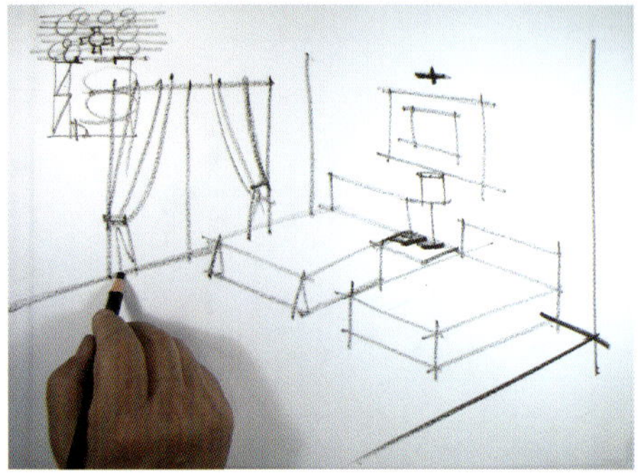

⓰ Esquissez les lames du plancher de la terrasse.

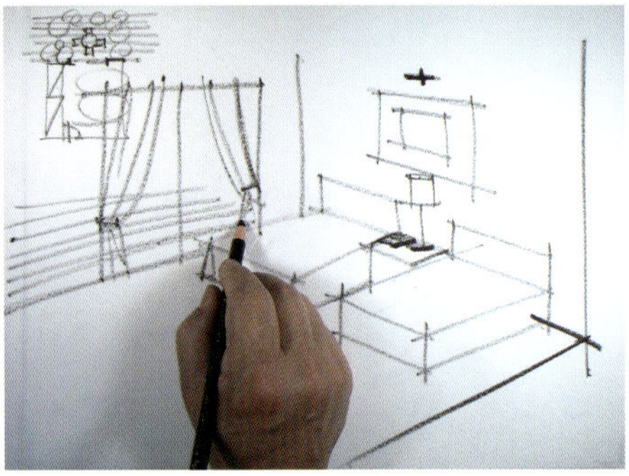

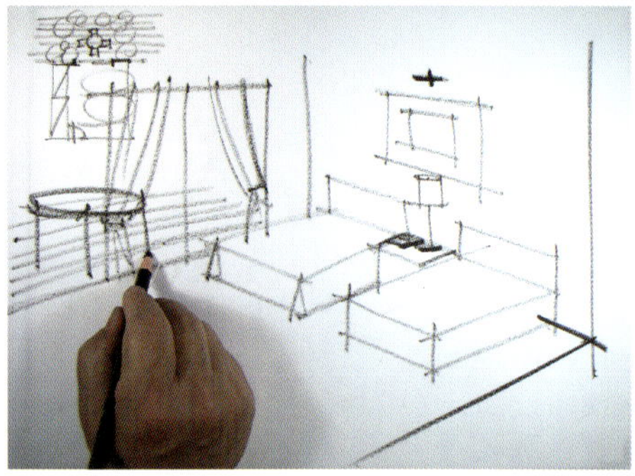

⓱ Dessinez la table de jardin.

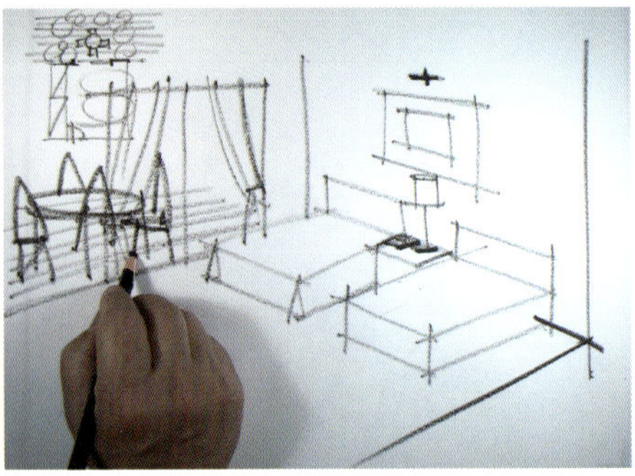

⓲ Ajoutez les chaises autour de la table, en accordant une attention particulière aux proportions.

⓳ Ébauchez de la végétation autour de la terrasse afin de suggérer le jardin.

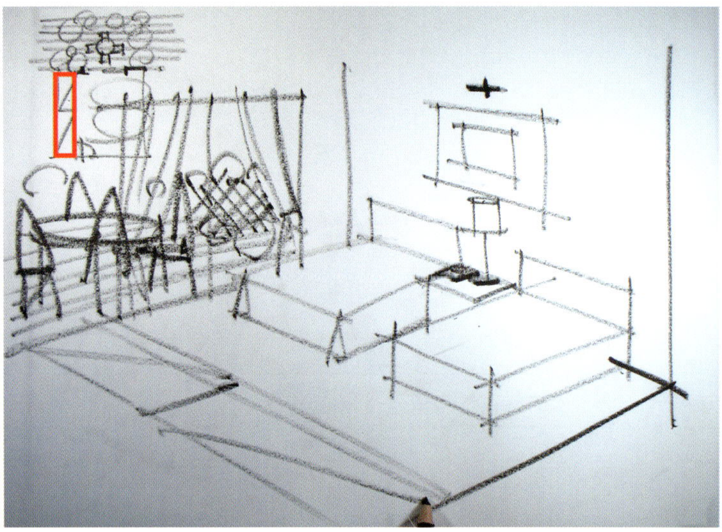

⓴ Sur le sol de la chambre, tracez l'encombrement des penderies adossées au mur de gauche. Le point de vue choisi les omet délibérément afin de mettre l'accent sur les lits et la terrasse.

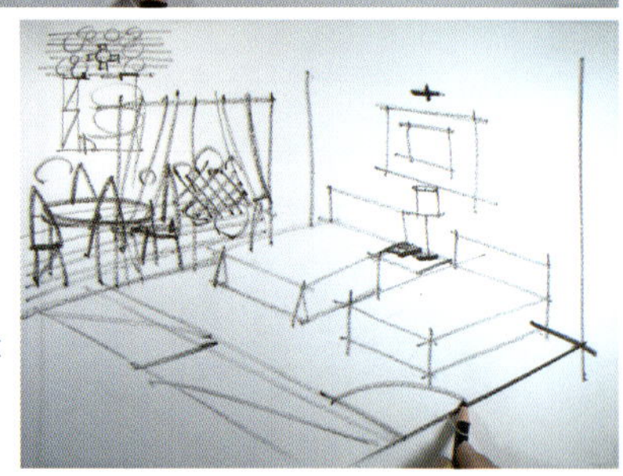

㉑ Indiquez l'encombrement de la porte sur le sol de la chambre. Le dessin au trait est terminé.

En secondes
0 30 60 90

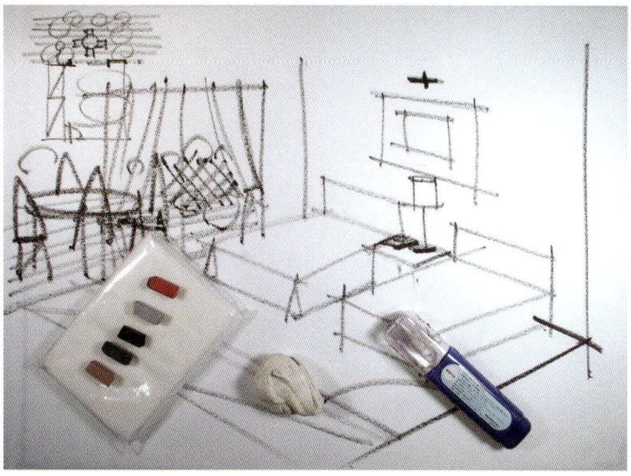

22 Munissez-vous des outils nécessaires à la mise en couleur : pastels, papier absorbant, gomme mie de pain, stylo correcteur. N'oubliez pas que vous devrez fixer votre dessin quand il sera fini.

23 Avec un pastel rose, coloriez le sol à larges touches.

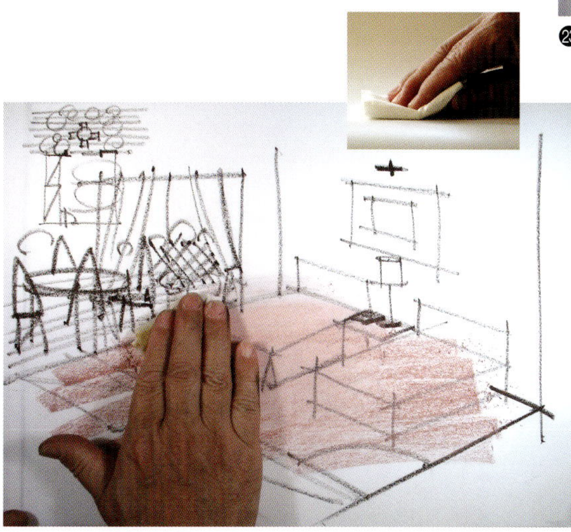

24 Estompez la couleur du sol avec un morceau de papier absorbant.

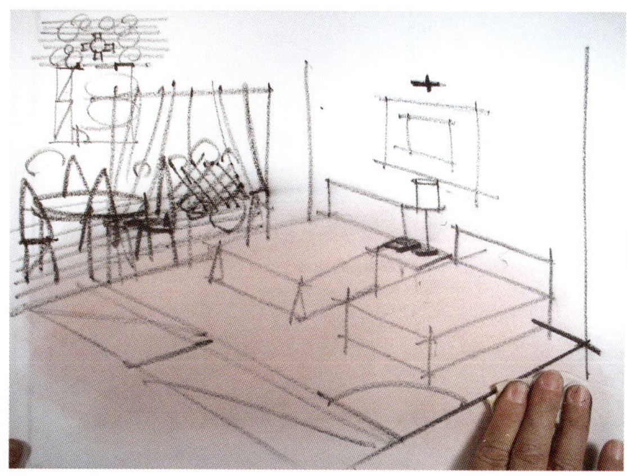

25 En utilisant toujours le papier, étalez délicatement la couleur hors des contours de la pièce.

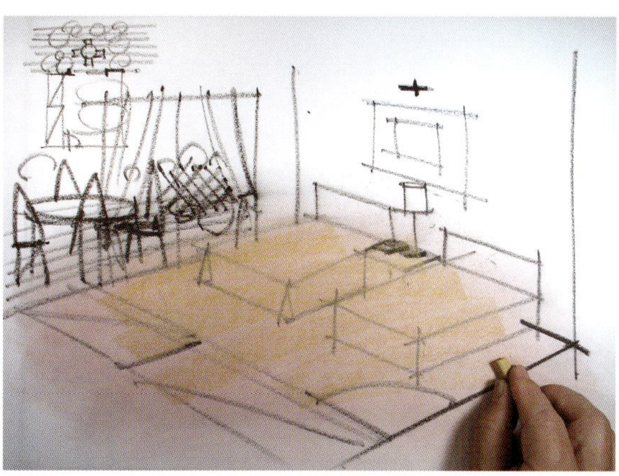

26 Pour donner davantage de profondeur à la couleur, coloriez de nouveau le sol en employant cette fois un pastel beige.

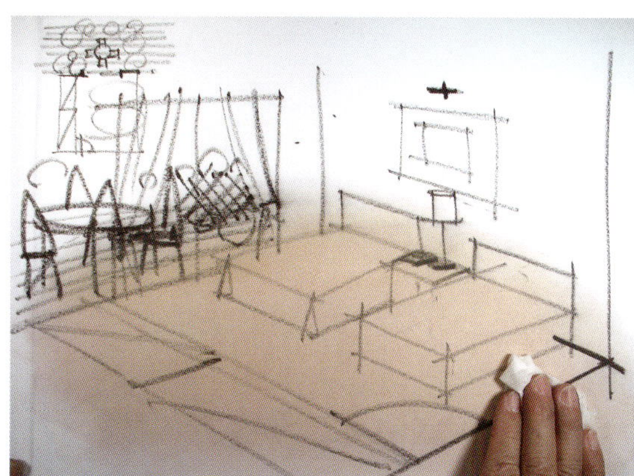

27 Estompez le beige à l'aide de papier absorbant.

En secondes

0 30 60 90

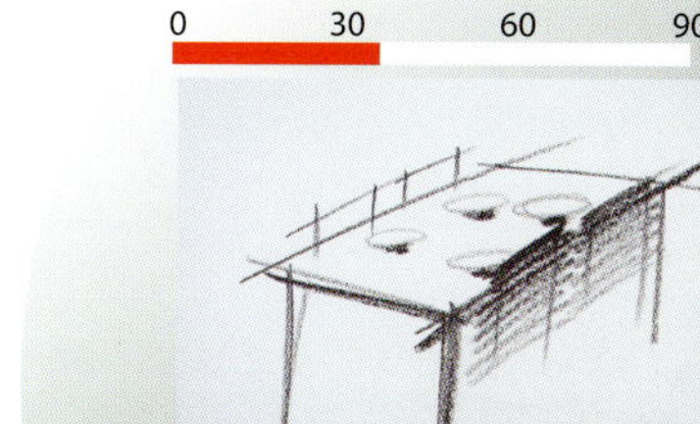

㉘ Pour donner l'impression que la chambre est vue de nuit, posez de larges touches grises sur le mur.

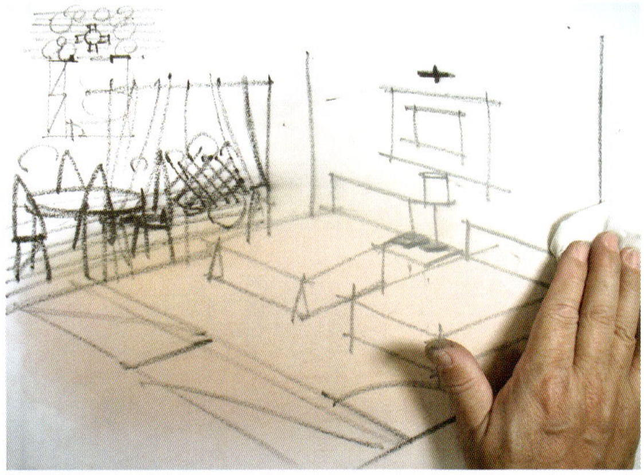

㉙ Estompez le gris avec du papier absorbant.

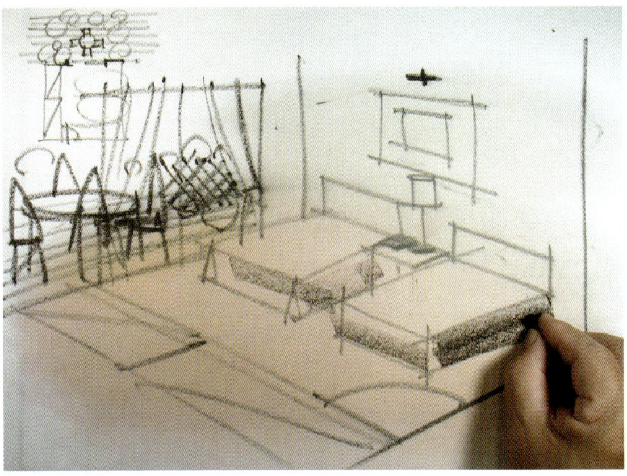

㉚ Appliquez des ombres grises et noires sur les côtés des lits, en évitant de frotter le corps des pastels sur le papier.

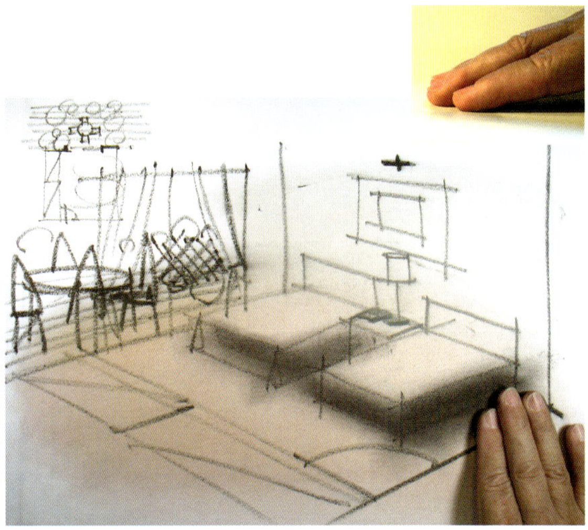

㉛ Estompez les ombres du bout des doigts.

㉜ Représentez les ombres portées sur le sol par la table et les chaises.

En secondes
0 30 60 90

33 Coloriez la végétation en vert foncé.

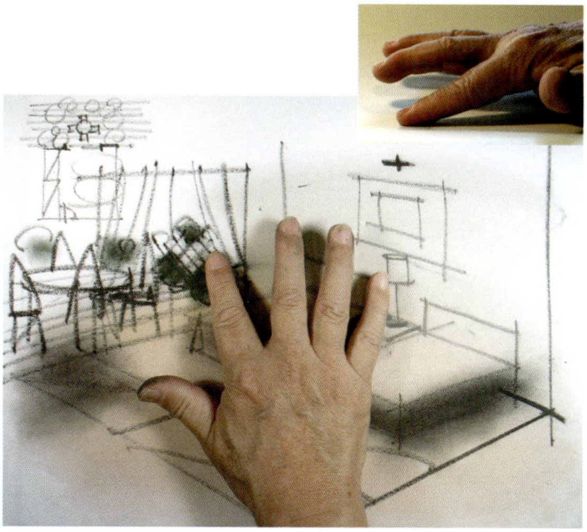

34 Estompez le vert du bout du doigt, mais sans trop l'étaler.

35 Pour ombrer le tableau, frottez votre index sur un pastel gris, puis passez-le sur le papier.

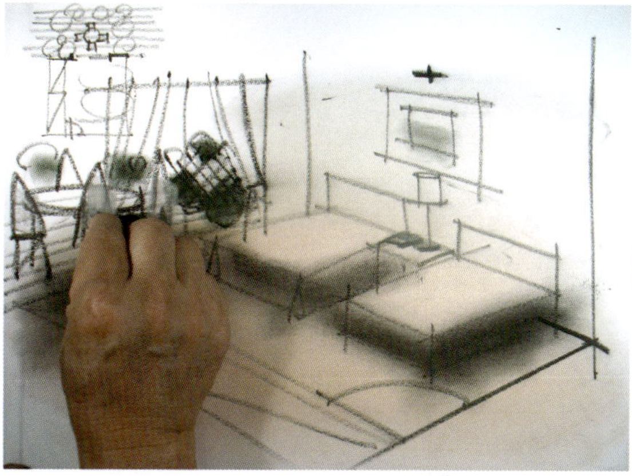

36 Appliquez du gris sur le dossier des chaises.

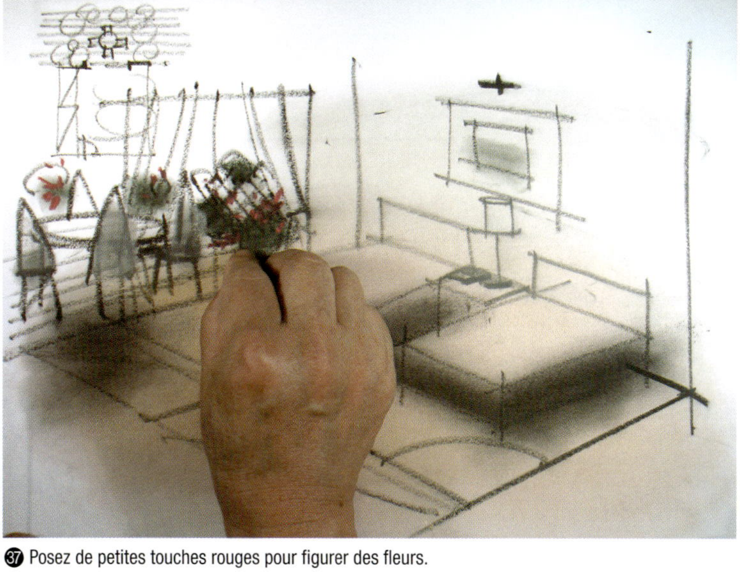

37 Posez de petites touches rouges pour figurer des fleurs.

38 Estompez le gris du dossier des chaises.

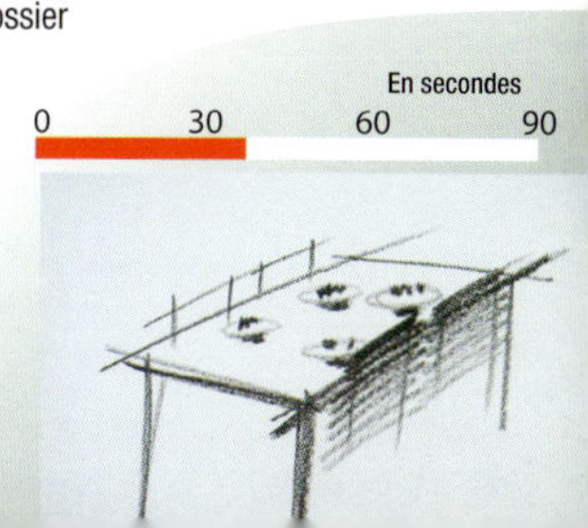

㊴ Éclaircissez le dessus des lits à l'aide de la gomme mie de pain, en adoucissant délicatement les contours.

㊵ Sur le mur, retirez le gris autour de la lampe pour suggérer qu'elle est allumée.

㊶ Retirez aussi de la couleur sur le tableau afin de représenter la lumière de l'applique.

㊷ Pour figurer le plissé des dessus-de-lit, tracez des touches claires avec la gomme mie de pain.

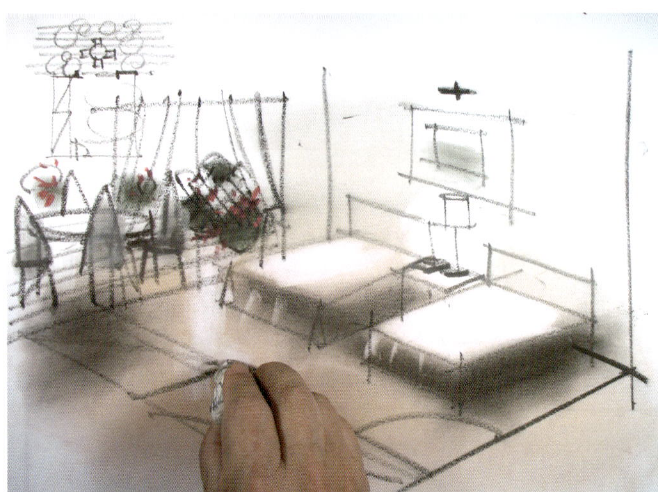

㊸ Posez des reflets sur le sol en retirant de la couleur çà et là.

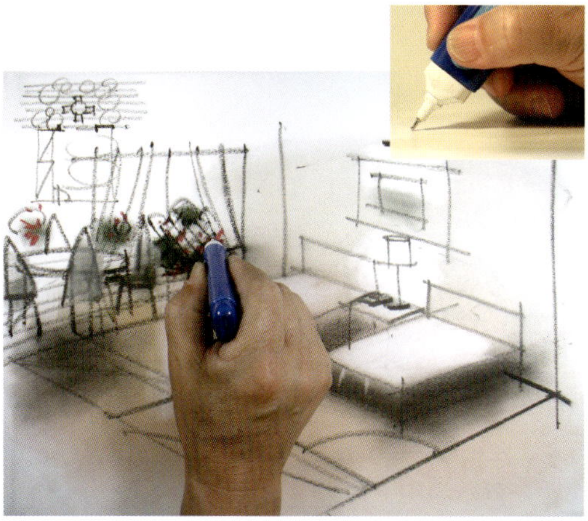

❹❹ Utilisez le stylo correcteur pour appliquer de petites taches blanches sur les fleurs.

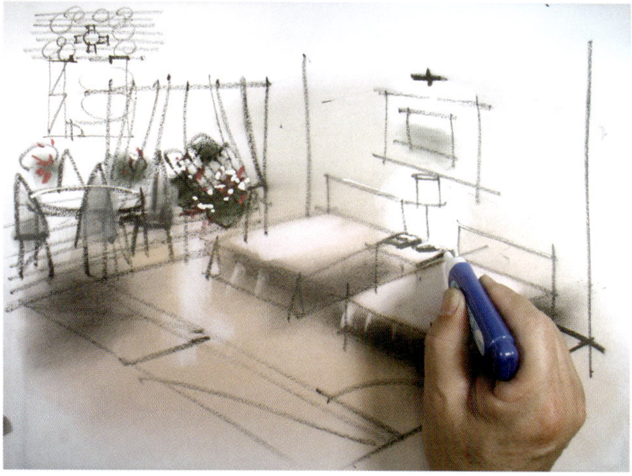

❹❺ En utilisant toujours le stylo correcteur, posez des rehauts sur les zones éclairées par la lampe de chevet.

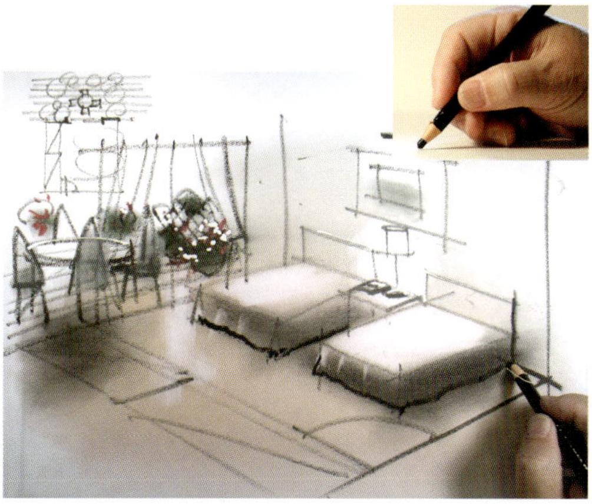

❹❻ Étudiez l'équilibre général de la composition. Avec un crayon à la cire noir, soulignez les endroits qui nécessitent d'être renforcés.

❹❼ Le dessin est terminé. Notez que l'on a choisi ici de montrer la chambre de nuit, et la terrasse de jour.

En secondes

0 30 60 90

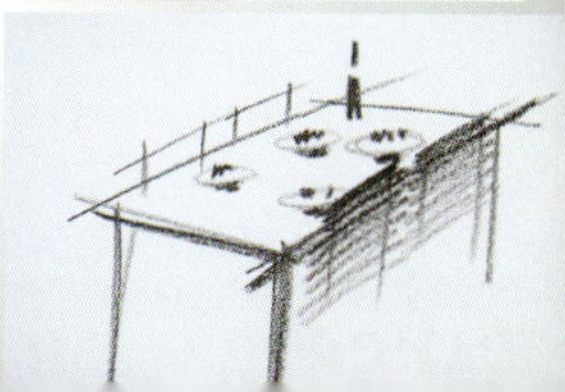

Application 4 : pièces en enfilade

Cet exercice montre comment représenter un espace en L mesurant environ 35 m², comportant un séjour, une salle à manger et une cuisine. La méthode la mieux adaptée consiste à élever la perspective à partir d'un plan. Travaillez entièrement à main levée.

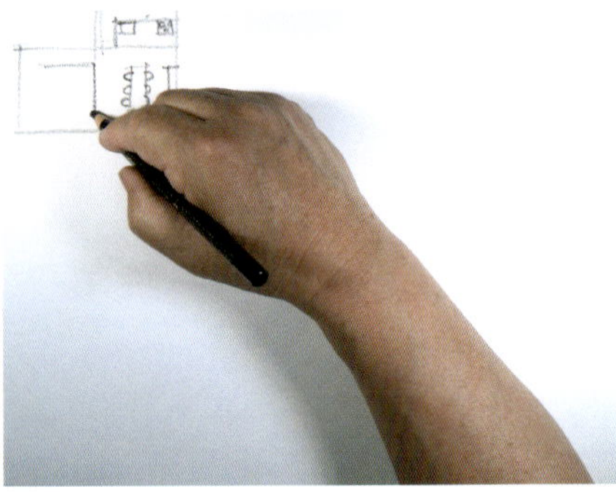

❶ Tracez un plan simple et positionnez les meubles.

❷ Placez les portes et les fenêtres.

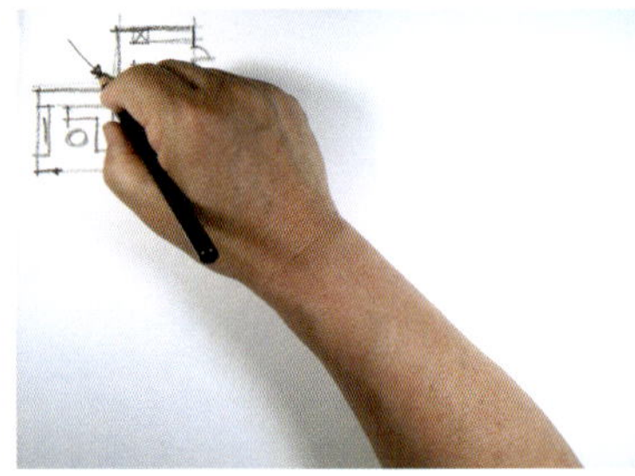

❸ Déterminez le point de vue.

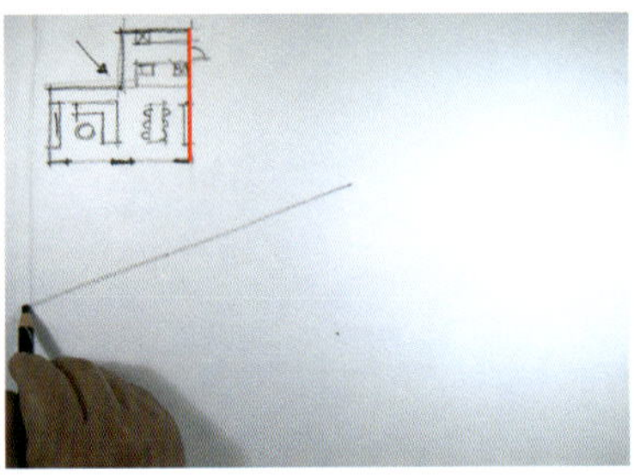

❹ Commencez à interpréter le plan en perspective. Tracez le mur commun à la salle à manger et à la cuisine (en rouge sur le plan).

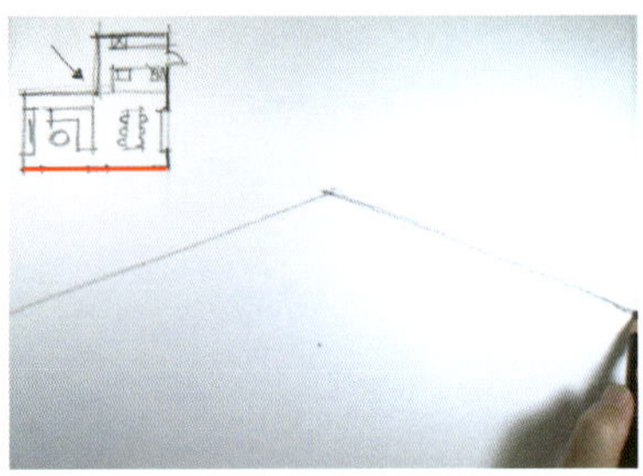

❺ Tracez le mur commun à la salle à manger et au séjour. Veillez à respecter les proportions (en rouge sur le plan).

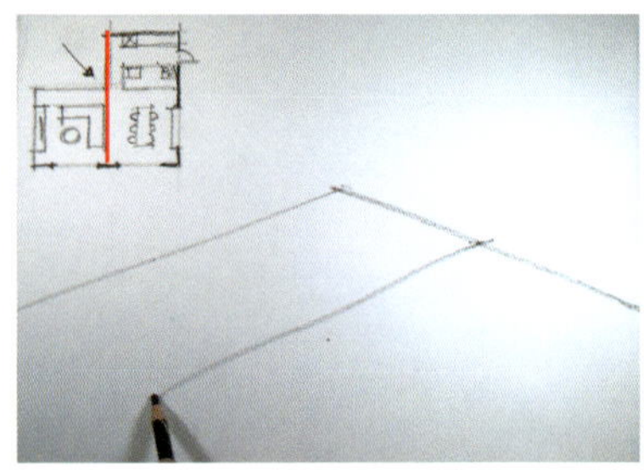

❻ Tracez une ligne délimitant la zone salle à manger/cuisine (en rouge sur le plan).

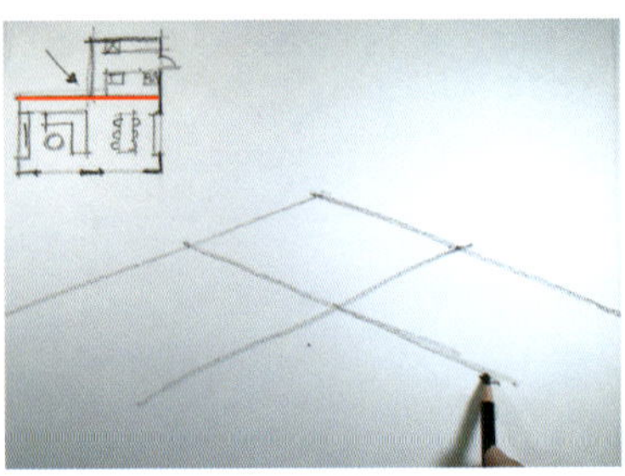

❼ Tracez une ligne délimitant la zone salle à manger/séjour (en rouge sur le plan).

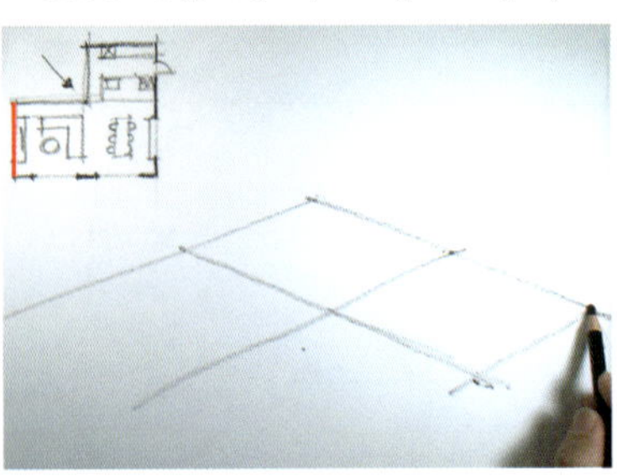

❽ Fermez la zone correspondant au séjour (en rouge sur le plan).

En secondes

0 30 60 90

❾ Fermez la zone correspondant à la cuisine (en rouge sur le plan).

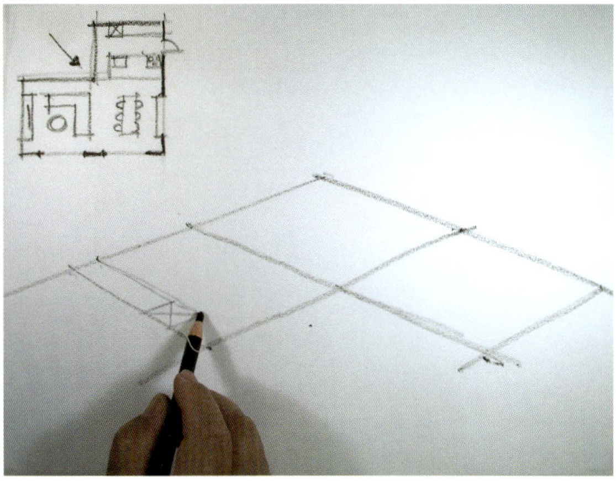

❿ Commencez à positionner les meubles en respectant la perspective et en dessinant le plus légèrement possible. Contre le mur de la cuisine, tracez l'encombrement du placard et du réfrigérateur.

⓫ Tracez l'élément de cuisine.

⓬ Tracez la table entourée des chaises.

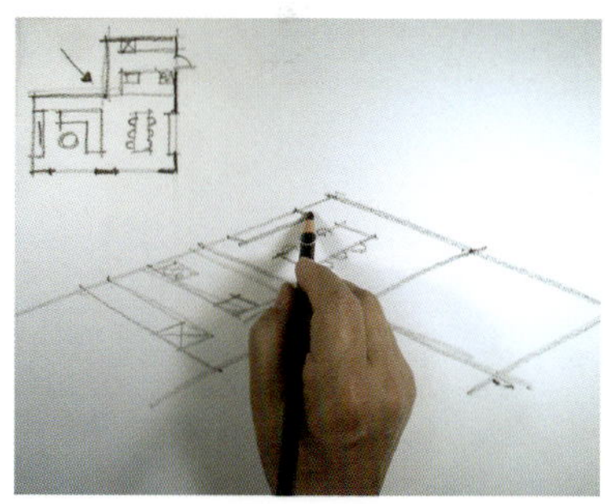

⓭ Ajoutez le buffet de la salle à manger.

⓮ Dans le séjour, tracez le canapé et la table basse.

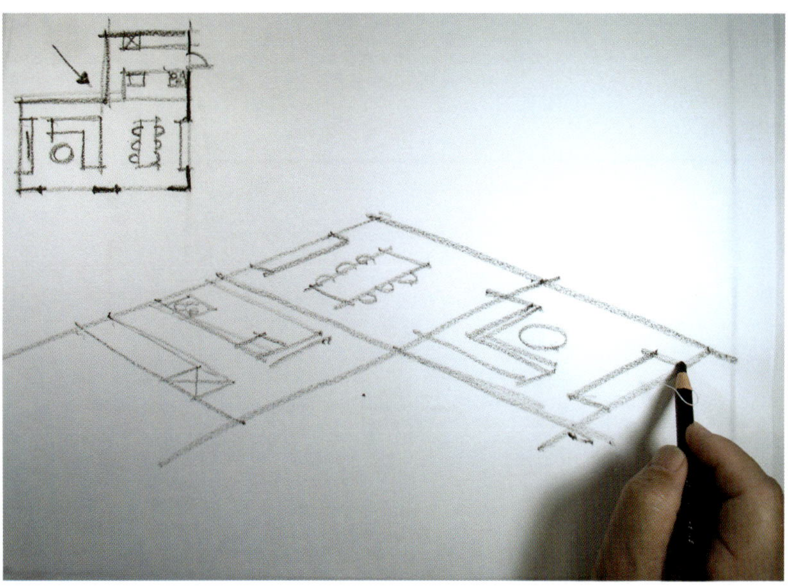

⓯ Tracez le meuble de télévision.

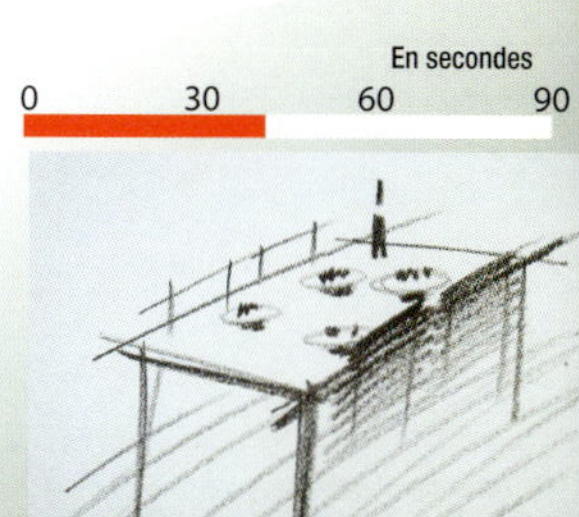

⓰ Tracez une ligne verticale indiquant l'angle des deux murs (en rouge sur le plan).

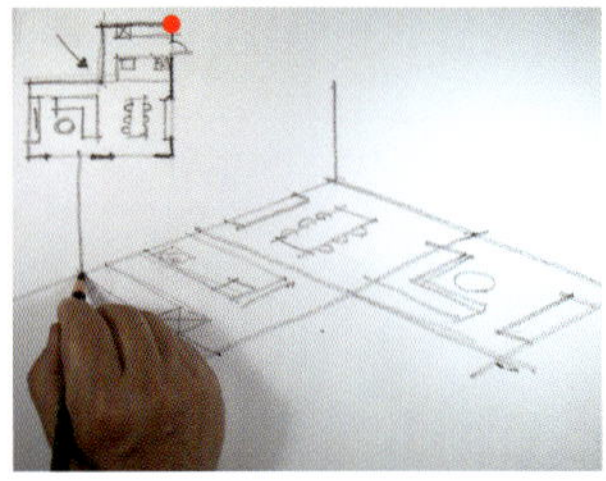

⓱ Tracez une ligne verticale définissant le mur de gauche (en rouge sur le plan).

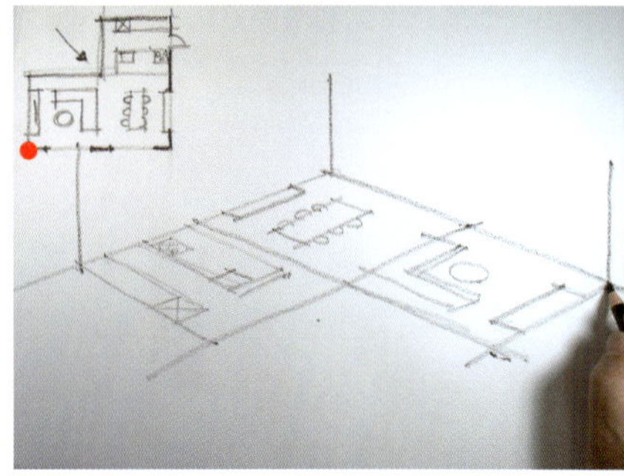

⓲ Tracez une ligne définissant le mur de droite (en rouge sur le plan).

⓳ Tracez la ligne du plafond en haut du mur de gauche (en rouge sur le plan). Elle doit être parallèle au sol.

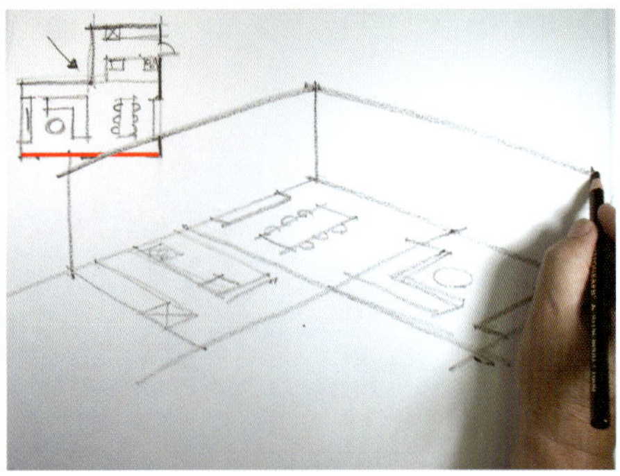

⓴ Tracez la ligne du plafond en haut du mur de droite (en rouge sur le plan). Elle aussi doit être parallèle au sol.

㉑ Élevez l'élément de cuisine en perspective.

㉒ Élevez le plateau de la table en perspective.

㉓ Tracez les pieds de la table.

㉔ Dessinez les chaises. Il n'est pas nécessaire de représenter leur assise : le dossier et les pieds suffisent à les identifier.

En secondes

0 30 60 90

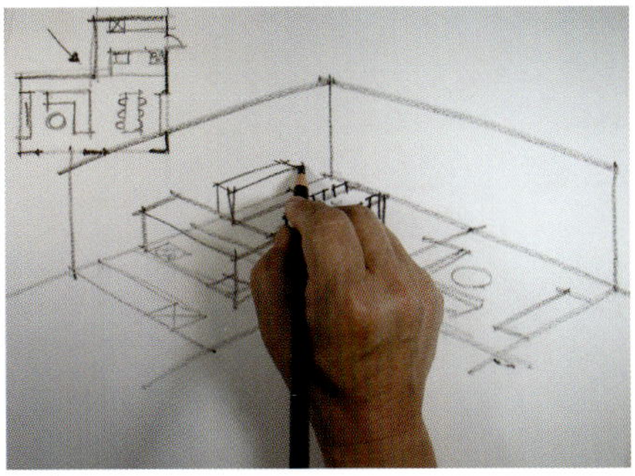

25 Élevez le buffet en perspective.

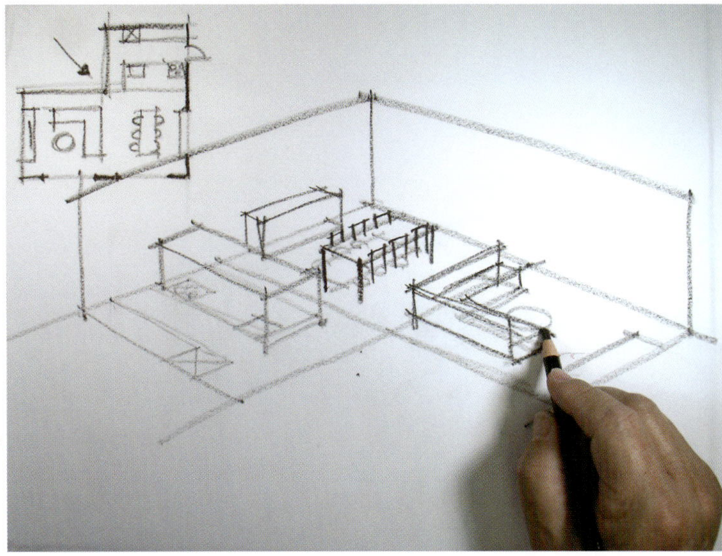

26 Élevez le canapé en perspective.

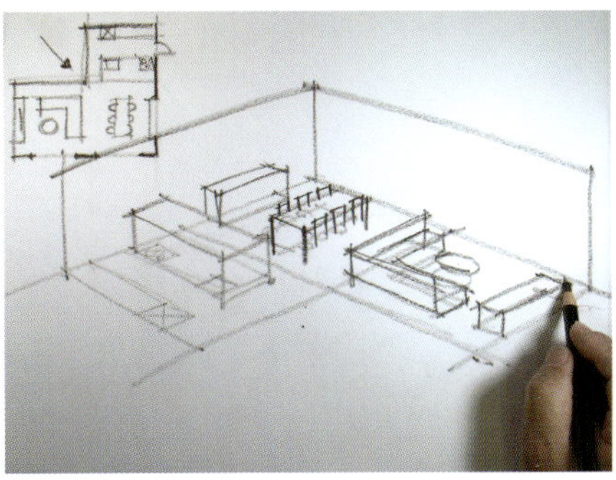

27 Élevez le meuble de télévision en perspective.

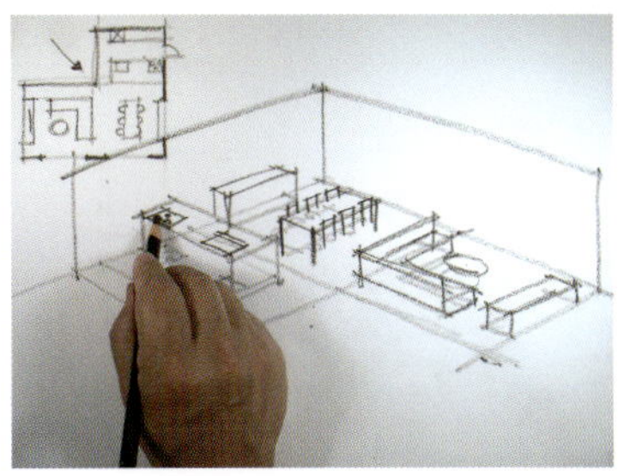

28 Sur l'élément de cuisine, dessinez l'évier et la table de cuisson.

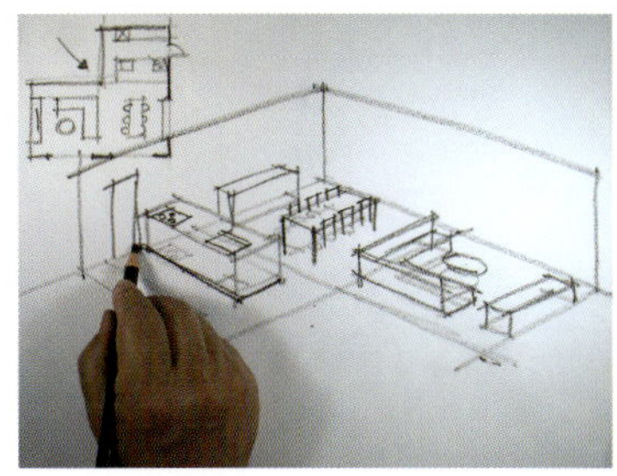

29 Tracez la porte de la cuisine.

30 Tracez la fenêtre située au-dessus du buffet.

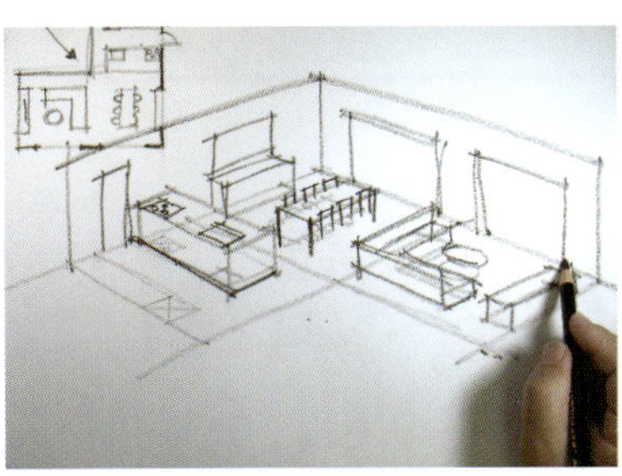

31 Sur le mur de droite, tracez les deux portes-fenêtres coulissantes.

32 Esquissez le rideau de la fenêtre.

En secondes

0 30 60 90

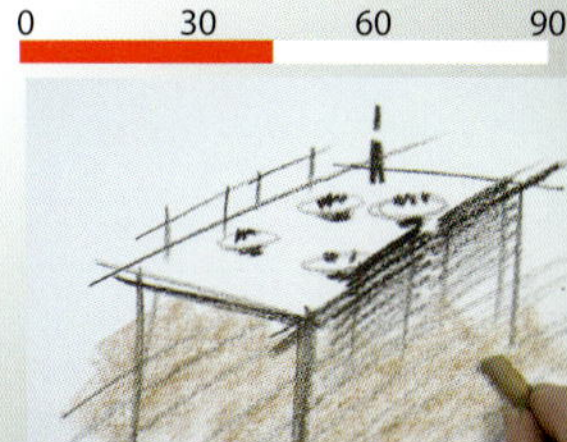

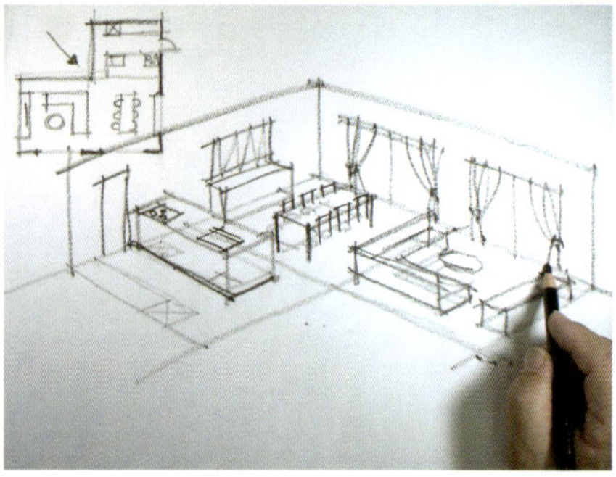

33 Dessinez les rideaux à embrasses des portes-fenêtres.

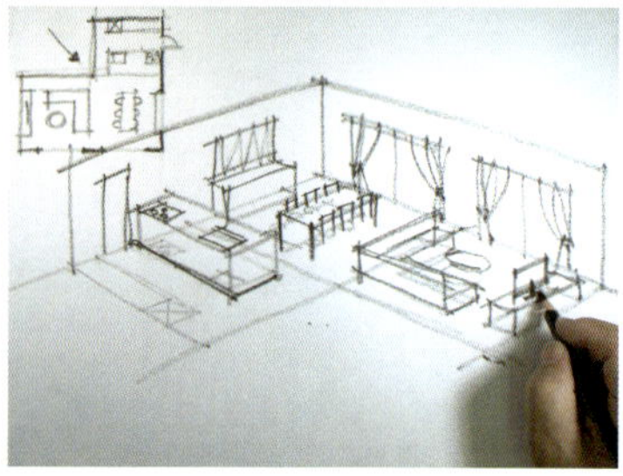

34 Dessinez le téléviseur.

35 Dans la cuisine, dessinez la hotte au-dessus de la table de cuisson.

36 Tracez souplement des lignes parallèles pour figurer les lames du parquet.

37 Dessinez une plante verte contre le mur de droite.

38 Renforcez les contours extérieurs.

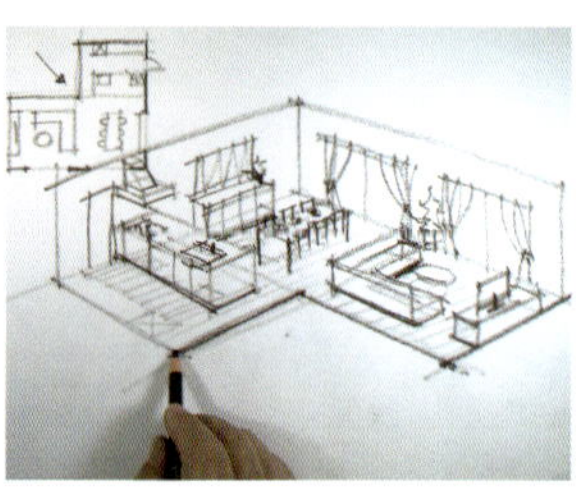

39 Tracez un pare-éclaboussures derrière la table de cuisson.

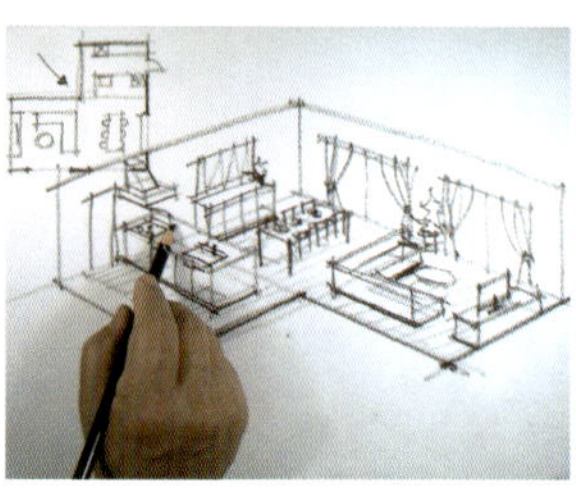

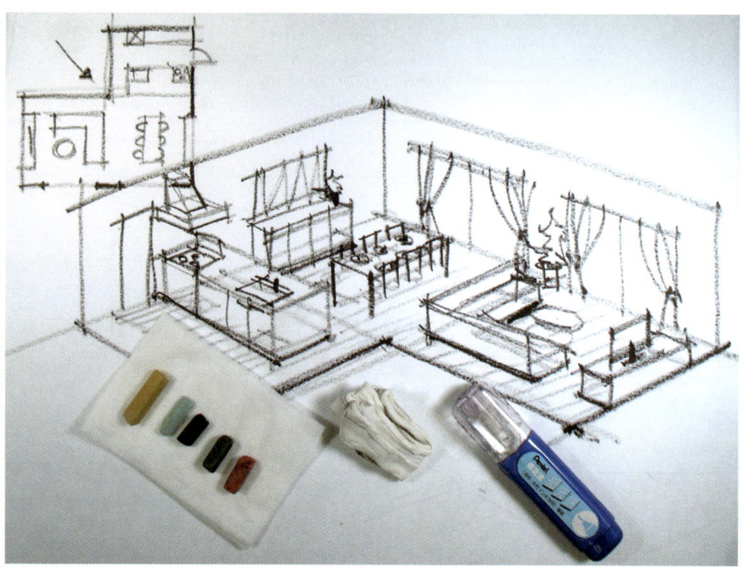

40 Le dessin au trait est terminé. Munissez-vous des outils nécessaires à la mise en couleurs : pastels, papier absorbant, gomme mie de pain, stylo correcteur.

En secondes
0 30 60 90

41 Coloriez le sol en posant de larges touches légères.

42 Pour uniformiser la couleur, estompez-la avec du papier absorbant.

43 Coloriez le buffet, la table et le meuble de télévision.

44 Les meubles étant petits et détaillés, estompez la couleur du bout du doigt.

45 Coloriez le canapé et l'élément de cuisine en utilisant la même teinte, sans hésiter à déborder des contours.

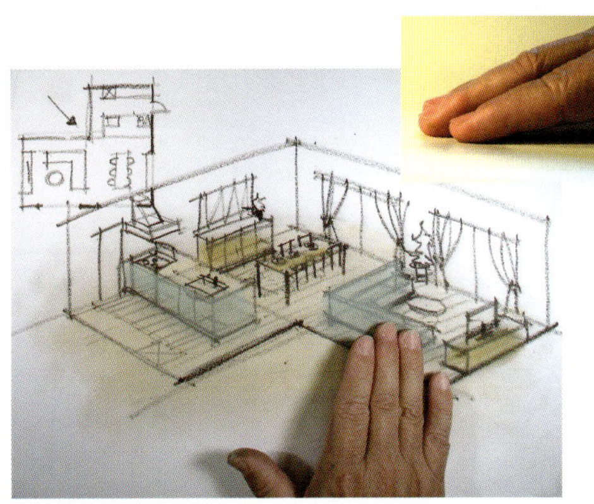

46 Estompez du bout des doigts la couleur posée à l'étape précédente.

En secondes
0 30 60 90

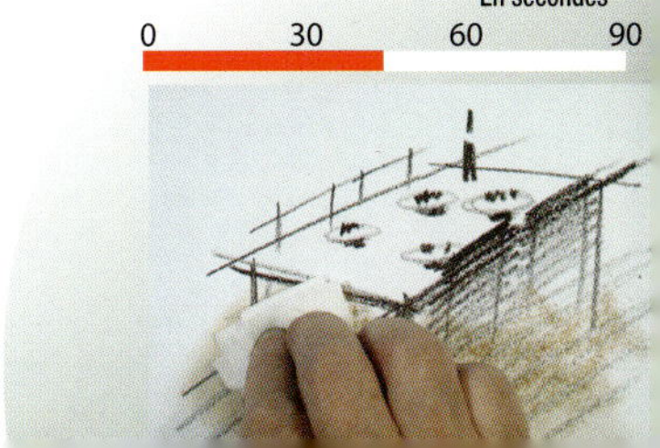

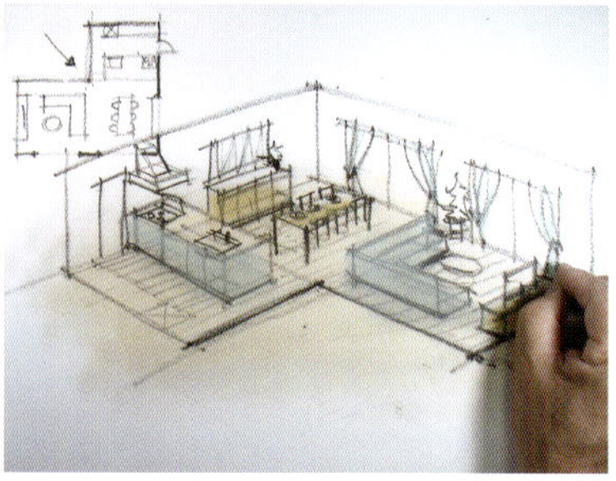

➍❼ Soulignez le plissé des rideaux.

➍❽ Coloriez le dossier des chaises.

➍❾ Estompez la couleur des dossiers du bout du doigt.

➎❶ Coloriez la plante verte.

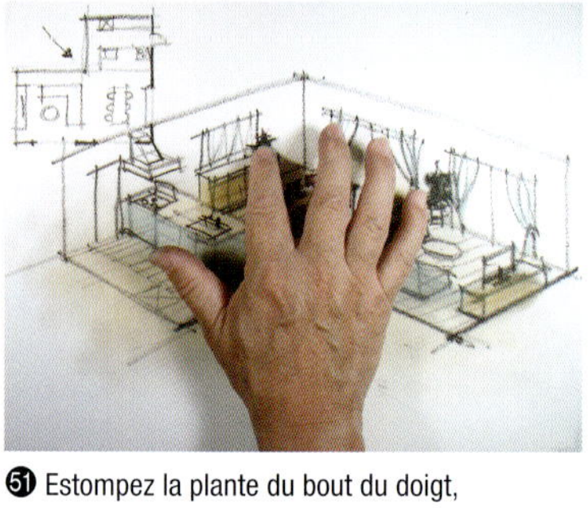

➎❶ Estompez la plante du bout du doigt, sans vous soucier de déborder.

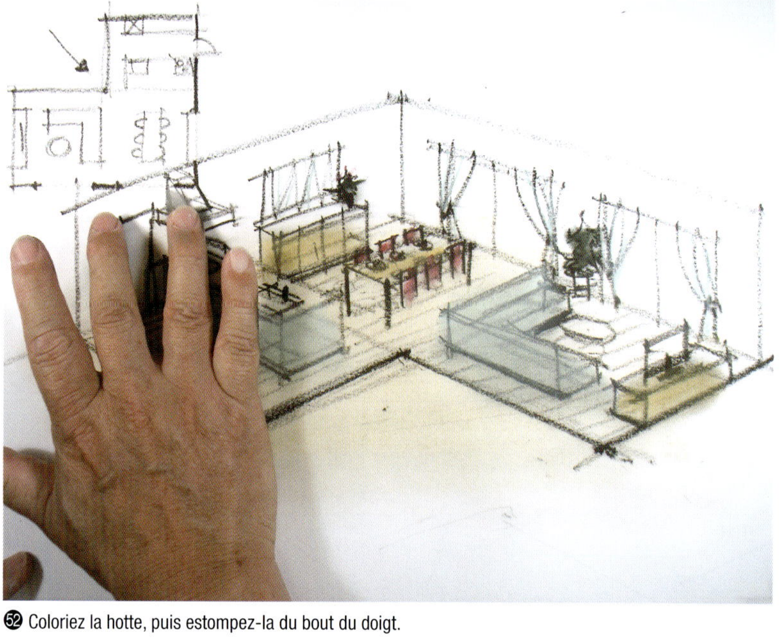

➎❷ Coloriez la hotte, puis estompez-la du bout du doigt.

En secondes

0 30 60 90

53 Avec un pastel noir, posez des ombres légères sur les différents meubles.

54 Estompez les ombres du bout du doigt.

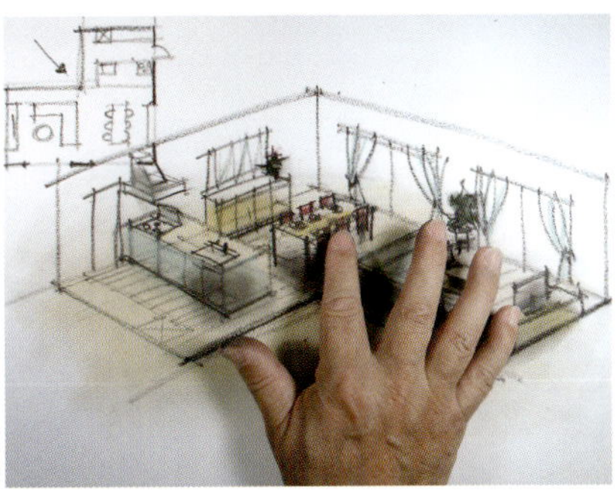

55 Posez des ombres sur le dossiers de chaises et estompez-les.

56 Éclaircissez le dessus de l'élément de cuisine avec la gomme mie de pain.

57 En utilisant toujours la gomme mie de pain, retirez entièrement la couleur à la base des portes-fenêtres.

En secondes

0 30 60 90

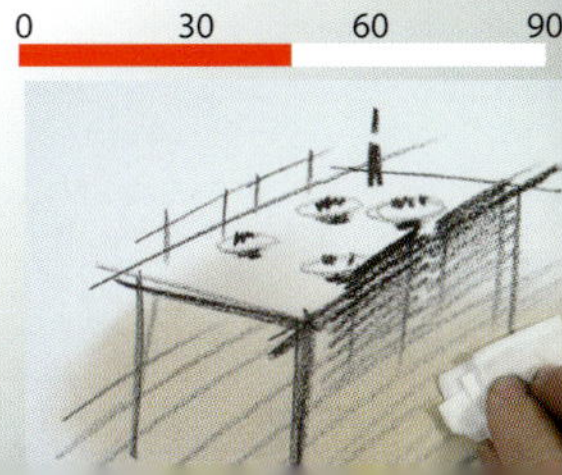

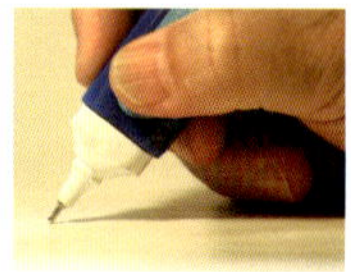

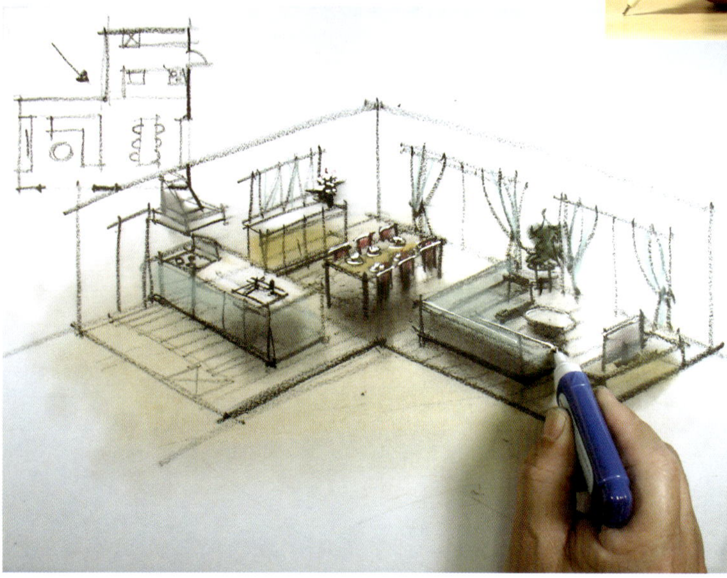

❺❽ Pour les dernières étapes, utilisez le stylo correcteur. Rehaussez les tranches des meubles et le haut du dossier du canapé.

❺❾ Soulignez aussi de blanc l'avant de l'élément de cuisine.

❻⓪ Suggérez les reflets du métal sur le pare-éclaboussures.

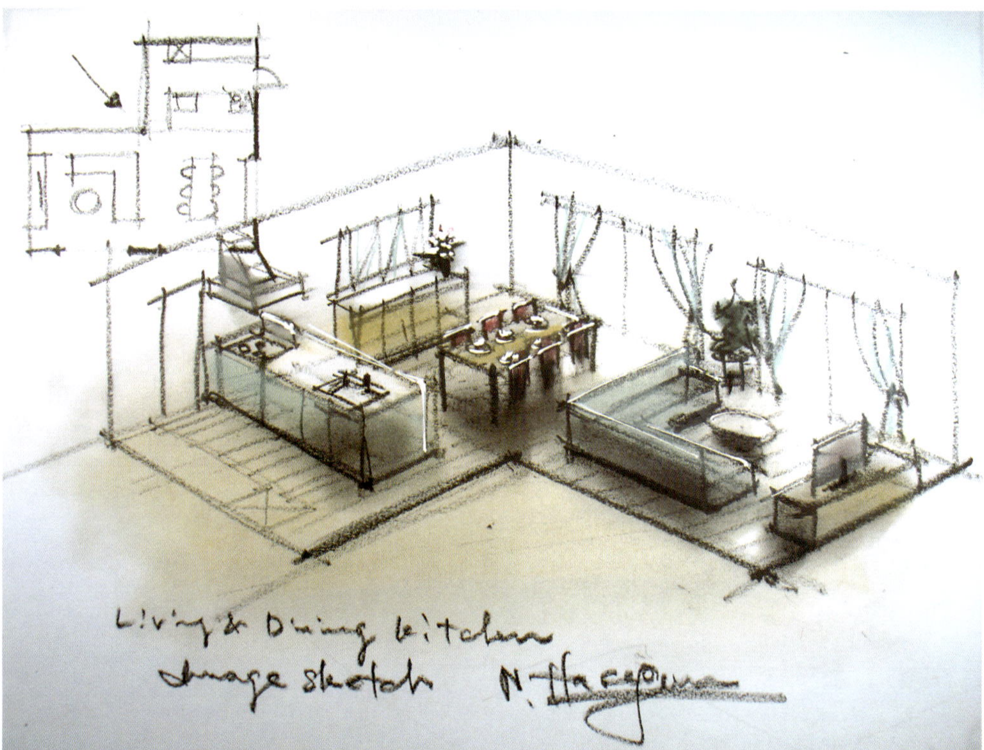

❻❶ Le dessin est terminé. Sa réussite dépend de trois points. Maintenez un rythme de travail rapide, pour le dessin comme pour la mise en couleur. Lors de cette dernière, n'hésitez pas à déborder des contours. Traitez les zones claires et les rehauts de façon large, souple. Posez les ombres avec parcimonie, et toujours légèrement.

En secondes
0 30 60 90

Chapitre 5

Le dessin définitif

Ce chapitre traite de la réalisation de dessins qui s'apparentent davantage à de véritables illustrations qu'à de simples croquis. Ils servent à présenter le projet définitif au client de façon efficace. Ils sont le fruit abouti des dessins d'avant-projets. Si la rapidité d'exécution demeure un facteur important, le soin accordé au rendu et aux détails revêt bien plus d'importance à ce stade du travail. Un dessin définitif doit non seulement être assez explicite pour servir de référence durant toute la phase de mise en œuvre, mais il doit aussi valoriser le projet du client, autant que votre habileté à l'avoir écouté avec attention.

Personnages

En introduisant des personnages dans la composition, vous donnez plus de réalisme à votre dessin tout en suggérant l'échelle de façon plus explicite.

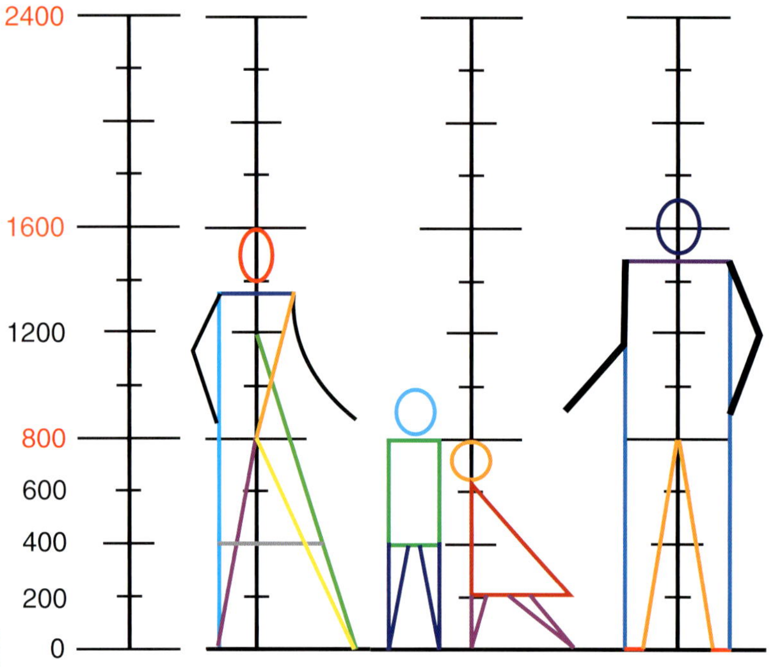

Ces silhouettes ont été dessinées avec un crayon à la cire.

Lorsque vous dessinez un personnage, il est essentiel de respecter les proportions du corps humain. Le croquis ci-dessus montre les dimensions des différentes parties du corps, qui varient selon l'âge et le sexe (de gauche à droite : femme, garçonnet et fillette d'environ quatre ans, homme). Pour une lecture rapide des proportions, on les a inscrites dans une hauteur de 2,40 m (hauteur moyenne sous plafond), divisée en douze tronçons de 20 cm. Notez que, selon l'ancienneté et le style du logement, la hauteur sous plafond est variable. (Sur le croquis, les hauteurs sont exprimées en millimètres.) Ne vous attachez pas aux détails, mais esquissez rapidement des silhouettes expressives.

Quand vous intégrez des groupes dans votre composition, ne cherchez pas à détailler chaque personnage, car cela surchargerait inutilement le dessin. Dessinez des silhouettes simples, tout en essayant d'attribuer à chacune une attitude spécifique. Vous donnez ainsi, comme sur une photographie prise sur le vif, une impression de vie et de convivialité.

Les personnages ne sont là que pour souligner la destination et l'ambiance de l'espace représenté. Ne les détaillez pas trop.

En secondes

0 30 60 90

DÉBUT

Personne assise.

Esquissez des silhouettes, sans détailler les visages ni les cheveux.

Personne assise
sur le bord d'un siège.

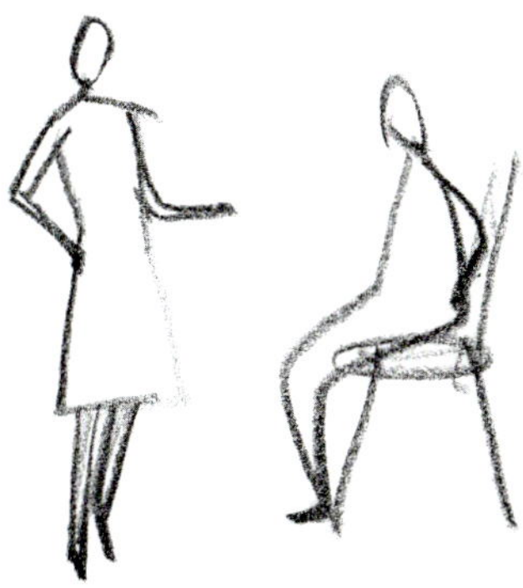

Scènes de groupes divers, exprimant chaque fois une ambiance conviviale.

Exercez-vous à saisir les attitudes naturelles en croquant des personnes sur le vif.

L'attitude du personnage est plus expressive que n'importe quel détail.

Même très schématisée, une silhouette suffit à faire comprendre que le personnage représenté est actif ou en situation d'attente.

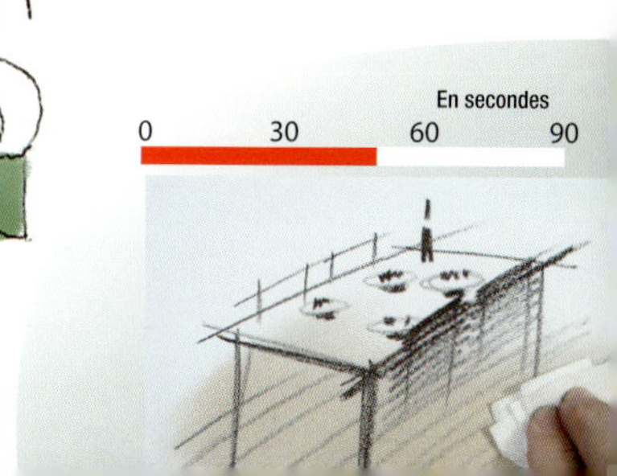

Bouquets de fleurs et plantes vertes

En animant l'intérieur représenté, les bouquets de fleurs et les plantes vertes donnent une sensation de chaleur, de qualité de vie. Il est donc important d'apprendre à les dessiner. Ne les détaillez pas trop, mais suggérez-les comme s'ils étaient vus entre cinq à dix mètres de distance.

Bouquet dessiné à l'aide de pastels et d'un stylo correcteur.

Ces potées de terrasse ont été coloriées aux pastels, avec des rehauts de stylo correcteur au sommet.

Ce bouquet a été réalisé avec des pastels, des crayons de couleur et un stylo correcteur. Utilisez du vert plutôt foncé, mais estompez-le.

Bouquet dessiné à l'aide de pastels et d'un stylo correcteur.

Dessin aux pastels.

Pour ce vase dans une alcôve, on a accordé une attention particulière aux effets de lumière.

Dessin aux marqueurs.

Dessin aux pastels, aux crayons de couleur et au stylo correcteur.

Croquis exécuté avec un crayon à la cire.

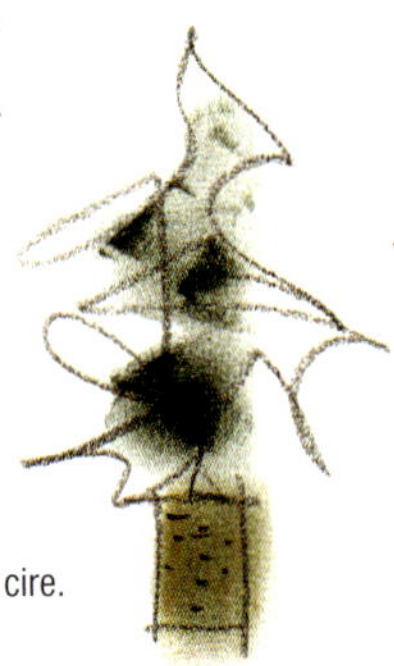

Mise en couleur avec des crayons à la cire.

Croquis exécuté avec un crayon à la cire.

Dessin aux marqueurs.

Croquis au crayon à la cire, mise en couleur au pastel.

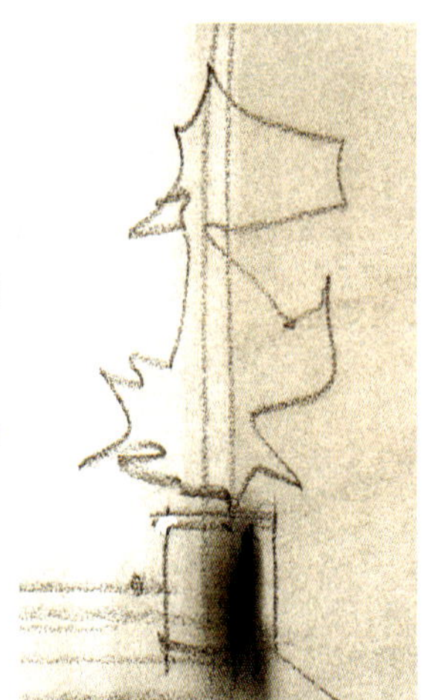

Dessin aux crayons à la cire.

En secondes
0 30 60 90

Dessin au crayon à la cire,
mis en couleur avec des pastels.

Pastels.

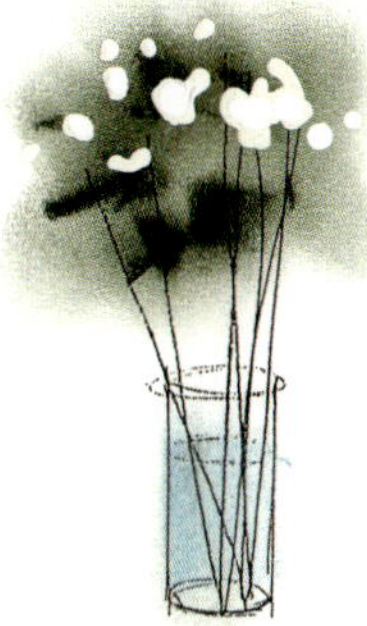

Pastels et stylo correcteur.

Ce dessin a été réalisé aux pastels. Les tiges ont été tracées avec un crayon à la cire. Les fleurs blanches ont été ajoutées au stylo correcteur.

Crayons de couleur.

Crayon à la cire
et marqueurs.

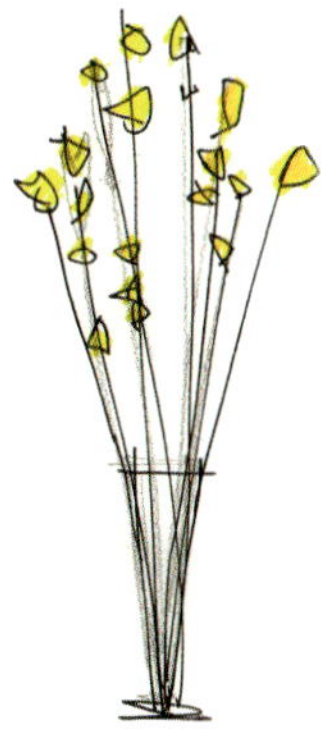

Stylo tubulaire et marqueur.

Crayon à la cire
et marqueurs.

Crayon à la cire
et crayon de couleur.

Marqueurs.

Crayons de couleur,
marqueurs
et pastels.

Pastels.

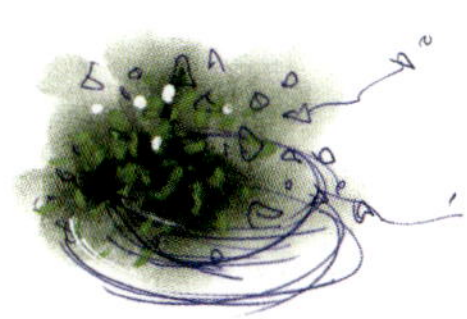

Stylo bille, pastels
et stylo correcteur.

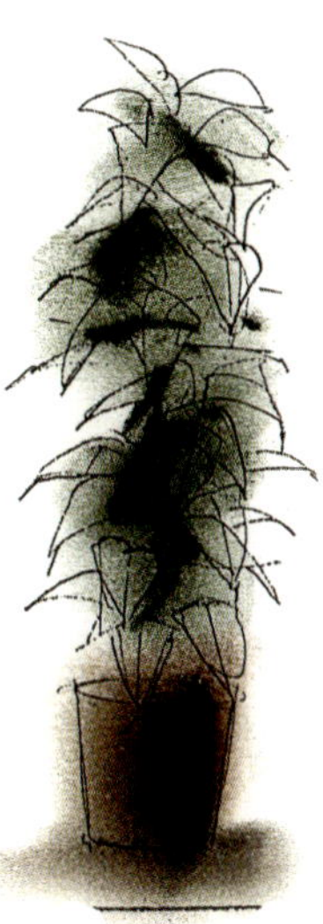

Pastels.

Marqueurs.

Crayon à la cire
et marqueurs.

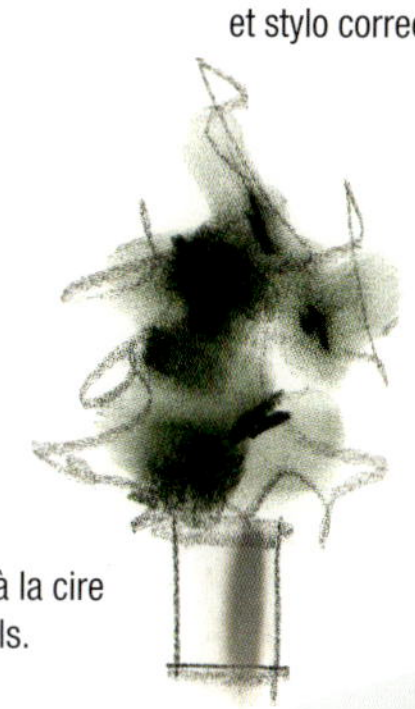

Crayon à la cire
et pastels.

Végétation extérieure

Ne cherchez pas à détailler le feuillage. Donnez plutôt une silhouette expressive à l'arbre ou à l'arbuste, de façon vive et fluide.

Tracez des lignes épaisses pour les troncs. Figurez le feuillage de façon plus légère.

Dessin numérique (tablette graphique) imitant l'aquarelle.

Croquis d'arbre au crayon à la cire.

Croquis de buisson au crayon à la cire.

Croquis de buisson aux crayons de couleur.

Dessin numérique (tablette graphique).

Croquis au crayon à la cire, puis travail au crayon de couleur.

Crayon à a cire.

Le croquis a été réalisé avec un crayon à la cire. Les couleurs ont été appliquées aux pastels, de façon souple et sommaire.

Cette scène paisible a été dessinée aux pastels.

Dessin numérique (tablette graphique).

Crayon de couleur.

Exercez-vous à réaliser des croquis sur le motif afin de saisir la spécificité des différentes espèces d'arbres et d'arbustes. Vous devez parvenir à exécuter un croquis crédible en vingt secondes maximum.

En secondes

0 10 20

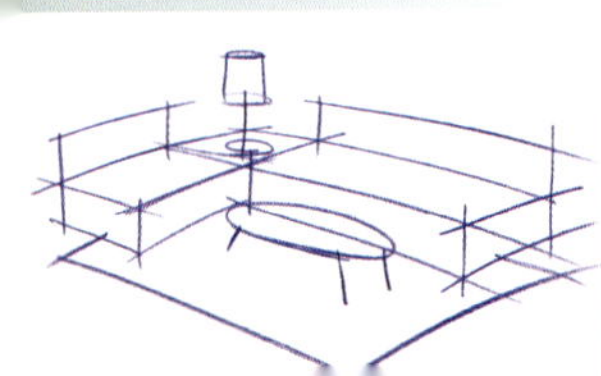

FIN

Mise en couleur
aux crayons de couleur.

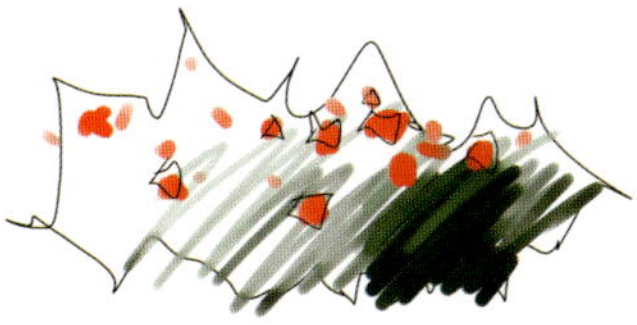

Mise en couleur numérique
(tablette graphique).

Crayons de couleur.

À partir d'un croquis au trait, quelques touches de pastel suffisent à évoquer l'atmosphère voulue.

Crayons de couleur.

Ici, des hachures au crayon de couleur suggèrent la profondeur de la végétation.

Un tracé expressif et une habile modulation des traits peuvent suffire, sans mise en couleur.

Le tronc de l'arbre et son feuillage clairsemé ont été dessinés avec un marqueur gris.

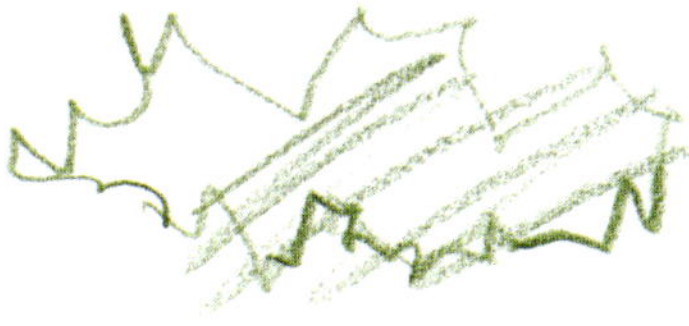

Croquis sommaire
au crayon de couleur.

Dessin numérique
(tablette graphique).

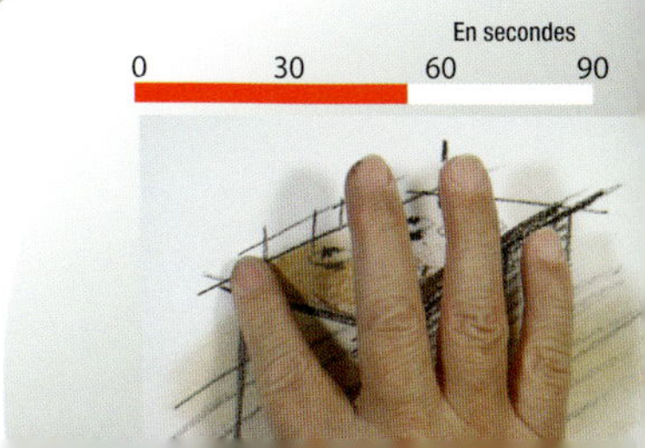

Espace ouvert sur l'extérieur

Le point fort de ce projet réside dans l'espace et la luminosité offerts par les baies vitrées. Veillez en permanence à l'équilibre des ombres et de la lumière. Le plan comporte une salle à manger et une cuisine en enfilade.

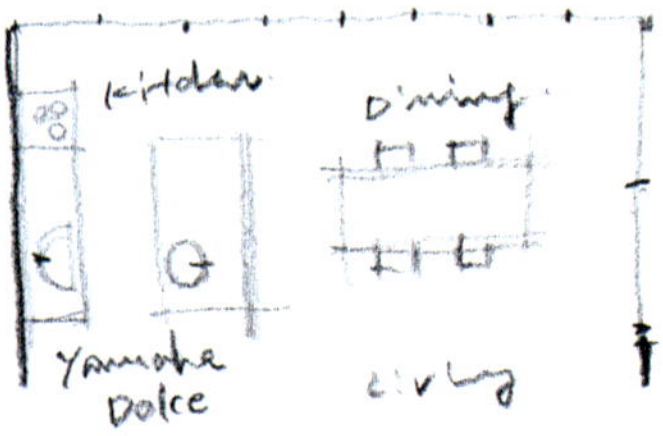

❶ Dessinez un plan simple de l'espace concerné.

❷ Délimitez l'espace en traçant le sol en perspective centrale (en rouge sur le plan).

❸ Placez le point de fuite en fonction de la hauteur du point de vue choisi.

❹ Tracez les lignes définissant la hauteur sous plafond.

❺ Esquissez les lames du parquet.

❻ Tracez le rail des vitres coulissantes (l'extrémité du rail est indiquée en rouge sur le plan).

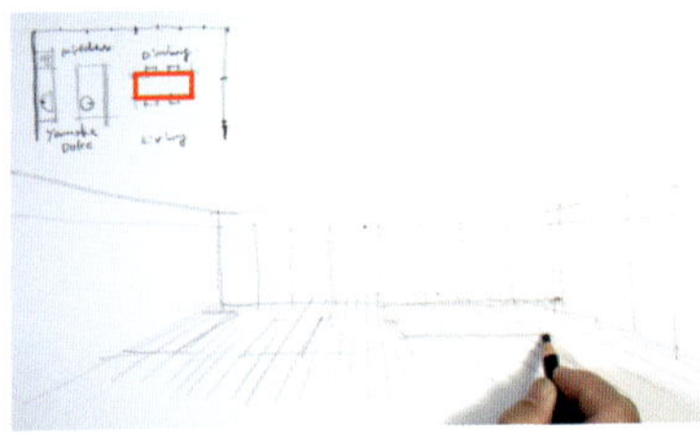

❼ Tracez sur le sol l'encombrement de la table et des deux éléments de cuisine (la table est indiquée en rouge sur le plan).

❽ Élevez en perspective l'élément de cuisine adossé au mur (en rouge sur le plan).

❾ Dessinez la hotte dans l'angle des murs (en rouge sur le plan).

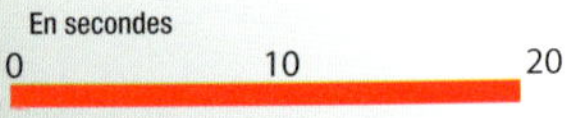

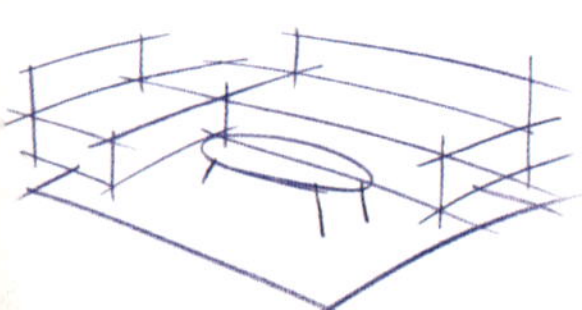

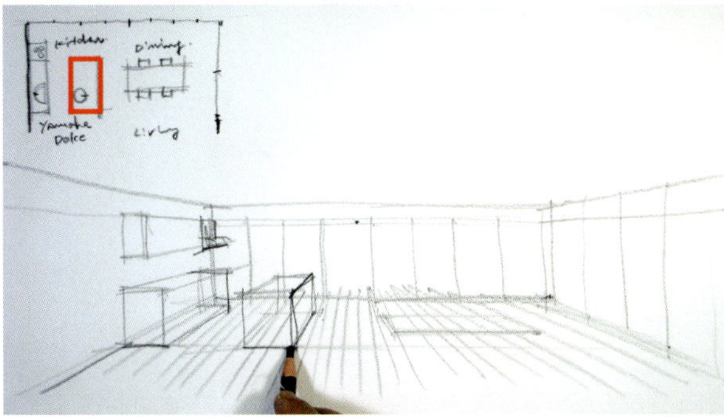

❿ Élevez en perspective le second élément de cuisine (en rouge sur le plan).

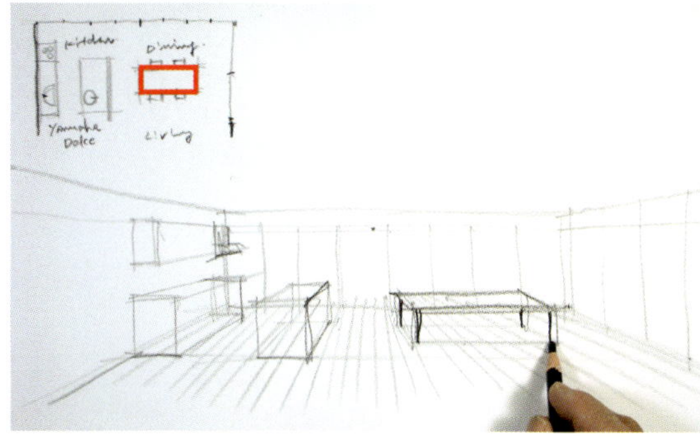

⓫ Élevez le plateau de la table en perspective (en rouge sur le plan). Tracez les pieds.

⓬ Dessinez le dossier des chaises (en rouge sur le plan). Tracez les pieds.

⓭ Esquissez la végétation extérieure, de façon légère mais expressive.

⓮ Ajoutez quelques détails : vaisselle, robinets, bouquet de fleurs... Le dessin au trait est terminé.

⓯ Procédez à la mise en couleur avec des pastels, en évitant de produire trop de poussière colorée. Coloriez le sol en posant de larges touches.

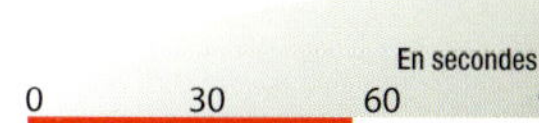

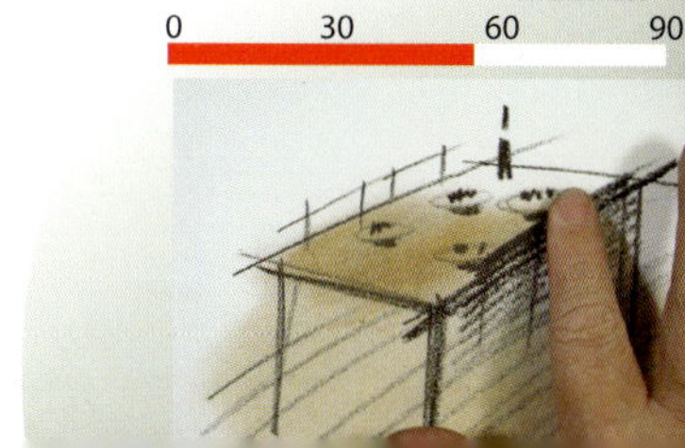

⓰ Uniformisez la couleur du sol en l'estompant avec du papier absorbant.

⓱ Coloriez le plafond en gris clair.

⓲ Estompez le gris du plafond avec du papier absorbant.

⓳ Coloriez le plateau de la table.

⓴ Estompez le plateau de la table du bout du doigt.

㉑ Ombrez l'avant du mur de gauche en gris foncé.

En secondes

0 10 20

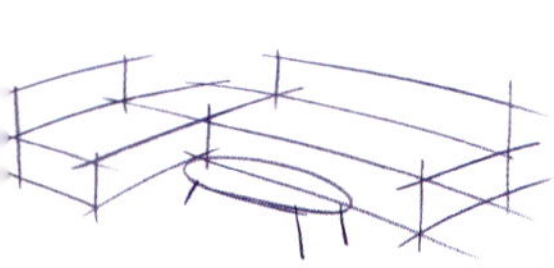

❷❷ Estompez l'ombre posée à l'étape précédente en effectuant des petits mouvements verticaux du bout des doigts, en tenant la main juste au-dessus du papier.

❷❸ Par des touches légères, ombrez les éléments de cuisine et représentez l'ombre portée de la table sur le sol.

❷❹ Estompez les ombres du bout des doigts en procédant comme à l'étape 22.

❷❺ À l'aide d'une gomme mie de pain, retirez de la couleur sur le sol afin de figurer la lumière qui entre par la baie vitrée.

❷❻ En utilisant toujours la gomme mie de pain, éclaircissez la couleur çà et là sur les meubles. Procédez avec parcimonie mais judicieusement, de façon à suggérer les reflets de la lumière.

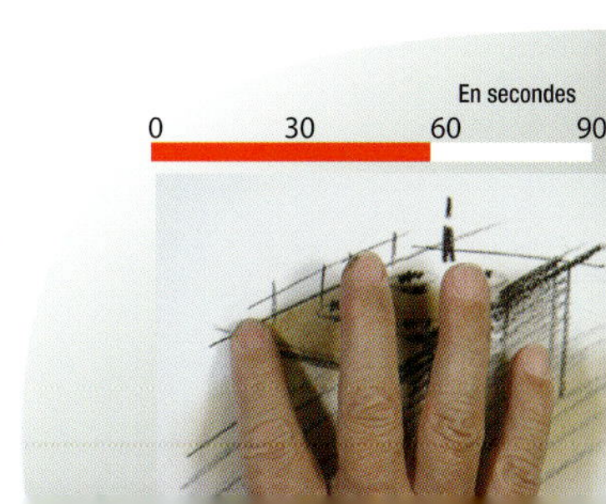

❷❼ Renforcez le contour des dossiers des chaises à l’aide d’un crayon à la cire noir.

❷❽ Dans les éviers, figurez l’eau avec un pastel vert clair.

❷❾ Coloriez les chaises avec une couleur claire.

En secondes

0 10 20

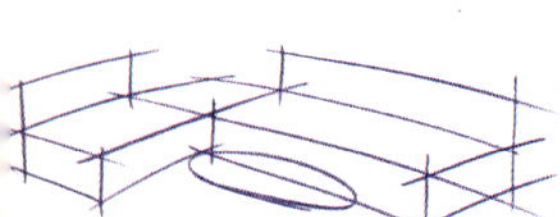

㉚ En utilisant des pastels, détaillez la vaisselle et le bouquet de fleurs.

㉛ Rehaussez quelques éléments à l'aide d'un stylo correcteur.

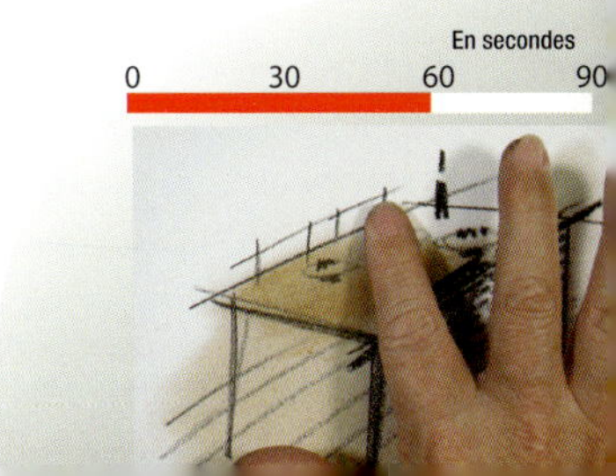

㉜ Le point fort de ce dessin est la luminosité : zones blanches de la baie vitré, reflets clairs posés sur le parquet. Les ombres appliquées au premier plan accentuent l'effet, donnant à l'ensemble une sensation d'espace.

Espace à mobilier blanc, ouvert sur une terrasse fleurie

Le point de vue est situé au-dessus de la ligne des yeux afin de mettre en valeur la clarté des éléments de cuisine et de la table, tout en donnant une place importante aux fleurs de la terrasse.

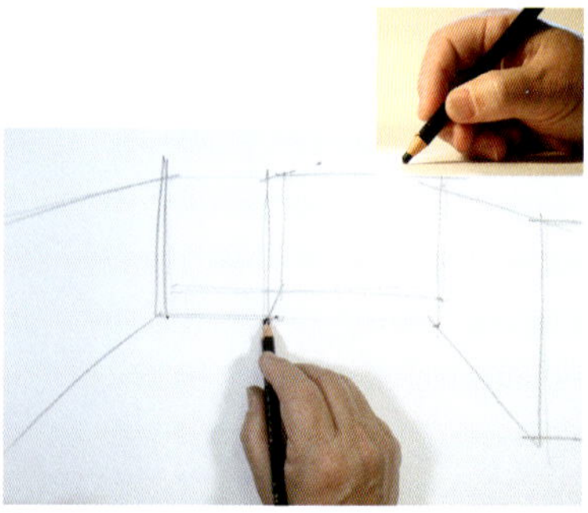

❶ Travaillez avec un crayon à la cire noir. Esquissez l'espace en perspective centrale, avec un point de fuite placé au-dessus de la ligne du plafond.

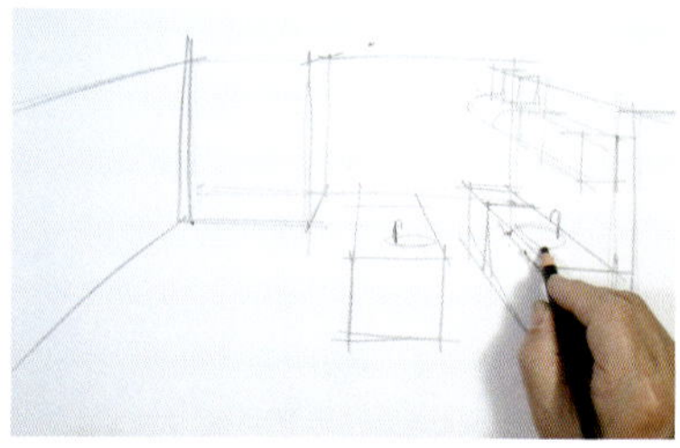

❷ Dessinez les éléments de cuisine en perspective, sans oublier la hotte

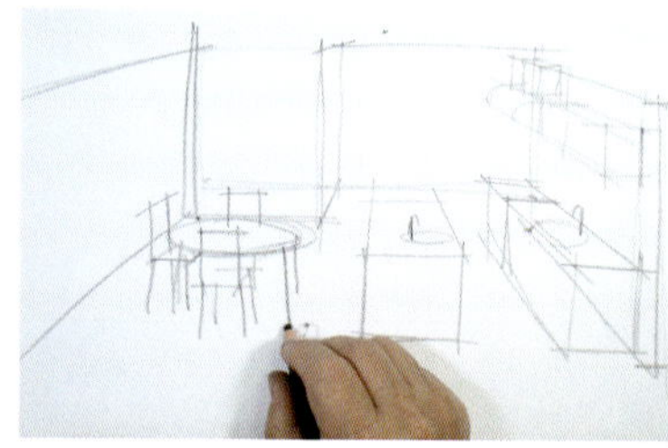

❸ Ajoutez la table, puis dessinez les chaises tout autour.

❹ En travaillant librement, de façon fluide, ébauchez l'arbre situé devant la baie vitrée.

❺ Esquissez les potées de fleurs disposées sur la terrasse. À ce stade, ne les détaillez pas trop. Utilisez-les en revanche pour équilibrer l'ensemble de la composition.

❻ Esquissez légèrement et rapidement les lames du parquet.

❼ Ajoutez quelques détails : les robinets sur les éléments de cuisine, de la vaisselle sur la table... Le dessin au trait est terminé.

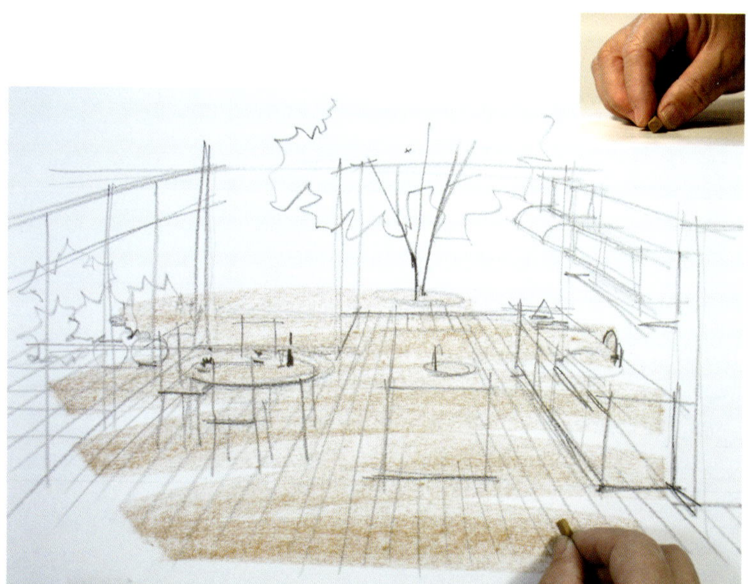

❽ Utilisez des pastels pour la mise en couleur. Commencez par colorier le sol en posant de larges touches souples, sans hésiter à déborder des contours. Veillez toutefois à ne pas générer trop de poussière colorée.

En secondes

0 10 20

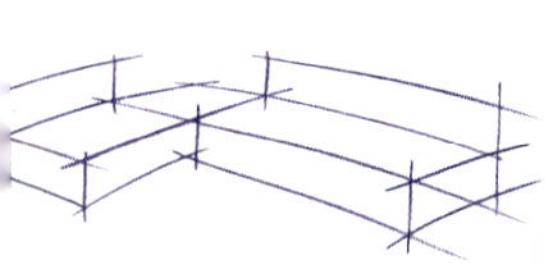

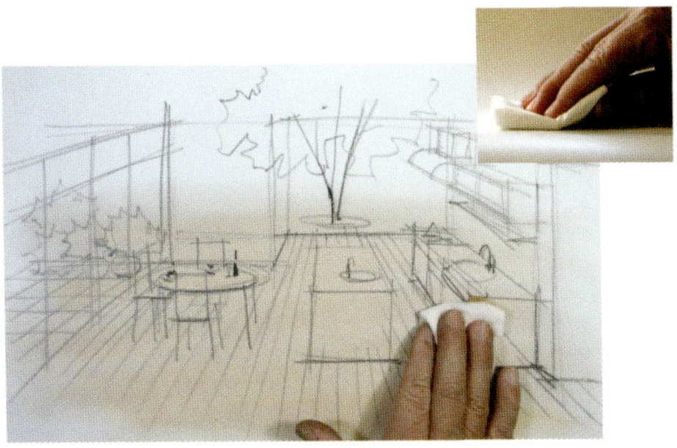

❾ Uniformisez la couleur du sol en l'estompant du bout des doigts.

❿ Retirez de la couleur à l'aide d'une gomme mie de pain afin de figurer les reflets de la lumière sur le sol.

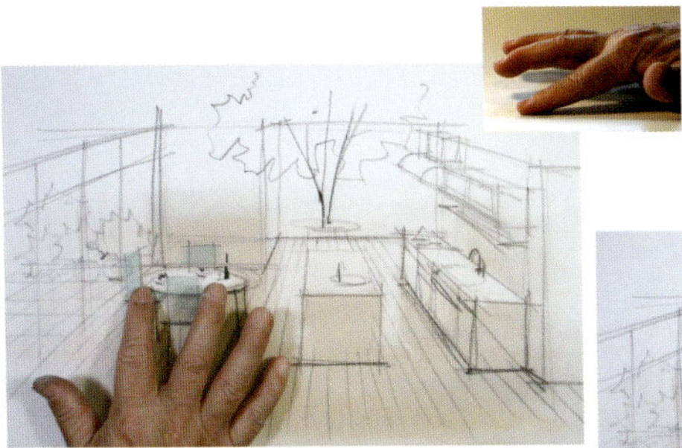

⓫ Coloriez les chaises, puis estompez la couleur du bout du doigt.

⓬ Dans les éviers, représentez l'eau en vert clair.

⓭ Estompez le vert clair du bout du doigt.

⓮ Sur la table, posez des petits touches de couleur pour symboliser la nourriture.

⓯ Posez des touches de vert sur l'arbre (le colorier intégralement déséquilibrerait la composition).

⓰ Sur les potées de fleurs de la terrasse, appliquez du vert pour représenter le feuillage, puis estompez-le du bout des doigts.

⓱ La lumière venant de l'arrière, ombrez le devant des meubles avec un pastel gris foncé.

⓲ Estompez les ombres du bout des doigts.

⓳ Posez des petites taches de couleur pour figurer les fleurs. Travaillez légèrement, sans surcharge.

⓴ Contrôlez l'équilibre général de la composition. La luminosité est le point fort de ce dessin. Pour mieux la mettre en valeur, soulignez certaines zones avec un crayon à la cire noir.

En secondes

0 10 20

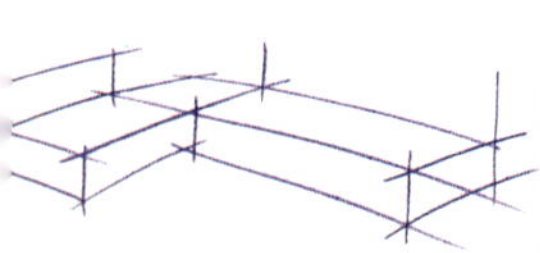

㉑ Donnez davantage de vie aux éléments de cuisine en ajoutant de petites touches de couleur figurant les boutons et les voyants.

㉒ Utilisez un stylo correcteur pour poser des rehauts blancs çà et là sur les meubles.

㉓ Toujours avec le stylo correcteur, détaillez les fleurs mais en évitant les surcharges.

㉔ Bien que la scène soit représentée de jour, la suspension au-dessus de la table est allumée afin que le client puisse imaginer l'atmosphère de nuit. On a donc retiré de la couleur sur la zone éclairée avec la gomme mie de pain, puis on a posé quelques rehauts très brillants sur la table à l'aide du stylo correcteur. Soulignez la perspective en modulant l'intensité des couleurs : les potées de la terrasse sont vivement coloriées, alors que le feuillage de l'arbre de l'arrière-plan est à peine suggéré.

Espace à mobilier foncé, ouvert sur un jardin

Il s'agit de transcrire correctement les contrastes (couleur foncée du mobilier, luminosité provenant de l'extérieur) sans déséquilibrer la composition. Pour accentuer la sensation d'espace ouvert, on a délibérément omis les placards et le réfrigérateur alignés contre le mur de droite, dans le prolongement des éléments de cuisine.

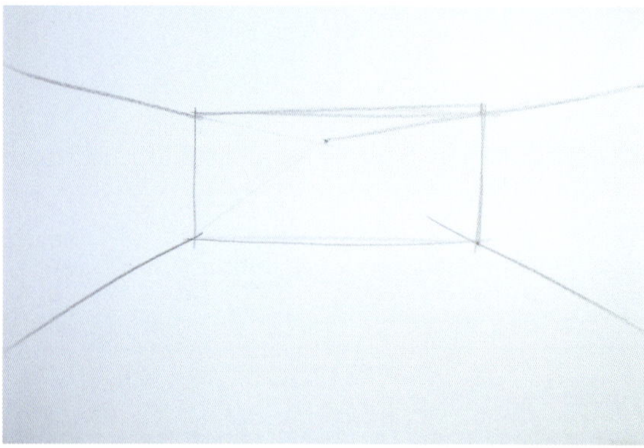

❶ En vous référant au plan, esquissez la pièce en perspective centrale Travaillez avec un crayon à la cire noir.

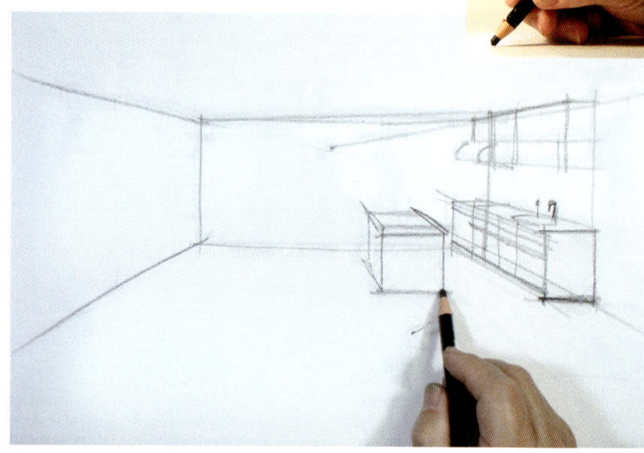

❷ Dessinez les éléments de cuisine en perspective, en veillant à l'équilibre visuel de la composition.

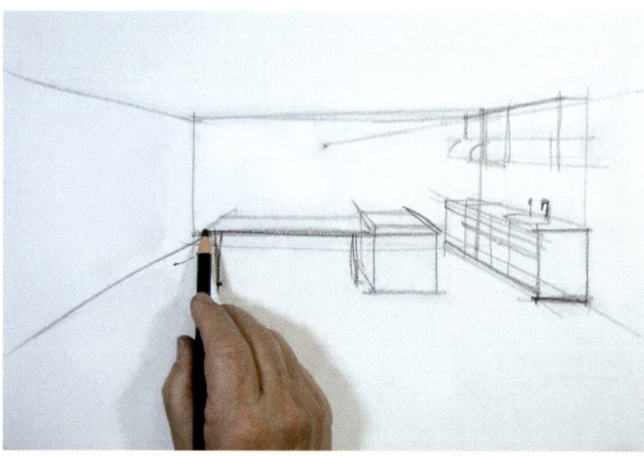

❸ Ajoutez la table.

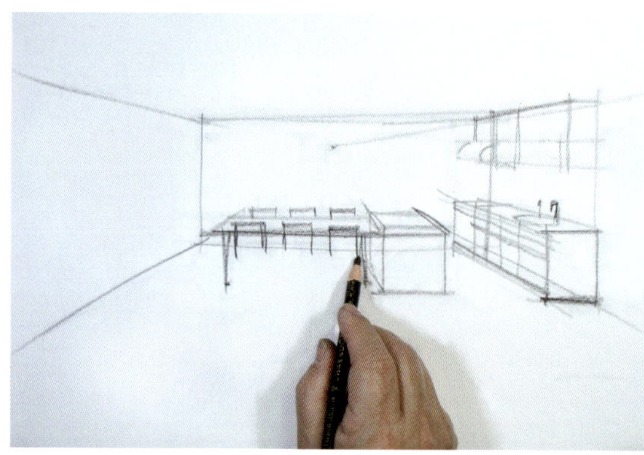

❹ Dessinez les chaises.

❺ Ébauchez l'arbre à traits fluides et légers, sans trop le détailler.

❻ Dessinez les suspensions au-dessus de la table.

En secondes

0 10 20

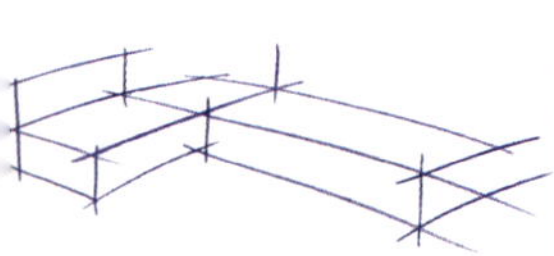

❼ Tracez rapidement les lames du parquet.

❾ Dessinez des fruits sur le plan de travail.

⓫ Procédez à la mise en couleur avec des pastels. Coloriez le sol en évitant de produire trop de poussière colorée.

❽ Tracez le panneau vertical à l'extrémité des éléments de cuisine.

❿ Au premier plan, esquissez le canapé à grands traits.
Le dessin au trait est terminé.

⓬ Estompez la couleur avec du papier absorbant.

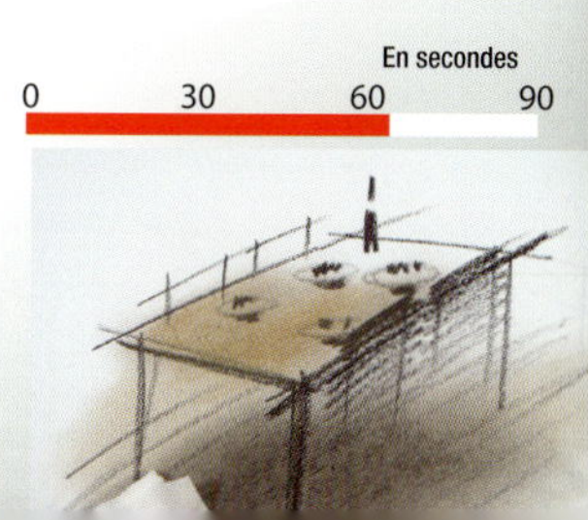

⓭ Avec une gomme mie de pain, retirez de la couleur sur le sol de façon à représenter la lumière entrant par la baie vitrée.

⓮ Coloriez les éléments de cuisine en brun.

⓯ Superposez des touches de rouge afin d'obtenir la teinte voulue.

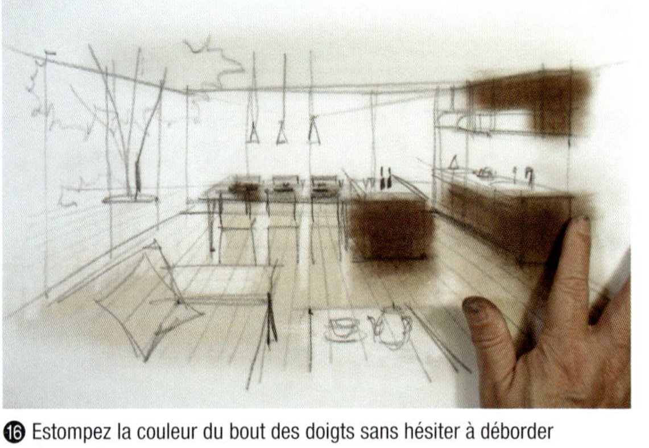

⓰ Estompez la couleur du bout des doigts sans hésiter à déborder des contours.

⓱ Coloriez le canapé avec un pastel bleu clair.

⓲ Estompez le bleu du canapé du bout des doigts.

En secondes
0 10 20

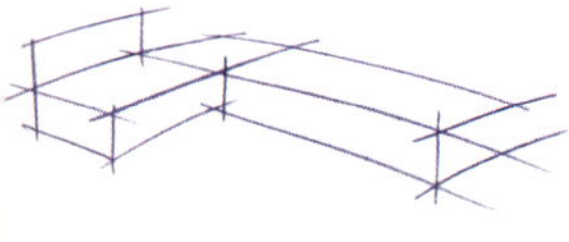

⑲ Coloriez les chaises en utilisant le même bleu.

⑳ La lumière venant du fond de la pièce, ombrez l'avant des éléments de cuisine en noir. Estompez les ombres du bout du doigt.

㉑ Posez des ombres sur le canapé et le coussin avec un pastel gris foncé, puis estompez-les du bout des doigts.

㉒ Ajoutez puis estompez de nouveau un peu de bleu clair sur le coussin afin de modeler son volume.

㉓ Appliquez des petites touches de couleur pour représenter la vaisselle et la nourriture disposées sur la table.

㉔ À l'aide de la gomme mie de pain, ajoutez un reflet en blanchissant la zone entre l'élément de cuisine et la table.

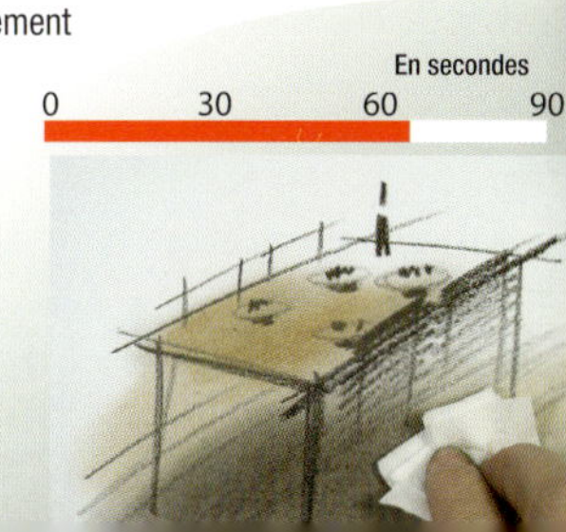

㉕ Pour donner de la cohésion à la composition, renforcez certains contours au crayon à la cire noir.

㉖ Posez de petits accents lumineux à l'aide d'un stylo correcteur : tracez les poignées des placards, soulignez les meubles par endroits, rehaussez çà et là.

㉗ Le dessin est presque terminé. Vérifiez l'équilibre de l'ensemble.

㉘ Tracez les portes des placards avec un crayon de couleur blanc.

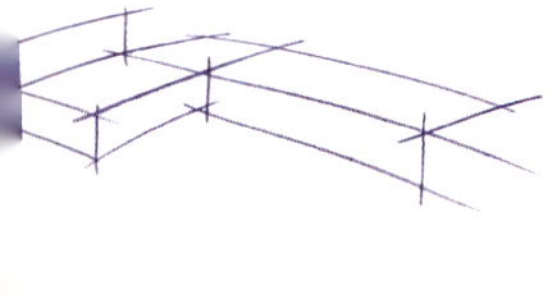

(29) Le dessin est terminé. Il présente un parfait équilibre entre ombres et lumière.

En secondes
0 30 60 90

Cuisine avec escalier hélicoïdal

L'estompage des pastels joue ici un rôle particulièrement important. Notez la façon dont les gris doux qui entourent l'escalier assurent la liaison réussie entre la luminosité de cette zone et les teintes assourdies de la cuisine.

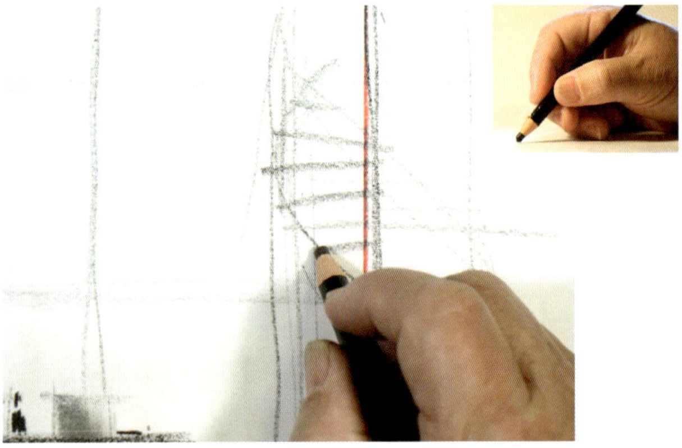

❶ Avec un crayon à la cire noir, dessinez l'escalier en traçant des courbes fluides.

❷ Utilisez encore le crayon à la cire pour épaissir les pieds de la table.

❸ Sur les chaises, estompez la couleur du bout du doigt.

❹ Retirez de la couleur avec une gomme mie de pain afin de suggérer la lumière entrant par la baie vitrée.

❺ Représentez les ombres portées de la table et des chaises en gris clair, puis estompez-les avec du papier absorbant plié en un petit rectangle.

❻ Ombrez l'élément de cuisine en gris foncé, puis estompez-le avec du papier absorbant.

En secondes

0 10 20

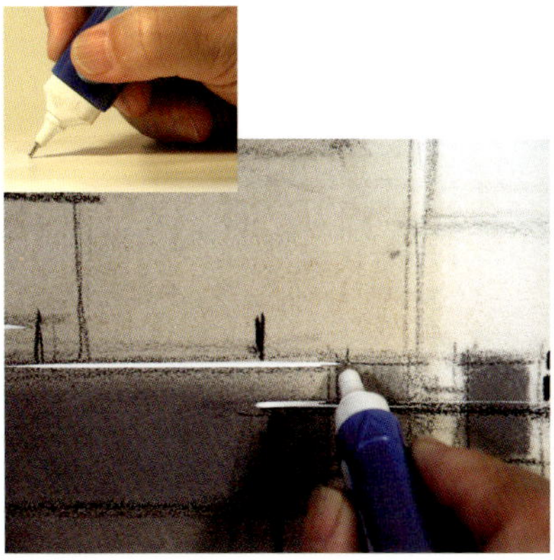

❼ Soulignez le plan de travail et le coin de la table au stylo correcteur.

❽ Utilisez du papier absorbant pour uniformiser parfaitement la couleur sur les murs.

❾ Représentez les spots encastrés au plafond par de petites touches de stylo correcteur.

❿ Il est essentiel de parvenir à supprimer tous les éléments superflus et à schématiser l'espace au maximum. Un dessin définitif n'a pas besoin d'être détaillé. Il doit décrire l'espace de façon générale, tout en restant fidèle à la réalité.

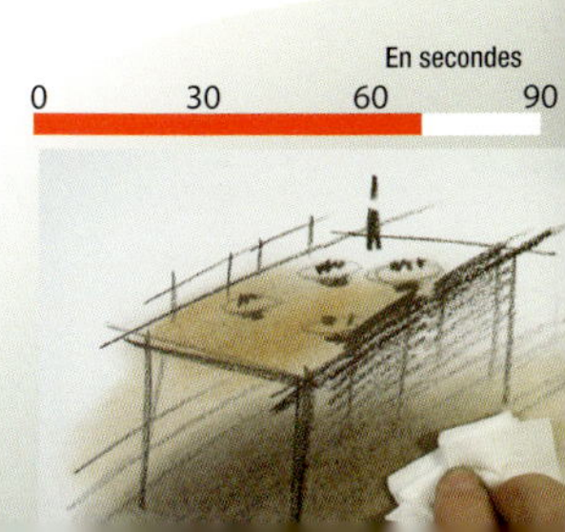

Grand hall avec canapé

L'objectif de cet exercice est d'aborder le traitement d'espaces tels que les halls d'accueil ou les salles d'attente, dont les proportions sont plus vastes que les logements individuels. Une fois le dessin au trait terminé, travaillez aux pastels. Coloriez le sol, appliquez du gris sur tout le reste de la composition, puis estompez l'ensemble avec du papier absorbant de façon à obtenir des transitions très douces. Notez que la table et les chaises de l'arrière-plan sont réduites à de simples silhouettes.

❶ Esquissez l'arbre avec un crayon à la cire noir.

❷ Uniformisez la couleur du sol avec du papier absorbant.

❸ Du bout du doigt, allongez les ombres portées de la table et des chaises.

En secondes

0 10 20

❹ Autour de la baie vitrée, retirez de la couleur sur les murs en l'essuyant avec un tampon de papier absorbant.

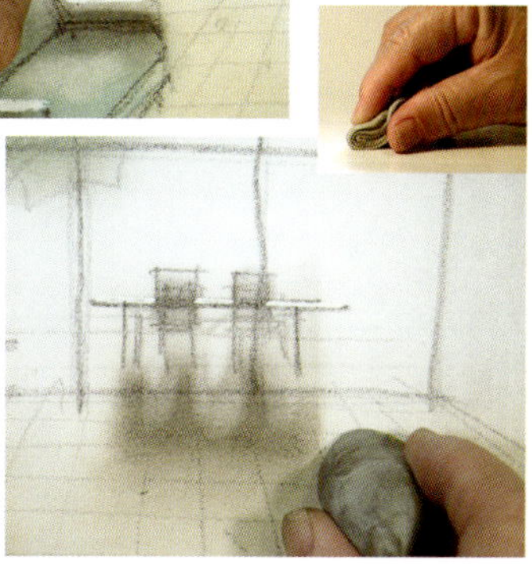

❺ Posez des reflets de lumière sur le sol à l'aide d'une gomme mie de pain.

❻ Utilisez aussi la gomme pour représenter la lumière diffusée par la lampe.

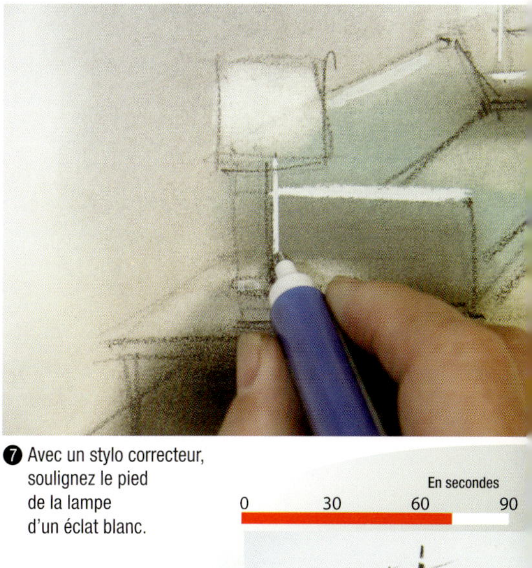

❼ Avec un stylo correcteur, soulignez le pied de la lampe d'un éclat blanc.

Baignoire et chaise longue

Ce dessin étant essentiellement traité en gris, veillez à ce qu'il ne devienne pas trop sombre. Préservez autant que possible la luminosité de l'arrière-plan. Le point fort de cette étude est la répartition judicieuse des reflets de lumière sur le sol, la baignoire, les meubles et les différents objets.

En secondes

0 10 20

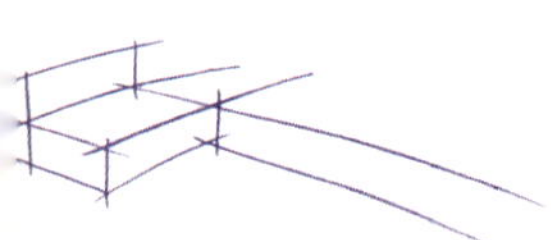

❶ Esquissez sommairement l'arbre avec un crayon à la cire noir.

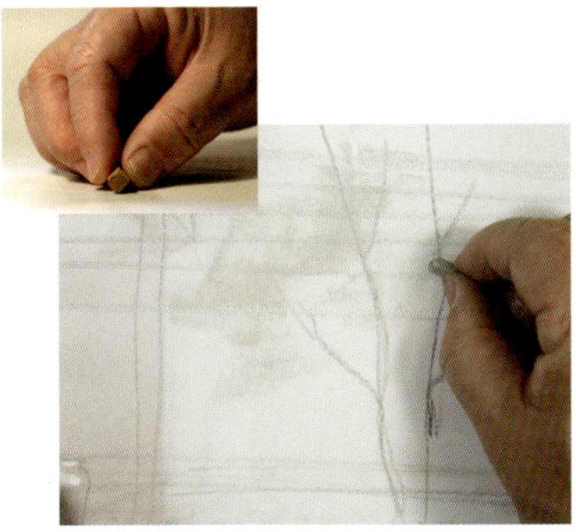

❷ Suggérez le feuillage avec un pastel vert. Choisissez une teinte très pâle afin qu'elle ne déséquilibre pas les gris.

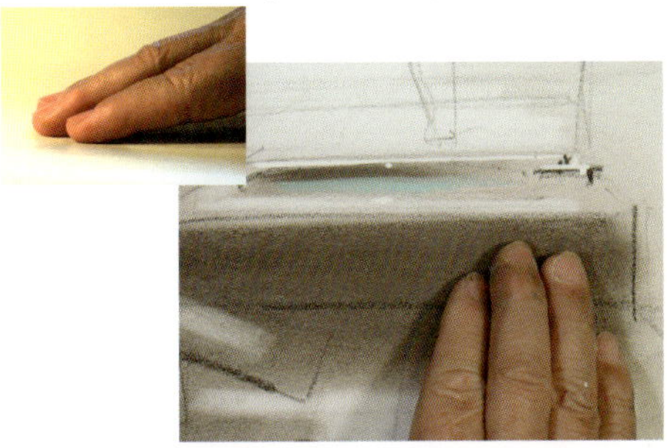

❸ Pour unifier la composition, ombrez en gris foncé le devant de la baignoire, l'avant de la chaise longue et les vases.

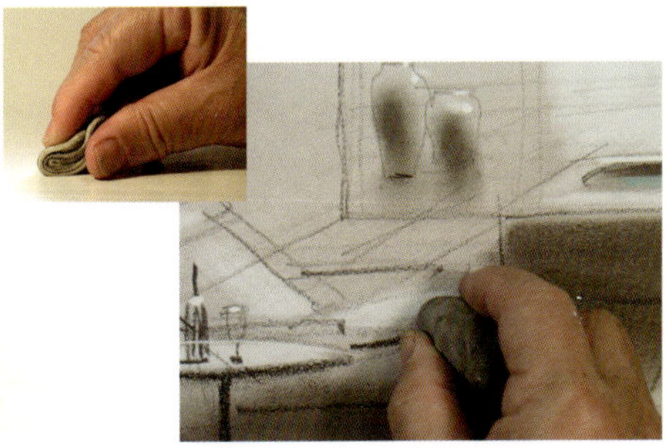

❹ Mettez en relief la chaise longue en retirant de la couleur avec une gomme mie de pain.

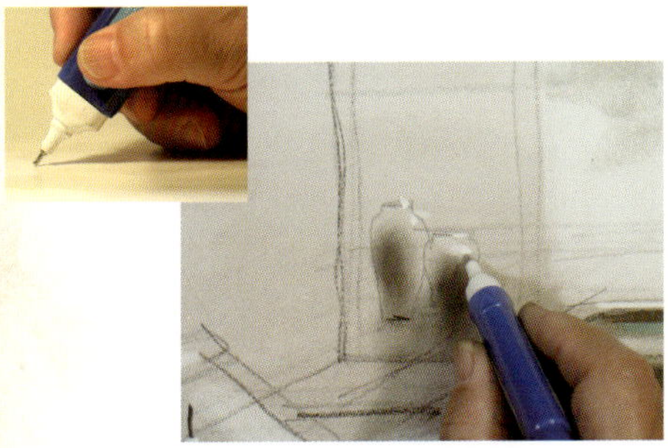

❺ Utilisez un stylo correcteur pour symboliser des reflets de lumière çà et là.

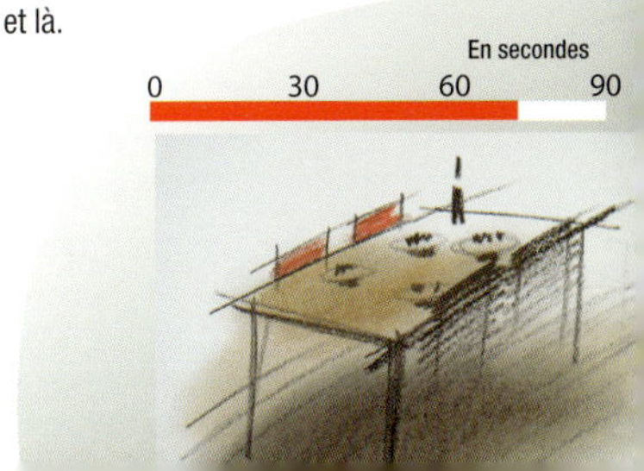

Terrasse de café

Afin de suggérer l'ambiance conviviale de la scène, donnez plus d'importance aux personnages qu'aux bâtiments environnants.

❶ Pour animer et unifier la composition, soulignez les zones stratégiques avec un crayon à la cire noir.

❷ Appliquez du pastel sur les dossiers des chaises et estompez-le du bout des doigts.

❸ Suggérez souplement le feuillage des arbres en posant de légères touches de pastel vert.

❹ Sur le sol, estompez les ombres portées avec du papier absorbant.

En secondes

0 10 20

Restaurant en atrium

Ce restaurant est entouré de buildings que l'on aperçoit par les baies vitrées. Esquissez-les en gris clair, en les schématisant au maximum afin de ne pas surcharger la composition. Réduisez les personnages à des silhouettes : ils doivent animer la scène sans interférer avec l'architecture et le mobilier. Traitez l'essentiel du dessin en gris et noir, jouez sur le blanc du papier, mais utilisez une couleur vive sur les placards de droite afin de rehausser l'ensemble.

❶ Avec un crayon à la cire noir, esquissez les personnages à traits épais et rapides.

❷ Sur les placards, posez des petites touches de couleurs vives représentant des objets.

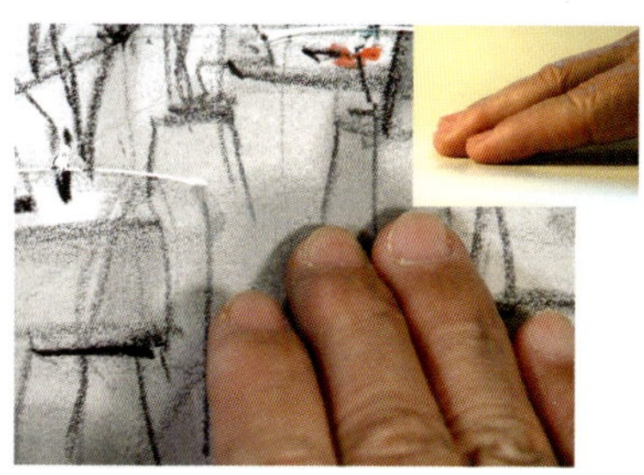

❸ Sur le sol, estompez les ombres portées du bout des doigts.

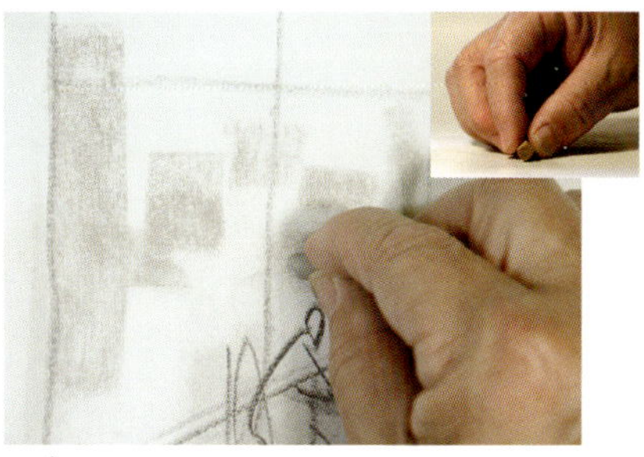

❹ Ébauchez les buildings en gris, en utilisant la tranche du pastel.

❺ Appliquez du gris pâle sur le plafond, puis estompez-le avec du papier absorbant.

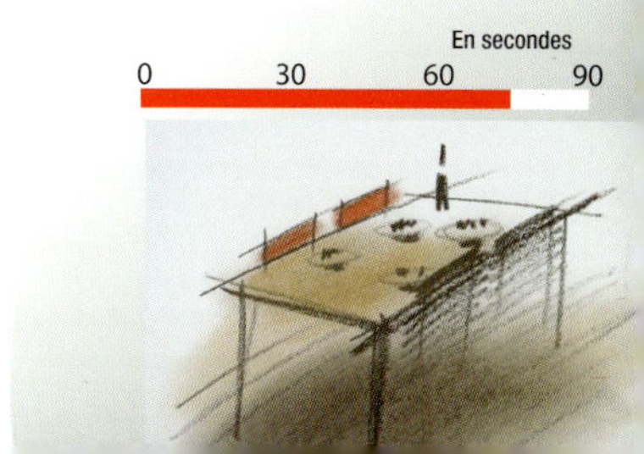

Cuisine rouge avec baie vitrée

L'élément de cuisine rouge constitue le point de mire de ce dessin. Sa couleur est discrètement reprise en écho sur les chaises. Partout ailleurs, n'utilisez que du gris, du noir et le blanc du papier de façon à préserver la cohésion de l'image. Schématisez au maximum l'architecture intérieure et la végétation de l'arrière-plan.

❶ Utilisez un crayon à la cire noir pour ébaucher la végétation extérieure à grands traits.

❷ Coloriez entièrement l'élément de cuisine en rouge.

❸ Pour représenter les reflets sur le sol, retirez de la couleur avec une gomme mie de pain.

❹ Uniformisez la teinte du sol en l'estompant avec du papier absorbant.

❺ Utilisez un stylo correcteur pour figurer le reflet de la lumière sur le robinet.

En secondes

0 10 20

Salle à manger vitrée

Esquissez rapidement l'espace avec un crayon à la cire noir. Coloriez l'ensemble de la composition avec un pastel gris pâle, puis utilisez une gomme mie de pain pour éclaircir les zones lumineuses et poser des reflets.

❶ Ombrez les dossiers des chaises en les hachurant avec un crayon à la cire noir.

❷ Sur le sol, estompez du bout des doigts les ombres portées.

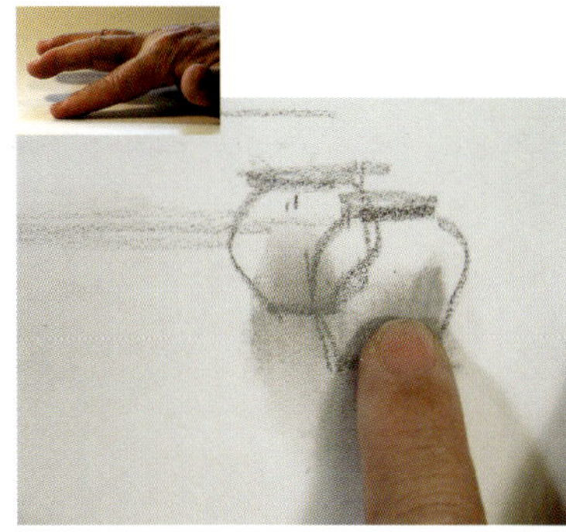

❸ Donnez du relief aux pots en posant des ombres grises que vous estompez au doigt.

❹ Représentez les reflets de lumière en retirant la couleur à l'aide d'une gomme mie de pain.

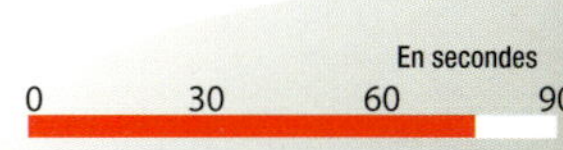

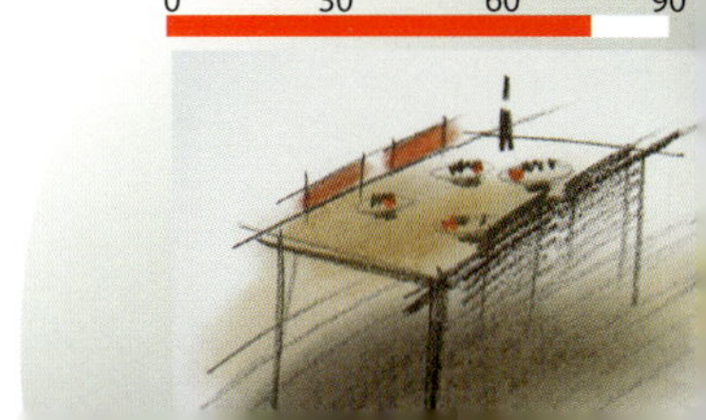

❺ Le dessin terminé restitue l'atmosphère sereine de cette salle à manger très dépouillée.

Chambre blanche

Jouez sur la modulation des gris pour représenter cet espace entièrement décoré en blanc, où l'éclairage tient le rôle principal.

❶ Soulignez la base du lit et des chevets avec un crayon à la cire noire.

❷ Utilisez du papier absorbant pour estomper les ombres.

❸ Estompez délicatement le gris du lit afin de suggérer un modelé doux.

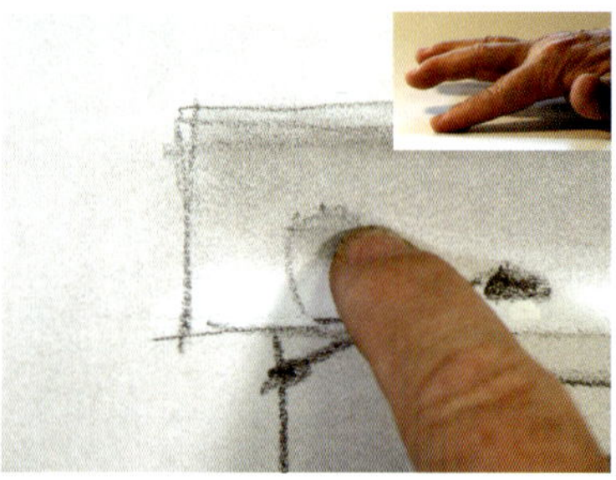

❹ Donnez du relief aux vases en posant des ombres estompées du bout du doigt.

❺ À l'aide d'une gomme mie de pain, retirez entièrement la couleur sur le dessus du lit.

❻ Adoucissez les coins avant du lit en les estompant avec du papier absorbant.

En secondes
0 10 20

❼ Estompez soigneusement le gris sur le sol et les murs de façon à l'uniformiser. Veillez à ne pas laisser de traces ou de tâches afin que la composition reste légère.

Vestibule avec vue sur jardin

Contrairement à ce qui se fait d'ordinaire en dessin d'architecture intérieure, l'arbre aperçu dans l'encadrement de la porte est colorisé pour devenir le point de mire de la composition.

❶ Avec un crayon à la cire noir, esquissez légèrement les rameaux du vase à petits traits nerveux.

❷ Suggérez les fleurs du cerisier avec un pastel rose utilisé sur sa tranche.

❸ Coloriez le feuillage des rameaux du vase avec un pastel.

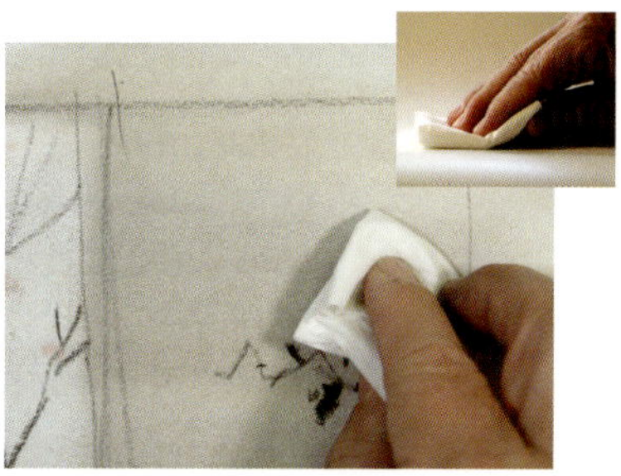

❹ Coloriez les murs aux pastels, puis estompez avec du papier absorbant.

❺ Représentez les reflets sur le sol à l'aide d'une gomme mie de pain.

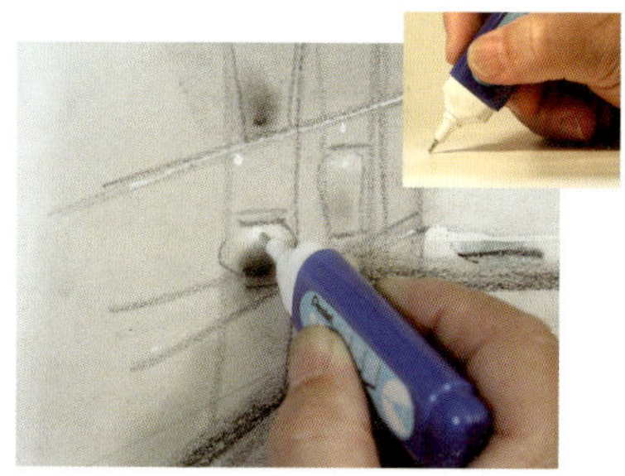

❻ Utilisez un stylo correcteur pour poser de petits éclats sur les vases.

❼ Le dessin terminé montre l'efficacité de la perspective centrale dans ce cas. Le point de fuite a été situé au centre de la porte afin que l'œil de l'observateur soit immédiatement guidé vers le cerisier.

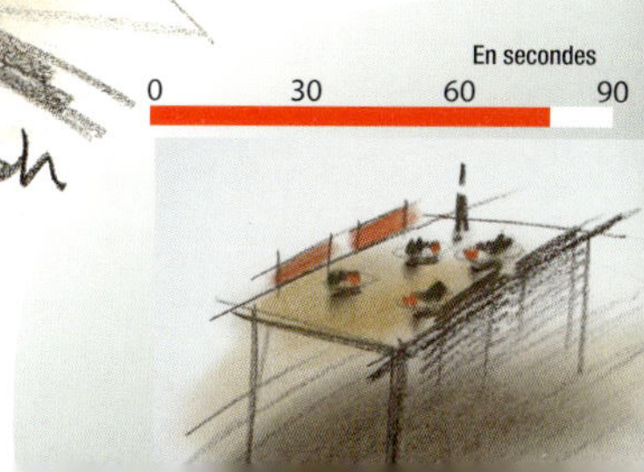

Détail d'éclairage

Pour rendre les jeux de lumière de cette scène, l'estompage des pastels joue un rôle essentiel.

❶ Renforcez les ombres su meuble avec un crayon à la cire noir.

❷ Uniformisez la couleur du mur en l'estompant avec du papier absorbant.

❸ Sur les bandes vitrées, retirez la couleur à l'aide d'une gomme mie de pain.

❹ Utilisez un stylo correcteur pour souligner de blanc la tranche avant du meuble.

❺ Autour de la lampe, adoucissez les transitions de couleur avec du papier absorbant.

En secondes
0 10 20

❻ Afin de préserver la sobriété et l'harmonie de la composition, les couleurs ont été appliquées puis estompées en continu sur le mur et le meuble.

Salle à manger japonaise

Pour restituer la sobriété élégante de cet intérieur, on a choisi une palette quasiment monochrome, et le jardin situé derrière la baie vitrée a été simplifié au maximum. De larges reflets de lumière évitent que le parquet noir ne surcharge la composition.

❶ Ombrez les tranches de la table avec un pastel noir.

❷ Coloriez le plafond en gris, puis uniformisez-le parfaitement à l'aide de papier absorbant.

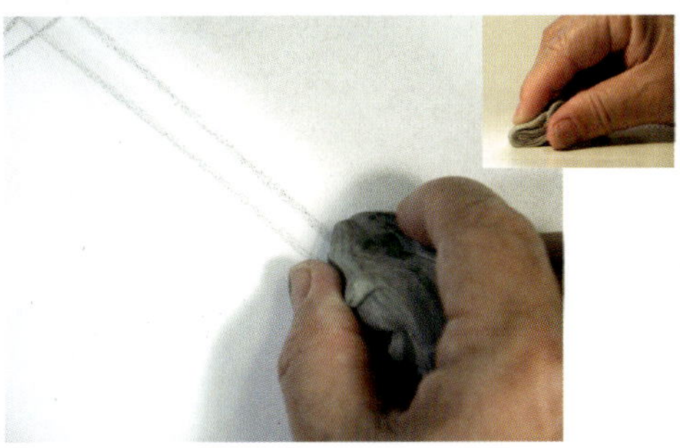

❸ Utilisez une gomme mie de pain pour tracer les rais de lumière autour du plafond.

❹ Avec un stylo correcteur, posez des éclats blancs sur les assiettes.

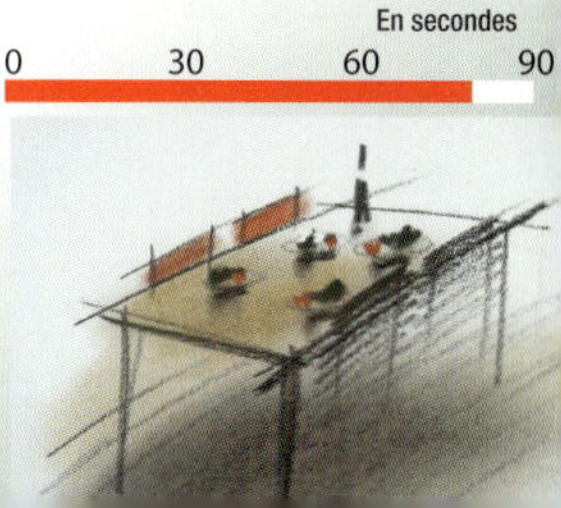

Terrasse au bord d'une piscine

Les reflets sur l'eau constituent le point fort de cette composition. Esquissez-les de façon souple, sans chercher à les détailler.

❶ Ombrez et soulignez le mobilier de jardin avec un crayon à la cire noir.

❷ Suggérez sommairement le feuillage à l'aide d'un pastel vert.

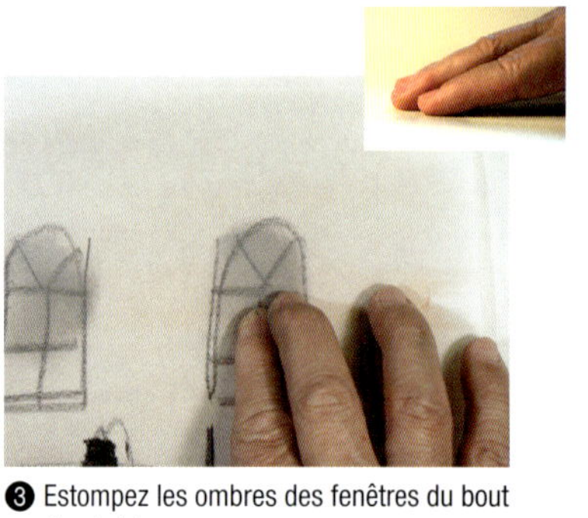

❸ Estompez les ombres des fenêtres du bout des doigts.

❹ Uniformisez la couleur des murs.

En secondes
0 10 20

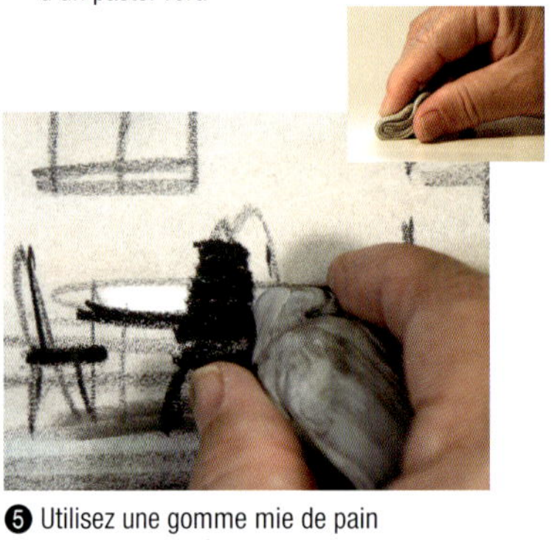

❺ Utilisez une gomme mie de pain pour retirer entièrement la couleur sur le plateau des tables.

❻ Tracez des reflets sur l'eau à l'aide d'un stylo correcteur, mais sans excès afin de préserver leur impact.

Chapitre 6

Le dessin numérique

Ce chapitre présente le principe général du dessin d'architecture intérieure assisté par ordinateur. L'écran de ce dernier se substitue au carnet à croquis, et une tablette graphique remplace les crayons ou autres outils traditionnels. Cet environnement exige un peu de pratique pour être maîtrisé. Cependant, dès que vous vous serez familiarisé avec les outils numériques, vous serez capable d'exécuter des dessins aussi aisément qu'à la main, en appliquant les mêmes méthodes de construction. Cela enrichira alors le dialogue avec vos clients, car vous pourrez leur fournir des projets imprimés ou les leur présenter sur un grand écran.

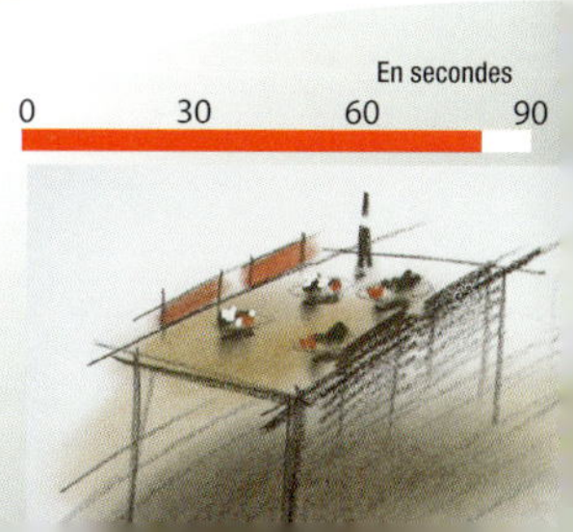

Utiliser une tablette graphique

Le principe consiste à dessiner directement sur la tablette graphique à l'aide d'un stylet, tout en regardant le résultat à l'écran. Vous pouvez travailler sur un ordinateur portable ou sur un grand écran, de 12" par exemple. Il vous faut bien sûr un logiciel de dessin adapté. Il est possible de dessiner à la souris, mais la tablette graphique restitue mieux et plus aisément les effets des outils traditionnels.

Tablette graphique et stylet.

Le logiciel permet de retrouver toute la fluidité d'un dessin à la main : hachures rapides, aplats débordant des contours...

Ici, on a pu simuler un traitement à l'aquarelle. Pour une meilleure lisibilité, les murs ne sont pas coloriés et, sur le sol, on a uniquement teinté les ombres portées des meubles.

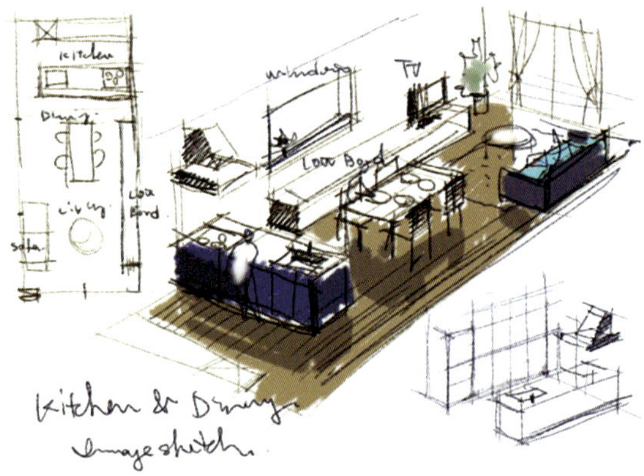

Le plan donné en marge du dessin décrit l'intégralité de l'espace. Il n'est donc pas utile de détailler les murs perspective.

En secondes

0 10 20

Comme sur un dessin à la main, l'ordinateur permet de moduler les gris pour suggérer les jeux de lumière.

Il est tout à fait possible de jouer sur l'intensité des teintes. Ci-dessus, elles sont vives à l'intérieur, et atténuées sur la terrasse.

Utilisez la couleur avec parcimonie afin de ne pas surcharger la composition.

Ce croquis montre que l'on peut réaliser des dégradés de couleur à l'ordinateur.

Même un dessin réputé aussi complexe qu'un escalier peut être aisément exécuté à l'ordinateur.

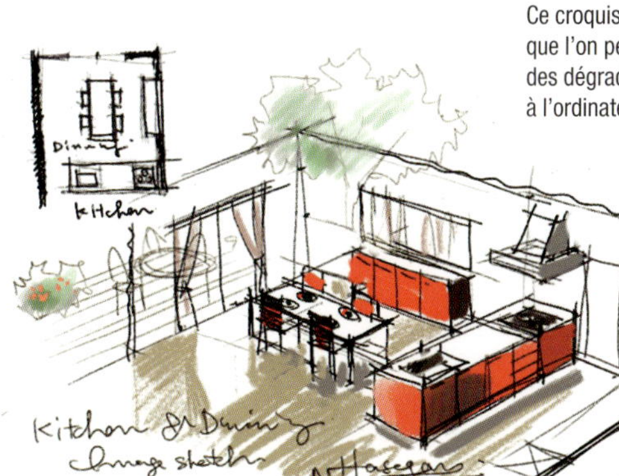

Tous les rendus sont possibles : traitement soutenu et précis à l'intérieur, flou et léger à l'extérieur.

Manière correcte de tenir le stylet sur la tablette.

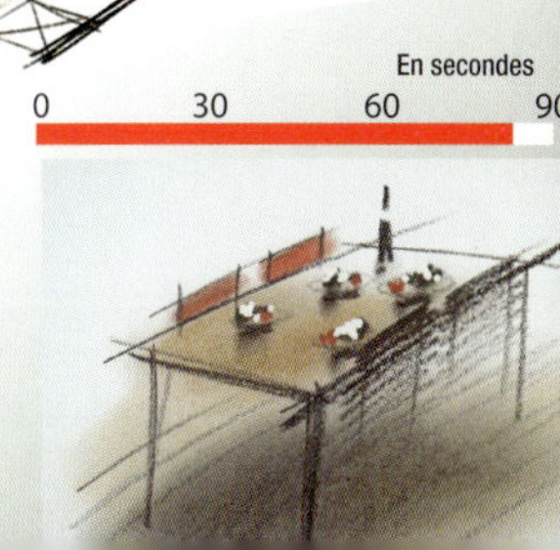

Principe de construction d'un espace

Voici comment dessiner un espace simple à l'aide d'une tablette graphique. La méthode de construction elle-même est semblable à celle employée quand on travaille à la main.

Tenez le stylet exactement comme un crayon.

❶ Tracez rapidement une ligne oblique.

❷ Croisez une deuxième ligne oblique pour former le coin arrière du sol.

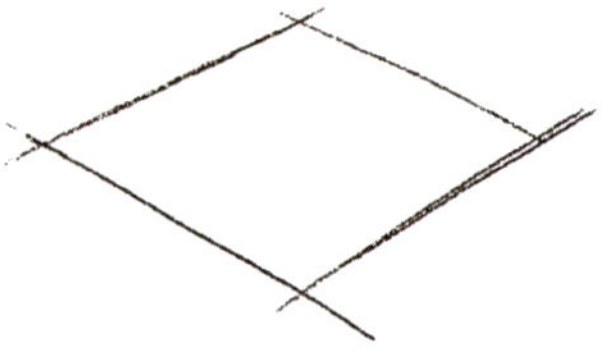

❸ Ajoutez deux lignes obliques parallèles aux précédentes afin de définir le sol de la salle à manger.

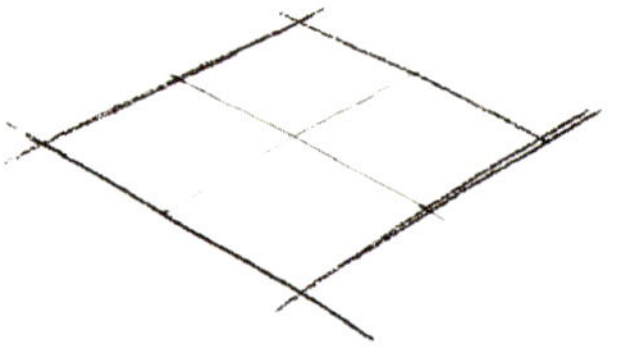

❹ En travaillant au jugé, tracez deux lignes légères divisant le sol en quatre cases égales.

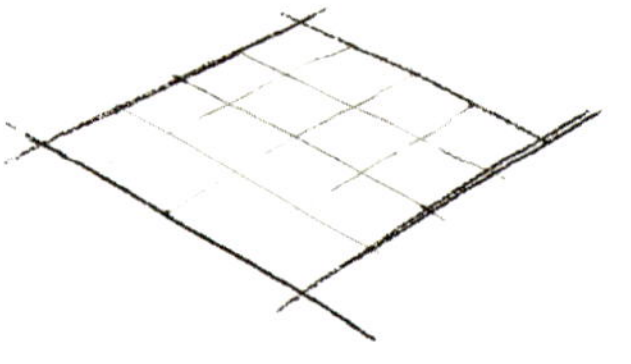

❺ Ajoutez des lignes, toujours légères, de façon à obtenir un quadrillage de seize cases qui vous facilitera le placement des meubles.

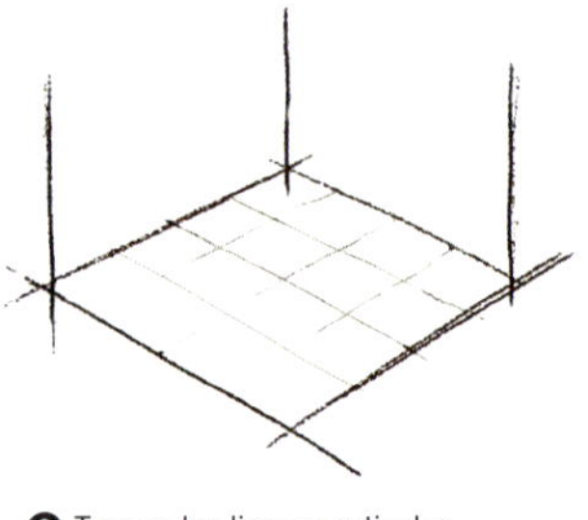

❻ Tracez des lignes verticales à l'aplomb des trois coins arrière.

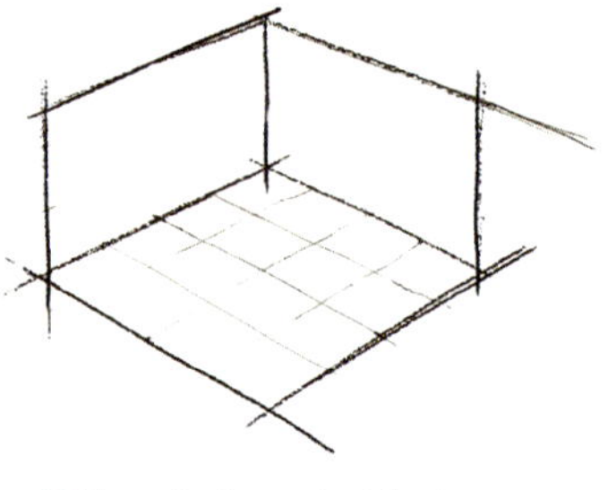

❼ Tracez les lignes du plafond parallèlement à celles du sol.

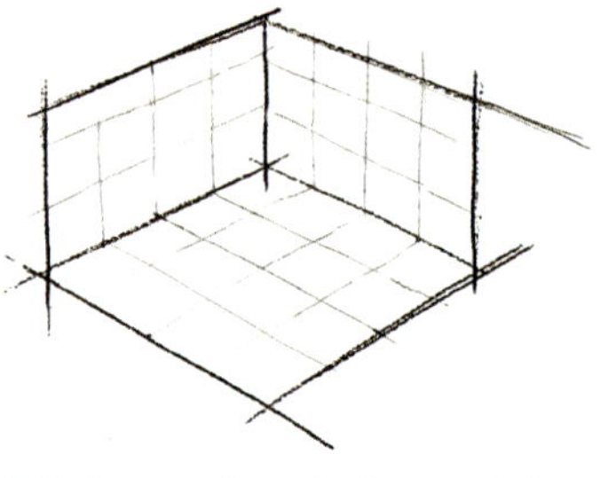

❽ Sur les murs, élevez des lignes verticales à l'aplomb du quadrillage du sol. Tracez aussi des lignes obliques parallèles à celles du sol et espacées de la même façon.

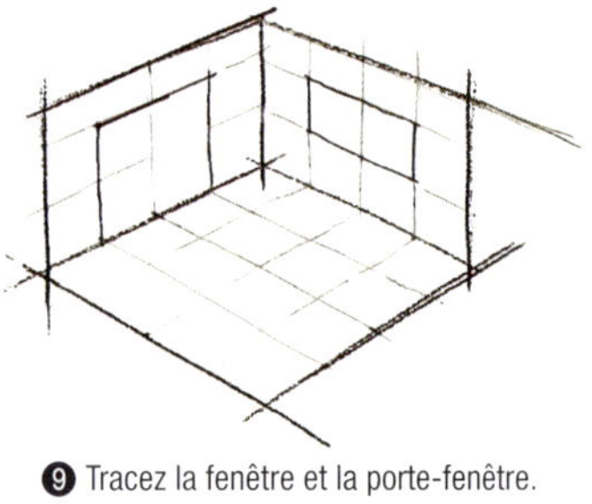

❾ Tracez la fenêtre et la porte-fenêtre.

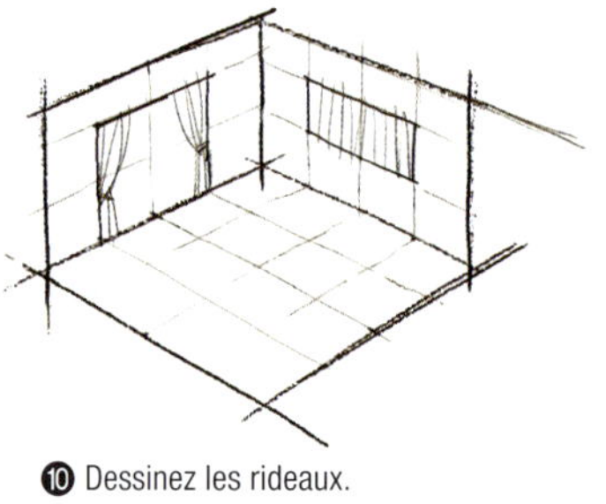

❿ Dessinez les rideaux.

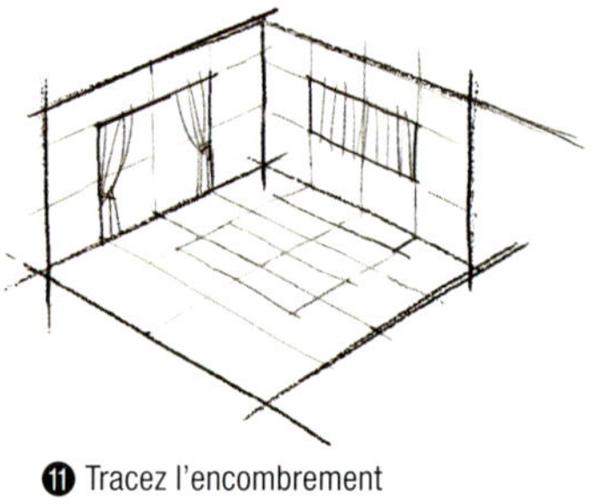

⓫ Tracez l'encombrement des meubles sur le sol.

En secondes

0 10 20

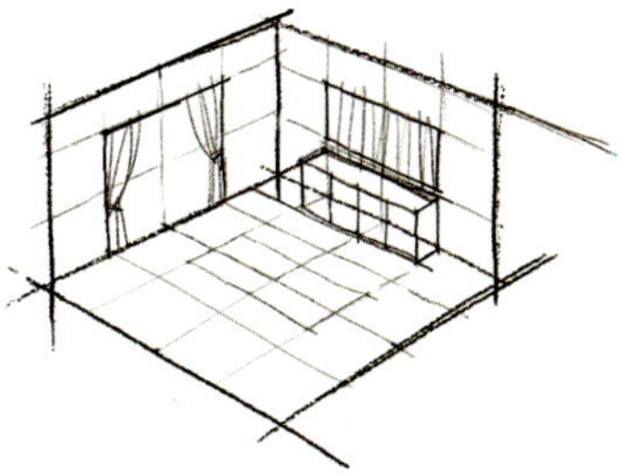

12 Élevez le buffet en perspective.

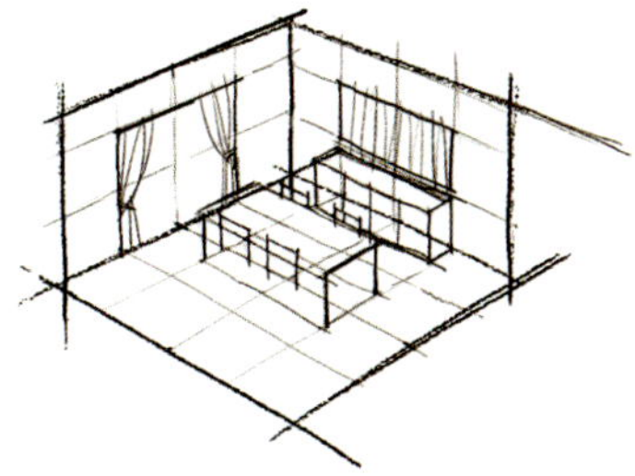

13 Élevez la table en perspective. Tracez ses pieds, puis dessinez les chaises.

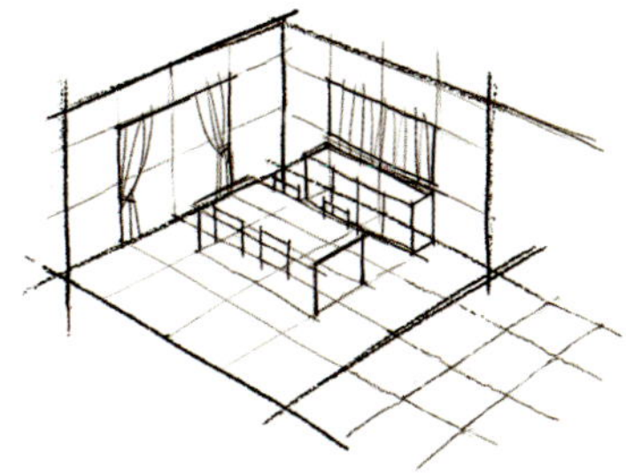

14 Pour situer la cuisine, prolongez le sol et son quadrillage vers la droite.

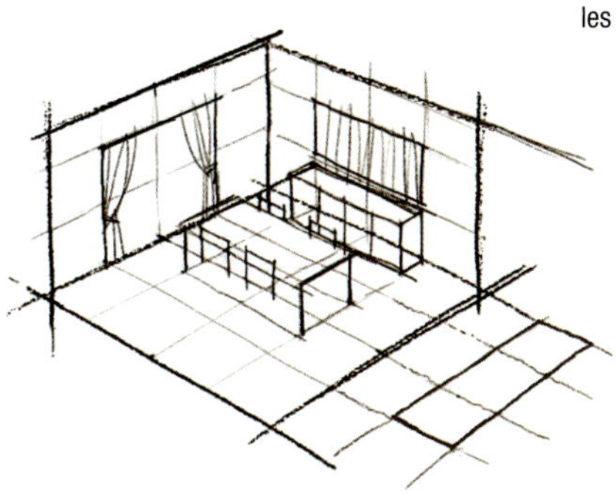

15 Tracez l'encombrement de l'élément de cuisine sur le sol.

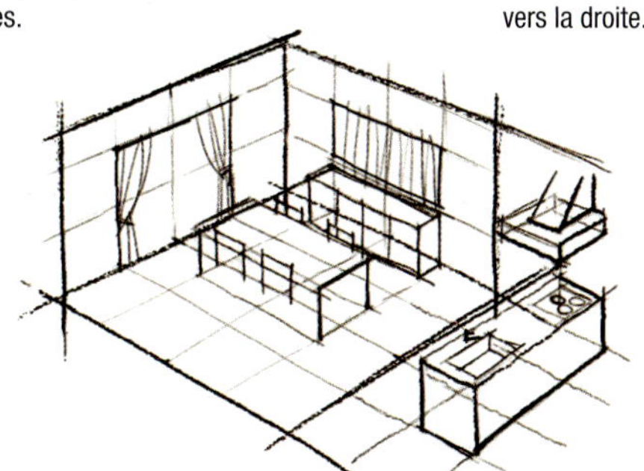

16 Élevez l'élément de cuisine en perspective. Représentez l'évier et la table de cuisson. Dessinez la hotte.

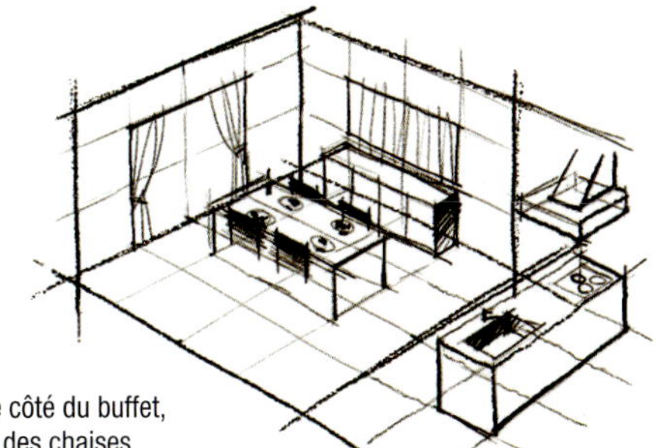

17 Ombrez le côté du buffet, le dossier des chaises et l'intérieur de l'évier.

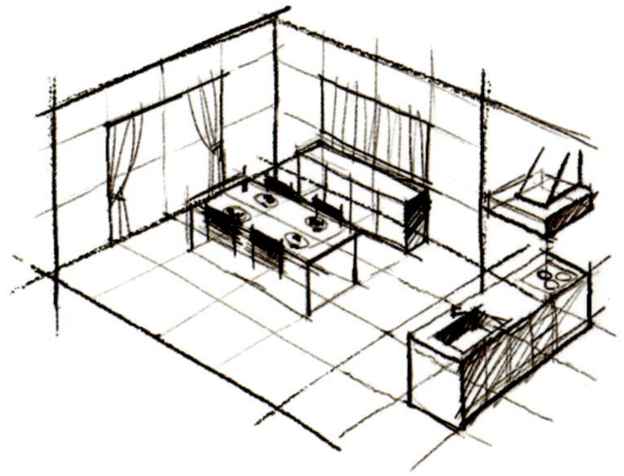

18 Ombrez l'arrière de l'élément de cuisine et tracez les portes des placards. Le dessin au trait est terminé.

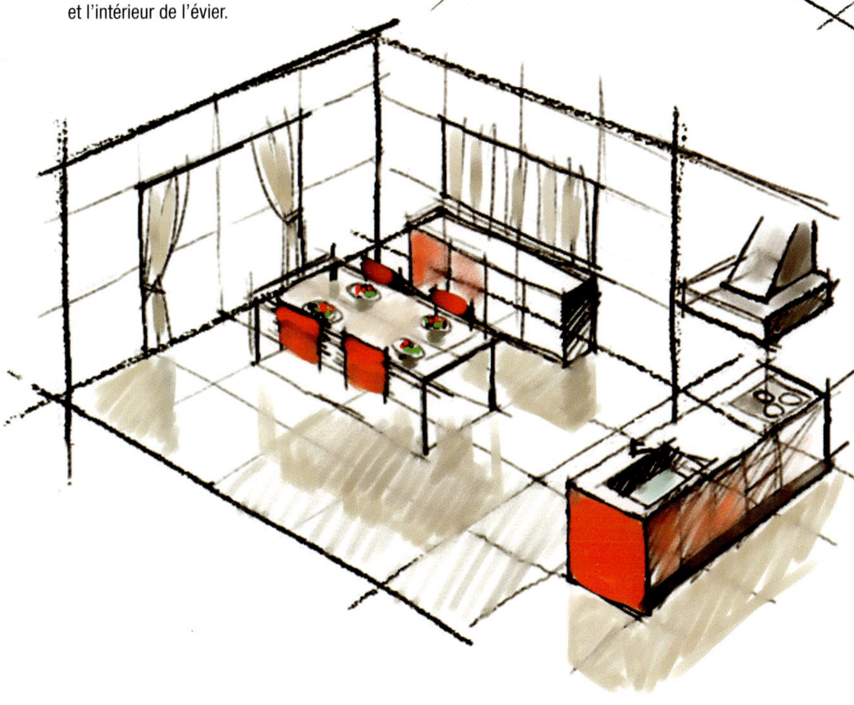

19 Sur le sol, coloriez les ombres portées par les meubles. Posez des touches de couleur sur les meubles et les rideaux, mais en veillant à ne pas surcharger le dessin.

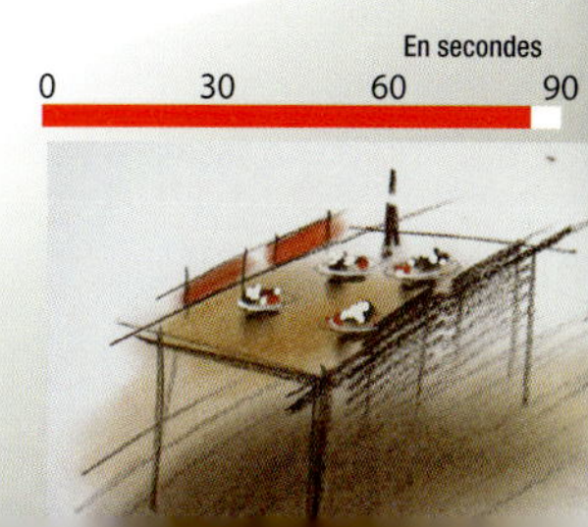

Exercice : salle à manger/cuisine

Pour vous familiariser avec la tablette graphique, exercez-vous à représenter un espace simple en perspective centrale. Procédez dans le même ordre que pour un dessin à la main.

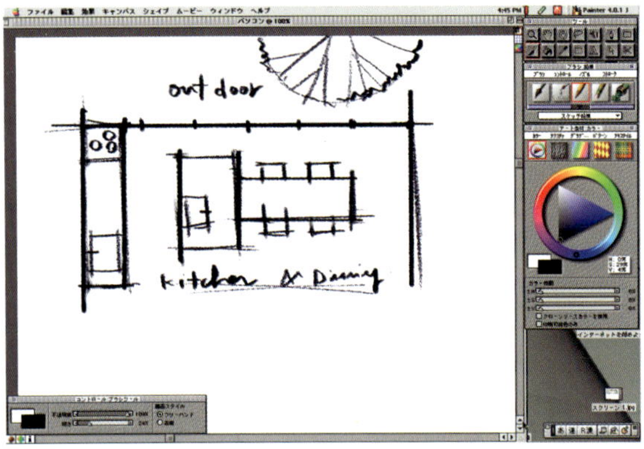

❶ Cette capture d'écran montre le plan de référence qui a été dessiné avec la tablette graphique.

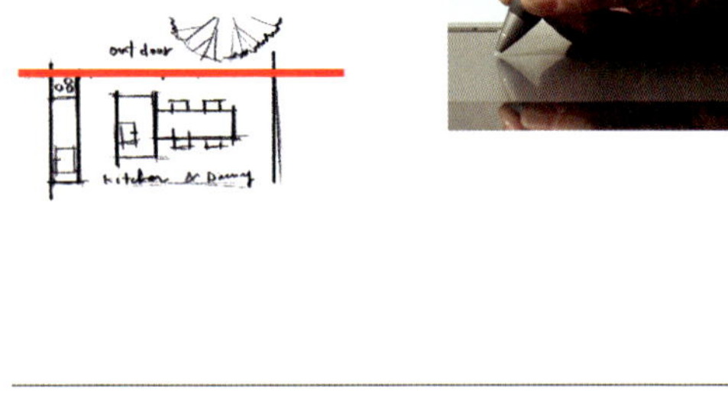

❷ Tracez la ligne horizontale définissant la base du mur arrière (en rouge sur le plan). Vous pouvez travailler à main levée, guider le stylet contre une règle ou encore utiliser une fonction automatique du logiciel.

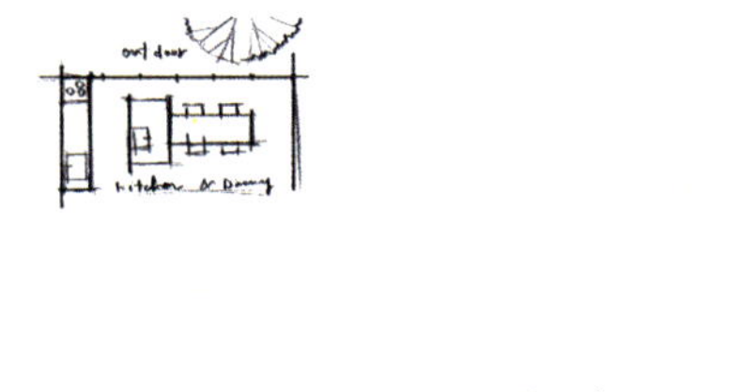

❸ Tracez des repères espacés de 3,5 cm (environ 97 cm à taille réelle).

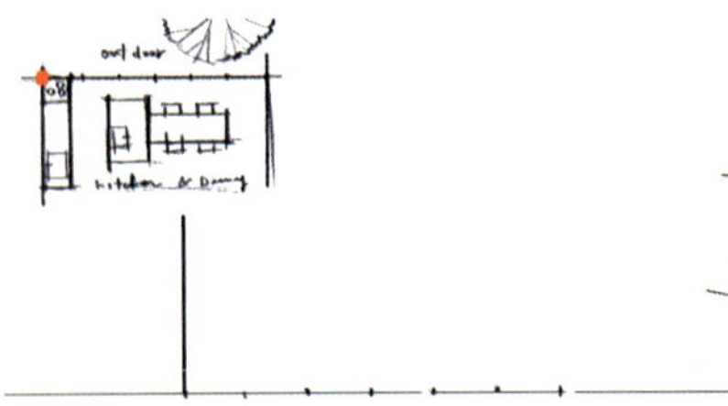

❹ Tracez une ligne verticale correspondant à l'extrémité gauche du mur arrière (en rouge sur le plan).

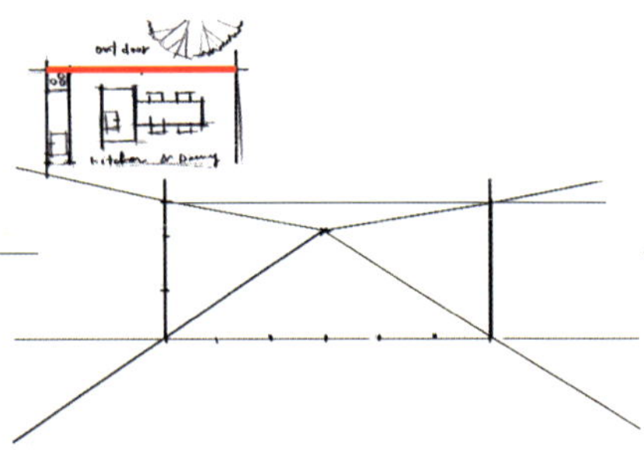

❺ Placez le point de fuite. Tracez la ligne du plafond en haut du mur arrière (en rouge sur le plan). Tracez les lignes de fuite définissant les murs latéraux.

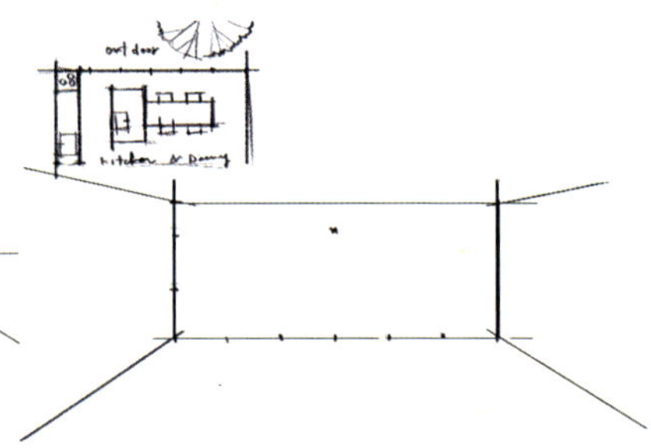

❻ Effacez les tracés superflus, mais conservez les repères.

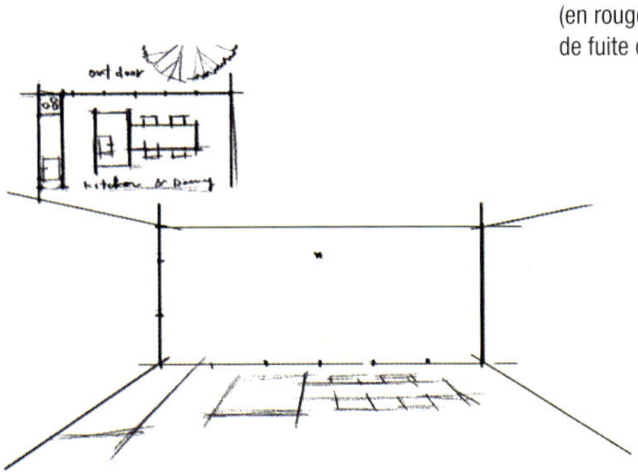

❼ En vous servant du plan comme référence, tracez sur le sol l'encombrement des éléments de cuisine et de la table.

En secondes
0 10 20

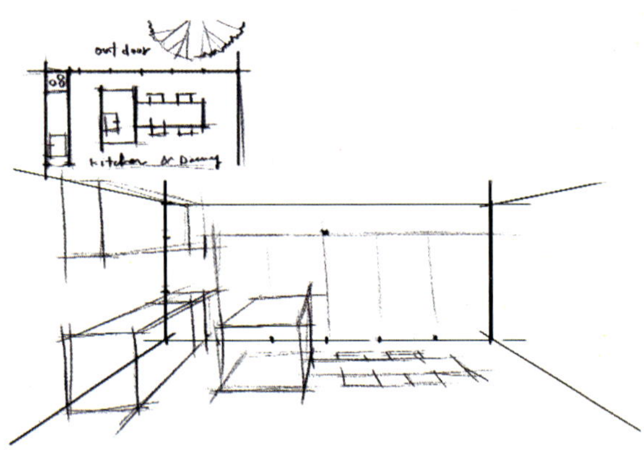

❽ Élevez les éléments de cuisine en perspective.

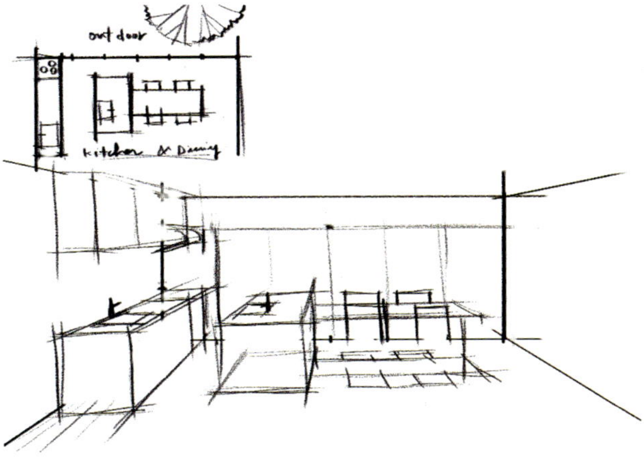

❾ Élevez la table en perspective. Dessinez les chaises. Tracez les éviers et les robinets sur les éléments de cuisine.

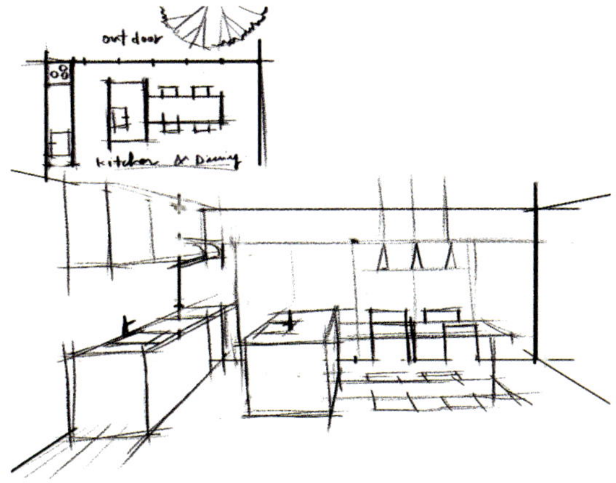

❿ Dessinez les suspensions au-dessus de la table. Le dessin au trait est terminé.

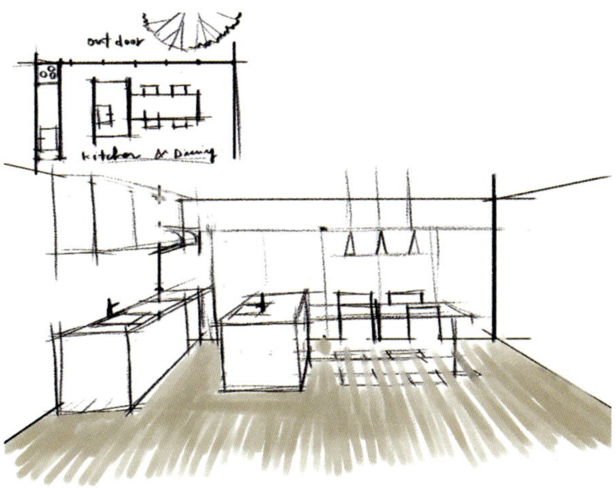

⓫ Coloriez souplement le sol.

⓬ Coloriez les éléments de cuisine en n'hésitant pas à déborder des contours. Utilisez une teinte plus soutenue sur les faces qui ne sont pas directement exposées à la lumière.

⓭ Coloriez le plateau de la table.

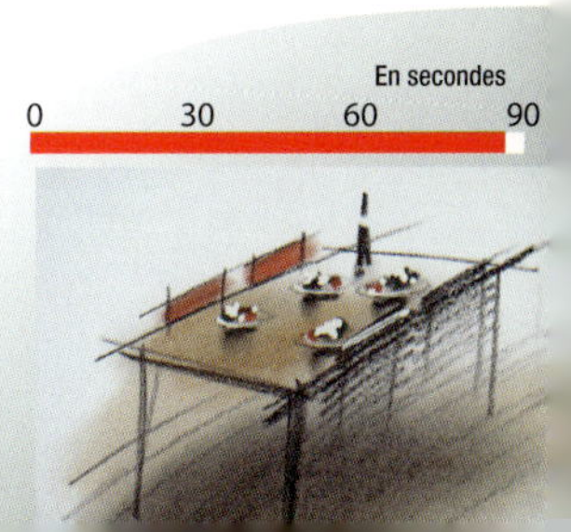

⓮ Ombrez les chaises. Renforcez les ombres des éléments de cuisine et, dans le prolongement, portez leur ombre sur le sol. Travaillez librement en dépassant des contours.

⓯ Ajoutez les ombres portées sur le sol de la table et des chaises.

⓰ Représentez les reflets de lumière sur le sol en peignant les zones concernées en blanc.

⓱ Tracez les portes des placards sur les éléments de cuisine. Sur la table, figurez de la vaisselle et de la nourriture.

⓲ Précisez les lames du parquet en traçant des lignes à main levée.

⓳ Ébauchez l'arbre en noir. Notez qu'il est situé un peu plus à droite que sur le plan de référence afin de ne pas interférer avec la table.

En secondes

0 10 20

⑳ Animez la composition en posant des rehauts blancs : tracez les boutons des portes de placards, soulignez les chaises, détaillez la vaisselle...

㉑ Le dessin est terminé. Les procédés peuvent légèrement varier selon le logiciel employé, mais le principe reste le même. L'essentiel est de parvenir à acquérir la même aisance et la même efficacité que lorsque vous travaillez directement sur le papier.

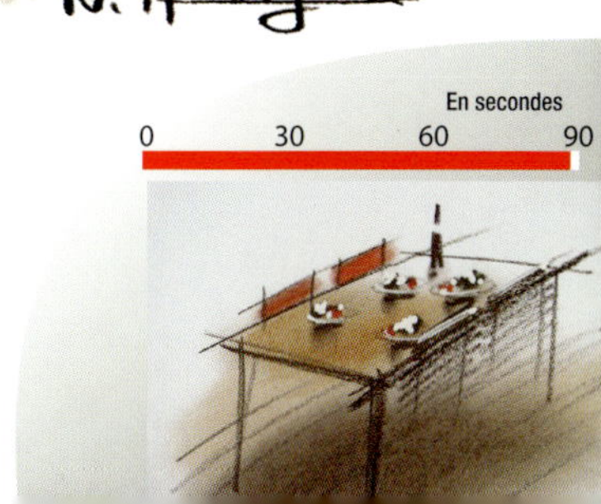

Postface

L'intérêt du grand public pour l'architecture intérieure s'est accru ces dernières années. Il existe à présent sur le sujet un nombre impressionnant de sources d'informations de grande qualité. Parallèlement, les gens sont devenus plus exigeants quand ils font construire leur maison. J'insiste toujours sur le fait qu'il est vital pour nous, responsables de projets, d'engager un dialogue avec nos clients. Le faire le plus en amont possible permet d'emporter leur adhésion puis d'être certain de leur satisfaction quant au résultat. Il y a une dizaine d'années, j'avais publié un livre traitant en détail de la façon de s'appuyer efficacement sur des croquis pour communiquer avec un client tout au long de l'élaboration du projet.

Je suis stupéfait des bouleversements intervenus durant ces dix ans. Comme chacun sait, les technologies de l'information ont considérablement évolué. À mesure qu'elles sont devenues plus efficientes et accessibles, elles ont radicalement modifié nos modes ordinaires de communication. Nous disposons maintenant de téléphones offrant un accès à Internet d'égal à égal (*peer to peer*), permettant notamment à l'aide d'une caméra de discuter face à face avec des personnes à l'autre bout du monde. La majorité des échanges professionnels se déroulent par fax, par courriels ou par dialogues Internet assistés d'une caméra IP. J'ai réfléchi récemment à ces changements. Plus les techniques de l'image progressent, plus je suis frappé de la qualité qu'elles nous offrent, tant du point de vue du réalisme que de la rapidité. Les architectes d'intérieur peuvent à présent fournir leurs dessins sur CD ou DVD – un atout majeur pour faire comprendre un projet, pour lui donner corps. Cependant, quelle que soit l'excellence des images présentées sur un écran d'ordinateur ou un grand moniteur, rien ne remplace l'authenticité d'un processus de création qui se déroule sous les yeux de votre interlocuteur. Si, à l'heure du multimédia, le livre imprimé trouve ses limites, j'ai tenté avec celui-ci de fournir quelques bases qui vous aideront à répondre au besoin de réalisme et d'immédiateté de vos clients. J'espère que les démonstrations à feuilleter, dans les coins de pages, vous convaincront de la valeur de cette approche directe.

J'ai eu l'occasion de recueillir des réflexions de lecteurs sur mon précédent ouvrage, au cours d'un atelier qui reprenait les exercices illustrés. Après l'exécution pas à pas d'un dessin en perspective, l'un des participants s'approcha de moi et commença par louer vivement mon livre. Il me confia qu'il lui avait été précieux pour progresser dans son travail, à son rythme, et que la présentation très détaillée du processus de dessin lui servait de référence. Il avait sorti son exemplaire et me le montrait tout en discutant. Pour finir, il déclara : « Vous savez, j'ai eu beau étudier votre livre au point qu'il tombe en morceaux, il restait quelque chose que je n'avais jamais réussi à comprendre, mais que j'ai tout de suite compris en vous voyant dessiner. » Le commentaire de cette personne prouve qu'un livre, même bien illustré, et même si vous le relisez maintes et maintes fois, ne remplace pas l'expérience directe. Ce fut une motivation majeure pour publier le présent ouvrage. Mon objectif essentiel était qu'il parvienne à restituer avec réalisme l'instantanéité du processus de création. C'est pour cela que j'ai ajouté des indications sur la manière correcte de tenir les différents outils, ainsi que des photographies montrant en gros plan ma main en train de dessiner.

Malgré mon implication dans cette démarche, je fus conscient dès le début que j'étais limité dans ma volonté de tout transmettre. Je croyais y réussir chaque fois que je rédigeais un nouvel avant-projet, mais je réalisais à la fin que ce n'était pas encore le cas. Au fil de ces tâtonnements successifs, je voyais s'accroître le nombre de pages au point d'en perdre le contrôle. Je compris enfin que je devais m'attacher aux avantages spécifiques du livre au lieu d'en déplorer les contraintes. Un avantage primordial est la liberté offerte au lecteur : il peut s'arrêter quand il le souhaite pour se concentrer sur un sujet, sauter des pages, retourner en arrière pour revoir un point particulier qui l'intéresse... En d'autres termes, il peut étudier à son rythme (ici, je paraphrase Ota, mon éditeur). Nul ne conteste le respect dû aux livres. Cependant, je ne pense pas qu'ils soient faits pour dormir sur des étagères. Il me semble qu'ils sont plus « heureux » de passer leur temps dans les mains d'un lecteur, quitte à être déchirés, tachés, usés.

Une autre raison m'a décidé à publier ce livre – peut-être la plus importante. Durant cette dernière décennie, j'ai également évolué. C'est un peu embarrassant à dire, mais ma technique s'est réellement améliorée. J'ai eu beaucoup plus d'occasions de dessiner que par le passé. Je suis à présent certain que la clé pour progresser en dessin consiste... à dessiner.

Parallèlement, de nombreux lecteurs ont eu l'amabilité de me faire part des qualités et des défauts de mon précédent livre. Certaines parties que je jugeais satisfaisantes s'avéraient ne pas l'être. En outre, à mesure que le temps passait et que je relisais ce que j'avais écrit, certains passages commençaient à me lasser peu à peu. L'idée d'une mise à jour s'imposait donc de plus en plus fortement dans mon esprit. Je m'en ouvris à Ota, qui m'avoua ressentir la même impression en tant qu'éditeur. Mais alors que je n'envisageais qu'une réécriture partielle, Ota me suggéra – ou, plutôt, m'ordonna – de créer un livre entièrement nouveau. C'est ainsi que naquit le présent ouvrage.

Ce sont les nouveaux modes de fabrication des livres qui me donnèrent le plus de peine. Pour mon précédent livre, les photographies étaient argentiques et la maquette exécutée à la main. Aussi pouvais-je toujours garder les documents sous la main afin de continuer à y travailler, même en voyage ou lors de déplacements professionnels. Cette fois, j'ai été obligé de concevoir l'avant-projet sur ordinateur, en utilisant un appareil photo numérique. Bien que cela puisse paraître simple, pour moi ce ne fut d'abord qu'une suite de frustrations. Par exemple, je ressentais comme un travail supplémentaire d'imprimer les croquis que j'avais dessinés à l'ordinateur afin de les vérifier. Je me motivais en me disant qu'il n'y avait pas d'alternative. Dans la deuxième phase du projet, le processus commença à m'apparaître plus souple et, lorsque le livre fut terminé, je m'y étais totalement habitué.

Quelques personnes m'ont aidé à réaliser ce livre. Je voudrais exprimer ma gratitude la plus sincère à Tamie Tsurusaki qui m'a généreusement offert son assistance pour l'avant-projet, ainsi qu'à Ota, l'éditeur de ce livre, qui a su supporter mon tempérament râleur et têtu.

En secondes
0 10 20

Noriyoshi Hasegawa

1945 Naissance à Yokohama, au Japon.
1964 Diplôme de design à la Kanagawa Technical High School.
1964: N. Hasegawa rejoint Nippon Gakki Co., Ltd. (devenu Yamaha Corporation), où il est chargé du design d'instruments de musique, de matériel de sport et de meubles, ainsi que de la création de logotypes et autres produits graphiques.
1987 Développement d'équipements et de mobilier pour la maison.
1988 Chargé de projets d'architecture intérieure.
1992 N. Hasegawa est nommé directeur général du bureau d'architecture intérieure de Yamaha Livingtec Corporation.
2005 Retraité de Yamaha Livingtec Corporation.

Projets actuels

Noriyoshi Hasegawa demeure actif dans le domaine de l'architecture intérieure, tant comme dessinateur que comme auteur de divers livres pédagogiques. Il enseigne également les techniques de présentation.

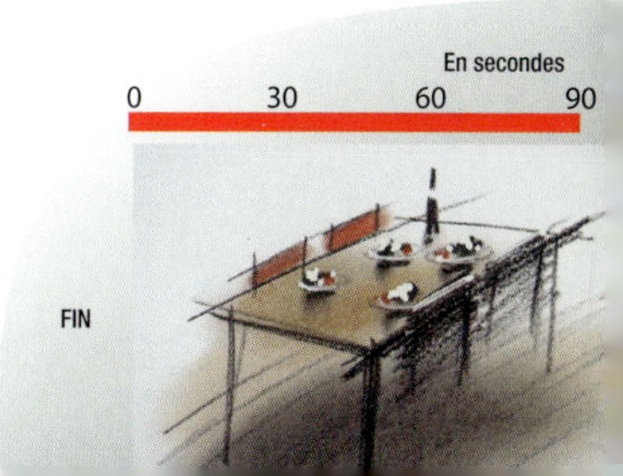

Le dessin professionnel

Bonbon B.-S., *La perspective scientifique et artistique*, 1990

Calvat G., *Comprendre les plans de votre maison : permis de construire et devis, dessins d'architecture et d'exécution*, 2000

Calvat G., *Initiation au dessin du bâtiment : avec exercices d'application*, 2000

Calvat G., *Perspectives coniques et axonométriques : pas à pas*, 2000

Calvat G., *Lectures de plans de bâtiment : études de dossier. Lycées professionnels, lycées techniques, formation continue*, 1991

Chelsea D., *Dessin de perspective en BD*, 2006

Delgado Yanes M. & Redondo Dominguez E., *Le dessin d'architecture à main levée*, 2006

Ducellier, *Perspective en architecture intérieure, exercices et recettes*, 2009

Fauchille S., *Décoration événementielle, du cahier des charges à l'installation*, 2010

Fernandez A. & Roig G.-M., *Le dessin pour les créateurs de mode*, 2008

Hasegawa N., *Architecture d'intérieur 2 : coloriser le croquis*, 2009

Hughes, P., *Scénographie d'exposition*, 2010

Jimenez J. & Ortega D., *Le dessin d'architecture d'intérieur*, 2011

Julian F. & Albarracin J., *Design industriel, dessin de conception*, 2006

Krisztian G. & Schlepp-Ülker N., *Croquis au marqueur : de l'idée au rough*, 2006

Mazeau N., *La couleur en design d'espaces*, 2009

Mazeau N., *Le dessin en décoration intérieure*, 2008

Mazeau N., *Planches tendances en décoration intérieures*, 2008

Micklewright K., *Le Dessin, maîtriser son langage*, 2006

Montague J., *Le dessin de perspective par l'exemple*, 2011

Miró E., Carbonero P. & Coderch R., *Réaliser une maquette d'architecture*, 2010

Nunnelly Carol A., *Techniques d'illustration de mode*, 2009

Parrens L., *Précis de perspective d'aspect appliquée à l'architecture : tracé des ombres*, 1990

Parrens L., *Traité de perspective d'aspect : tracé des ombres*, 1991

Prenzel R., *Dessin d'architecture et technique de représentation*, 1982

Reid G.-W., *Dessin d'architecture paysagère*, 2006

Tacha Ch., *Initiation au métier d'architecte d'intérieur : le croquis d'observation*, 2008

Takamura Z., *Cours de dessin de mode (2 tomes)*, 2006 et 2009

Tallon K., *Le dessin de mode avec Photoshop*, 2009

Tatham C. & Seaman J., *Dessin de mode*, 2004, 2011

Taylor F., *Faire son book*, 2010

Warr M., *Créer textures et effets de matière*, 2003

La décoration et l'architecture intérieures

Chinn A., *Jeux de matières et de couleurs, décoration d'intérieur*, 2008

Collectif, *Papier peint, style et pose*, 2007

Colin F. & S., *Grands décors peints sur toile*, 2010

Corre M.F., *105 astuces pour la maison*, 2010

Couzi B., *Rénover et aménager son extension de maison*, 2007

Derien M., *Luminaires déco pour lampes éco*, 2010

Eckert G., *Bien penser sa cuisine*, 2006

Ferjani S., *Aménagez votre intérieur - vos espaces, vos envies, mes conseils*, 2009

Lassus I. & Voituriez M., *La Nature en déco*, 2007

Martin L., *Jeux de lumières*, 2011

Merlino C., *Réagencer, rénover, réhabiliter son appartement*, 2006

Phillips B., *Vivre en grand dans un espace trop petit*, 2008

Plun F., *Rénover le mobilier industriel*, 2011

Sable J., *Décors peints et trompe-l'œil*, 2010

Stuart C., *30 meubles de designers à fabriquer soi-même*, 2011

Tangaz T., *Architecture d'intérieur*, 2006

ViaGardini I., *Enduits et badigeons de chaux*, 2006

ViaGardini I., *Peindre sa maison avec des couleurs naturelles*, 2009

La couleur

Baril S., Naïts, *Colorisation de BD : du traditionnel au numérique*, 2005

Buckley A., *Jeux de couleurs 2 : les neutres et les pastels, décoration d'intérieur*, 2009

Clinch M., *Aquarelle, 2700 mélanges*, 2006

Clinch M., *Nuancier de l'aquarelle*, 1993-2003

Collectif, *Colorisation de BD avec Photoshop*, 2006

Cuthbert R., *Nuancier de la peinture à l'huile*, 1994-2003

Cuthbert R., *Nuancier du pastel*, 1994-2004

Hornung D., *La Couleur : cours pratique*, 2006

Lewis G., *2000 accords de couleurs, pour les graphistes et les designers*, 2009

Sidaway I., *Acrylique, 3000 nuances*, 2006

Sidaway I., *Le nuancier de l'acrylique*, 2014-2010

Starmer A., *Jeux de couleurs, décoration d'intérieur*, 2006

Willis D., *Le disque aux 800 couleurs*, 2010

Et bien d'autres titres sur www.editions-eyrolles.com

En secondes

0 10 20

DÉBUT

Noriyoshi HASEGAWA

Architecture d'intérieur 1

Maîtriser le croquis de présentation

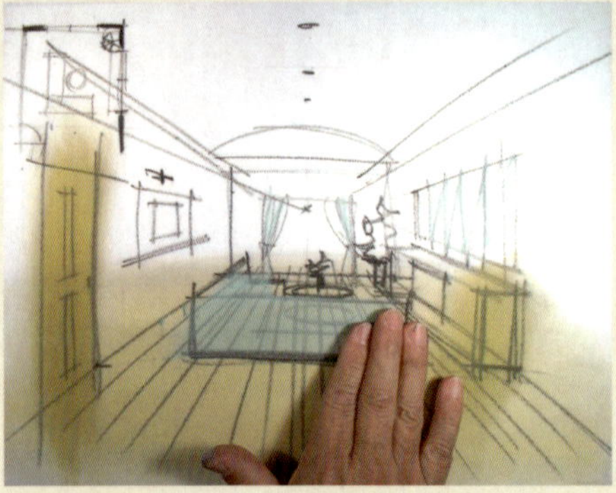

Pour l'architecte d'intérieur ou l'architecte, le croquis de présentation est un élément primordial de communication avec le client. Mais quelle est votre aptitude à l'appliquer efficacement ? Pensez-vous avoir besoin de gagner en technique et en précision ? Voici les clés pour aborder cet art sous un angle nouveau.

Architecture d'intérieur : maîtriser le croquis de présentation vous apprend à dessiner tout ce qui fait un intérieur : rendu de l'espace et des volumes, éclairage naturel ou artificiel, effet de matière, meubles, élément de cuisine, module de salle de bains, rideaux et carrelage... Vous serez parallèlement initié aux techniques de colorisation pour donner au croquis plus de réalisme. Les outils de dessin les plus appropriés sont passés en revue en vous présentant le meilleur parti que l'on peut en tirer.

Devant le client, la vitesse d'exécution est essentielle. L'auteur insiste sur les techniques de rapidité à travers des exemples concrets – chaise, table ou élément de cuisine.

Des planches d'ensemble détaillées pas à pas – salle de séjour, cuisine avec escalier hélicoïdal ou baie vitrée, vestibule avec vue sur jardin... – mettent l'accent sur des difficultés particulières et sur le rendu des finitions.

Grâce à la très grande variété de ses exemples, cet ouvrage est aussi une mine d'idées et de modèles. Parce qu'un croquis vaut toujours mieux qu'un long discours, ce livre vous sera bientôt indispensable.

Après un diplôme de design à la Kanagawa Technical High School (Japon), **Noriyoshi HASEGAWA** *fait carrière chez Yamaha Corporation : designer, chef de projets, et enfin directeur général du bureau d'architecture intérieure. Il a le souci de transmettre aujourd'hui son expérience comme auteur et enseignant.*

28€

Code éditeur : G12353
ISBN : 978-2-212-12353-1

9 782212 123531

www.editions-eyrolles.com
Groupe Eyrolles | Diffusion Geodif